高职高专电梯工程技术专业系列教材

电梯结构与原理

主　编　曹庭文　冯增明
副主编　杨鹏远　鲁成强
参　编　靳　亚　黄子俊　彭宗远
主　审　李　军

机械工业出版社

本书对接电梯行业对专业技术人才的需求，依据相关电梯国家标准、行业规范，结合最新的电梯技术发展和实践经验编写而成。本书内容注重实用性，立足于电梯的发展历程、基础知识，从电梯的机械构造、电力拖动、运行控制及电梯安全保护等核心基础知识出发，采用图文并茂的编写方式，运用大量的实物图片、结构图表、控制流程等使电梯结构与原理变得直观易懂，让读者能够深入浅出地理解电梯的结构组成、工作原理。

本书适合作为高等职业院校电梯工程技术专业、机电一体化技术专业以及中等职业学校电梯安装与维修保养专业相关课程的教材，也可作为电梯职业技能培训用书或电梯维修人员的自学和参考用书。

本书配有丰富的教学资源，可通过扫描书中二维码查看电梯结构与原理动画、微课视频以及 360° 全方位三维模型展示，使读者能够更加直观地感受电梯的内部构造及运行过程。凡选用本书作为授课教材的教师，均可登录 www.cmpedu.com 注册后免费下载 PPT 课件等教学资源。

图书在版编目（CIP）数据

电梯结构与原理 / 曹庭文，冯增明主编. -- 北京：机械工业出版社，2025.6. --（高职高专电梯工程技术专业系列教材）. -- ISBN 978-7-111-78444-9

Ⅰ. TU857

中国国家版本馆 CIP 数据核字第 2025A7X546 号

机械工业出版社（北京市百万庄大街 22 号　邮政编码 100037）
策划编辑：赵红梅　　　　　　责任编辑：赵红梅　章承林
责任校对：曹若菲　陈　越　　封面设计：马精明
责任印制：常天培
北京联兴盛业印刷股份有限公司印刷
2025 年 7 月第 1 版第 1 次印刷
184mm×260mm ・ 12.5 印张 ・ 301 千字
标准书号：ISBN 978-7-111-78444-9
定价：45.00 元

电话服务　　　　　　　　　网络服务
客服电话：010-88361066　　机　工　官　网：www.cmpbook.com
　　　　　010-88379833　　机　工　官　博：weibo.com/cmp1952
　　　　　010-68326294　　金　书　网：www.golden-book.com
封底无防伪标均为盗版　　机工教育服务网：www.cmpedu.com

前 言

在当今鳞次栉比的现代化都市景观中,高耸入云的建筑星罗棋布,而电梯作为垂直交通领域至关重要的核心工具,已然成为人们日常生活与工作中不可或缺的存在。它以一种静谧且高效的方式运行着,将人们迅速、安然无恙地送往各个楼层,极大地提升了生活与工作的效率和品质。然而,电梯的运行并非简单的机械动作,其背后蕴含着复杂的结构与原理。

为了让广大读者能够深入了解电梯的结构与工作原理,为读者提供一个全面、系统且生动形象的学习资源,帮助读者建立对电梯结构与原理的清晰认知,我们精心编写了本书。

本书首先从电梯源远流长的发展历程入手,让读者洞悉其演变的脉络,从而高屋建瓴地理解当前电梯技术的现状与发展趋向。本书涵盖了电梯的机械结构、电气控制系统、安全保护装置等基础知识。在本书编写过程中,充分考虑了读者的学习需求和认知特点,尽可能地将这些知识进行整合与梳理,以条理清晰、深入浅出的方式呈现给读者,力求做到通俗易懂,易于自主探究学习。

为了进一步增强本书的可读性和直观性,本书采用了立体化的呈现方式,除传统的文字描述外,还配备了丰富的图表、动画和视频等多媒体资源,让读者能够更加直观地感受电梯的内部构造和工作过程。同时,还开发了电梯的三维模型,以加深读者对所学知识的理解和掌握。

通过这本立体化教材,希望能够激发读者对电梯技术的兴趣,培养读者的创新思维和实践能力,为电梯行业的发展培养更多的专业人才。同时,也希望本书能够成为广大工程技术人员、电梯维修人员和相关专业师生的有益参考。

本书由武汉软件工程职业学院曹庭文和冯增明任主编,由亚龙智能装备集团股份有限公司杨鹏远和武汉软件工程职业学院鲁成强任副主编,参加编写的还有武汉软件工程职业学院靳亚、武汉优科瑞特信息技术有限公司黄子俊和彭宗远,全书由武汉软件工程职业学院李军主审。本书在编写过程中还得到了武汉优科瑞特信息技术有限公司和多位行业、专业人士的指导与帮助,在此一并表示感谢。

由于编者水平有限,书中难免存在不足之处,恳请广大读者提出宝贵的意见和建议,以便在今后的修订中不断完善。

编 者

二维码索引

页码	名称	二维码	页码	名称	二维码
32	电梯曳引系统		53	电梯轿厢系统	
33	有齿轮曳引机		67	电梯重量平衡系统	
34	无齿轮曳引机		69	无反绳轮对重	
34	永磁同步曳引机		69	有反绳轮对重	
39	立式制动器		72	补偿链	
39	块式制动器		73	补偿缆	
39	碟式制动器		74	补偿绳	

二维码索引

(续)

页码	名称	二维码	页码	名称	二维码
77	电梯导向系统		92	旁开门	
79	轿厢导轨		92	直分门	
79	对重导轨		101	层门门锁	
85	弹性滑动导靴		102	层门联锁——门刀夹持开锁	
86	固定滑动导靴		102	层门联锁——三角钥匙开锁	
86	滚动导靴		107	电梯电力拖动系统	
90	电梯门系统		126	电梯电气控制系统	
90	轿门		143	电梯安全保护系统	
91	层门		147	双向限速器	
92	中分门		149	下摆杆凸轮棘爪式限速器	

(续)

页码	名称	二维码	页码	名称	二维码
153	瞬时式安全钳		162	聚氨酯缓冲器	
153	渐进式安全钳		162	液压缓冲器	
162	弹簧缓冲器				

目 录

前言
二维码索引

第 1 章 电梯基础知识 ··· 1
1.1 电梯概述 ··· 1
1.1.1 电梯的历史与发展 ··· 1
1.1.2 我国电梯发展史 ··· 4
1.1.3 电梯技术的发展趋势 ··· 5
1.1.4 全球电梯行业品牌格局 ··· 6
1.2 电梯的性能指标与主要参数 ··· 7
1.2.1 电梯的定义 ··· 7
1.2.2 电梯的性能要求 ··· 8
1.2.3 电梯的主要参数及基本规格 ··· 10
1.3 电梯分类 ··· 11
1.3.1 按用途分类 ··· 11
1.3.2 按运行速度分类 ··· 13
1.3.3 按控制方式分类 ··· 13
1.3.4 按驱动方式分类 ··· 14
1.4 电梯的结构组成 ··· 16
1.4.1 电梯的总体结构 ··· 16
1.4.2 电梯的四大空间 ··· 17
1.4.3 电梯的八大系统 ··· 18
1.5 电梯的型号 ··· 19
1.6 本章习题 ··· 21

第 2 章 电梯的工作原理 ··· 23
2.1 电梯的工作原理概述 ··· 23
2.1.1 电梯的驱动方式变革 ··· 23
2.1.2 曳引式电梯的提升原理 ··· 24

电梯结构与原理

  2.1.3 曳引式电梯的主要优势 · 24
 2.2 电梯曳引传动形式 · 25
  2.2.1 电梯的曳引形式 · 25
  2.2.2 曳引绳绕法 · 26
 2.3 曳引力 · 27
  2.3.1 曳引力的相关因素 · 27
  2.3.2 钢丝绳曳引应满足的条件 · 29
  2.3.3 增加曳引力的有效方法 · 29
 2.4 本章习题 · 30

第 3 章 电梯曳引系统 · 32
 3.1 电梯曳引机 · 32
  3.1.1 曳引机概述 · 32
  3.1.2 曳引机分类 · 33
 3.2 曳引电动机 · 35
  3.2.1 曳引电动机的功能、安装位置及特点 · 35
  3.2.2 曳引电动机的技术性能要求 · 35
  3.2.3 常见的曳引电动机 · 35
 3.3 电梯制动器 · 37
  3.3.1 电梯制动器的功能及安装位置 · 37
  3.3.2 制动器的技术要求 · 37
  3.3.3 常见的电梯制动器 · 38
 3.4 电梯曳引机联轴器 · 40
  3.4.1 电梯曳引机联轴器的功能及安装位置 · 40
  3.4.2 常见的电梯曳引机联轴器 · 40
  3.4.3 制动轮的技术要求 · 41
 3.5 电梯曳引机减速器 · 41
  3.5.1 电梯曳引机减速器的功能及安装位置 · 41
  3.5.2 常见的曳引机减速器 · 41
  3.5.3 常用蜗杆减速器的技术要求 · 43
 3.6 电梯曳引轮 · 44
  3.6.1 电梯曳引轮的功能及安装位置 · 44
  3.6.2 曳引轮的材料及结构要求 · 45
 3.7 电梯曳引钢丝绳 · 45
  3.7.1 电梯曳引钢丝绳的功能及安装位置 · 45
  3.7.2 曳引钢丝绳的结构、材料 · 46
  3.7.3 曳引钢丝绳的性能要求及使用规定 · 48
  3.7.4 曳引钢丝绳绳头的固定 · 49
  3.7.5 其他类型的曳引悬挂装置 · 50

3.8 本章习题 ··· 51

第 4 章 电梯轿厢系统 ·· 53

4.1 电梯轿厢系统概述 ··· 53
    4.1.1 电梯轿厢系统的组成及功能 ··· 53
    4.1.2 轿厢架 ·· 53
    4.1.3 轿厢体 ·· 55
    4.1.4 不同类型的电梯轿厢 ··· 56
    4.1.5 双轿厢电梯 ··· 59
4.2 电梯轿厢的相关设备 ··· 60
    4.2.1 轿厢内部设备 ··· 60
    4.2.2 轿顶的主要相关设备 ··· 63
    4.2.3 轿底的主要相关设备 ··· 64
4.3 本章习题 ··· 65

第 5 章 电梯重量平衡系统 ·· 67

5.1 电梯重量平衡系统概述 ·· 67
    5.1.1 电梯重量平衡系统的组成及功能 ·· 67
    5.1.2 电梯重量平衡系统分析 ·· 68
5.2 对重 ··· 68
    5.2.1 对重的结构 ··· 68
    5.2.2 对重的安装位置 ··· 70
    5.2.3 对重的重量与平衡系数 ·· 71
5.3 重量补偿装置 ··· 72
    5.3.1 重量补偿装置的常见类型 ··· 72
    5.3.2 常用的平衡补偿方法 ··· 74
5.4 本章习题 ··· 75

第 6 章 电梯导向系统 ·· 77

6.1 导向系统 ··· 77
    6.1.1 导向系统的组成 ··· 77
    6.1.2 导向系统的作用 ··· 77
6.2 电梯导轨 ··· 78
    6.2.1 导轨的结构 ··· 78
    6.2.2 导轨的作用 ··· 80
    6.2.3 导轨的种类和标识 ·· 81
6.3 电梯导靴 ··· 82
    6.3.1 导靴概述 ·· 82
    6.3.2 导靴的种类 ··· 83
6.4 电梯导轨支架 ··· 87

  6.4.1 导轨支架概述 ·· 87

  6.4.2 导轨支架的基本技术要求 ··· 87

 6.5 本章习题 ··· 88

第 7 章 电梯门系统 ·· 90

 7.1 电梯门系统概述 ·· 90

  7.1.1 电梯层门和轿门的相互关系 ·· 91

  7.1.2 电梯层门和轿门的类型 ·· 91

  7.1.3 电梯层门和轿门的使用技术要求 ·· 92

 7.2 电梯轿门结构 ·· 93

  7.2.1 电梯轿门的安装位置及功能 ·· 93

  7.2.2 电梯轿门系统结构 ·· 94

 7.3 电梯层门（厅门）结构 ·· 97

  7.3.1 电梯层门（厅门）的安装位置及功能 ·· 97

  7.3.2 电梯层门系统结构 ·· 98

 7.4 电梯门系统的联动 ·· 101

  7.4.1 电梯门锁装置 ··· 101

  7.4.2 电梯层门、轿门的典型联动开启和关闭 ··· 103

 7.5 本章习题 ··· 105

第 8 章 电梯电力拖动系统 ··· 107

 8.1 电梯电力拖动系统概述 ·· 107

  8.1.1 电梯电力拖动系统的组成及作用 ·· 107

  8.1.2 电梯电力拖动系统的分类及特点 ·· 108

 8.2 电梯的速度曲线 ··· 110

  8.2.1 电梯的速度曲线概述 ··· 110

  8.2.2 常见的速度曲线 ··· 110

 8.3 电梯交流变频变压调速电力拖动系统 ·· 112

  8.3.1 交流变频变压调速工作原理 ·· 112

  8.3.2 交流变频变压调速系统的基本组成 ··· 113

  8.3.3 采用 VVVF 调速系统电梯的运行工作原理 ··· 115

 8.4 VVVF 调速系统的主要部件 ·· 116

  8.4.1 驱动曳引电动机 ··· 116

  8.4.2 变频器 ·· 117

  8.4.3 旋转编码器 ··· 121

  8.4.4 电梯的供电系统 ··· 122

 8.5 本章习题 ··· 124

第 9 章 电梯电气控制系统 ··· 126

 9.1 电梯电气控制系统概述 ·· 126

目 录

- 9.1.1 电梯电气控制系统的组成及作用 ··· 126
- 9.1.2 电梯电气控制系统的分类 ··· 127
- 9.1.3 电梯电气控制系统的基本要求 ··· 129
- 9.2 电梯常见电气控制功能 ··· 129
  - 9.2.1 电梯的基本控制功能 ··· 129
  - 9.2.2 电梯的控制功能分类 ··· 130
  - 9.2.3 电梯常见基本控制功能 ··· 130
  - 9.2.4 电梯常见选配功能 ··· 133
- 9.3 电梯运行条件及过程 ··· 134
  - 9.3.1 电梯运行的必要条件 ··· 134
  - 9.3.2 电梯自动运行过程 ··· 134
- 9.4 电梯电气控制系统的主要部件和装置 ··· 136
  - 9.4.1 电梯逻辑控制装置 ··· 136
  - 9.4.2 电梯操纵装置 ··· 136
  - 9.4.3 电梯的平层装置 ··· 138
  - 9.4.4 电梯的显示装置 ··· 139
- 9.5 本章习题 ··· 141

第 10 章 电梯安全保护系统 ··· 143

- 10.1 电梯安全保护系统概述 ··· 143
  - 10.1.1 电梯可能发生的事故隐患和故障 ··· 143
  - 10.1.2 电梯安全保护系统的基本组成 ··· 145
  - 10.1.3 电梯常见危险的安全保护动作关系 ··· 145
- 10.2 电梯超速失控保护 ··· 146
  - 10.2.1 电梯超速失控的原因 ··· 146
  - 10.2.2 电梯的速度标准 ··· 147
  - 10.2.3 限速器 ··· 147
  - 10.2.4 限速器钢丝绳的张紧装置 ··· 152
  - 10.2.5 安全钳 ··· 153
  - 10.2.6 夹绳器 ··· 157
  - 10.2.7 电梯超速系统检测 ··· 159
  - 10.2.8 电梯超速保护 ··· 159
- 10.3 防越程运行保护 ··· 161
  - 10.3.1 电梯防越程运行保护的主要部件 ··· 161
  - 10.3.2 电梯防越程运行保护的主要过程 ··· 164
- 10.4 电梯门入口安全保护 ··· 165
  - 10.4.1 电梯门入口安全保护的主要装置 ··· 165
  - 10.4.2 电梯门入口防夹保护过程 ··· 169
- 10.5 电梯防超载运行 ··· 170

XI

- 10.5.1 电梯超载标准及超载后应有的保护控制 …… 170
- 10.5.2 电梯轿厢面积的限制 …… 170
- 10.5.3 电梯的称重装置 …… 171
- 10.5.4 电梯防超载保护过程 …… 173

10.6 电梯的其他安全保护 …… 174
- 10.6.1 电梯单次运行超时限制保护 …… 174
- 10.6.2 防止层门发生安全事故的保护 …… 174
- 10.6.3 防止人员被电梯旋转部件伤害的保护 …… 178
- 10.6.4 防止人员被电梯移动部件伤害的保护 …… 178
- 10.6.5 电气安全保护 …… 179

10.7 电梯困人救援装置 …… 183
- 10.7.1 报警和通信装置 …… 183
- 10.7.2 紧急救援装置 …… 184
- 10.7.3 停电救援装置 …… 185

10.8 本章习题 …… 186

参考文献 …… 188

第 1 章 电梯基础知识

【学习目标】

1）了解电梯的历史与发展。
2）了解电梯的技术发展趋势。
3）知晓全球电梯行业品牌格局。
4）知晓电梯的基本定义、性能要求、主要参数、基本规格和分类。
5）了解电梯的基本组成,能描述电梯的四大空间和八大系统的作用。
6）能根据学习要求利用各类学习工具自主学习电梯的相关基础知识。

1.1 电梯概述

随着科学技术的日新月异,建筑业实现了飞速发展。作为现代社会最重要的垂直交通工具,电梯与人们的日常生活和工作息息相关、密不可分,是摩天大楼得以崛起、城市得以不断"长高"的基础,已成为高层建筑和公共场所不可或缺的核心设施。

同时,电梯又是高度机电一体化的大型综合工业产品,种类繁多、形式各异、结构复杂,且随着社会进步与时代需求不断持续创新、发展。电梯的使用程度、维护保养水平、安全管理与监督检查能力已成为一个城市现代化与宜居程度的重要体现,甚至是当今世界一个国家现代化水平和物质文明的重要标志。

1.1.1 电梯的历史与发展

电梯的出现凝聚了人类智慧的结晶,是人类文明不断发展的结果。追溯电梯发展历史,可从人类古代农业、水利业和建筑业的生产劳动中找到它的起源。很久以前,人们就已经开始使用原始的升降工具来运送人和货物,并大多采用人力或畜力作为驱动力。

电梯结构与原理

公元前 1700 多年，古代中国出现了桔槔，如图 1-1 所示，它是一种用于提水或升举重物的设备。

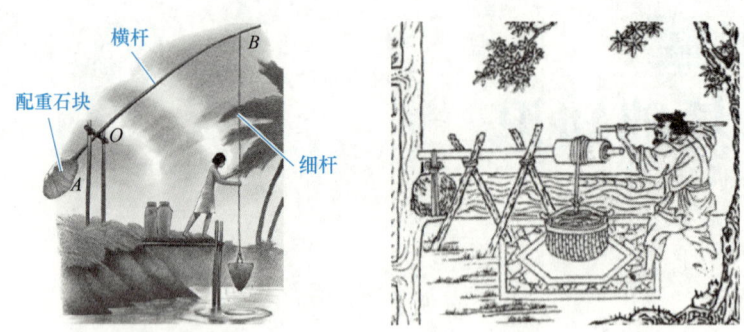

图 1-1　中国古代用于汲水的桔槔和提水用的辘轳

我国古代周朝时期（约公元 1100 年）就出现了提水用的人力辘轳（见图 1-1），这种由木或竹制的卷筒式人力卷扬机和早前卷筒式电梯的传动原理如出一辙。

据史料记载，早在公元 236 年的古希腊时期，阿基米德设计了类似人力驱动的卷筒式卷扬机，这一创新装置被成功应用于宫殿之中。

19 世纪初，随着工业革命进程的发展，蒸汽机成为重要的原动机。1835 年，在英国一家工厂里装用了一台蒸汽机拖动的升降机。

1845 年，英国人汤姆逊制成了世界上第一台水压式升降机械，这是现代液压升降机（液压梯）的雏形。当时由于升降机功能不够完善，难以保障安全，故较少用于载人。

1854 年，美国纽约扬克斯（Yonkers）的机械工程师奥的斯（Elisha Graves Otis）在一次博览会上，向公众展示了他的发明（一种制动装置），如图 1-2 所示。该发明可以在悬挂缆绳断裂时，通过弹簧片和制动棘爪的作用，强迫机械联动装置动作，从而阻止升降机下落，确保乘客的安全。这一安全制动装置的发明，打消了人们长期对升降机安全性的质疑，开创了升降机工业的新纪元，世界上第一台"安全升降机"由此诞生，从此，搭乘升降机不再是勇敢者的游戏，升降机逐步进入载人时代。

1857 年，奥的斯公司在纽约安装了世界第一台客运升降机，采用蒸汽提供动力。

1889 年，图 1-3 所示为奥的斯公司制成的世界上第一台以直流电动机驱动的升降机，这也是世界上第一台名副其实的电梯。

1892 年，奥的斯公司开始用按钮操纵代替以往在轿厢内拉动绳索的操纵方式。

1899 年，第一台梯阶式（梯阶水平、踏板由硬木制成、有活动扶手和梳齿板）扶梯试制成功。

1900 年，由交流感应电动机驱动的电梯开始出现。

1903 年，奥的斯公司采用曳引驱动方式代替卷筒驱动方式，如图 1-4 所示，提高了电梯传动系统的通用性；同时也成功制造出有齿轮减速曳引式高速电梯，使电梯传动设备的重量和体积大幅度地缩小，提高其运行安全性，并成为沿用至今的电梯曳引式传动的基本形式。

图 1-2 奥的斯的升降机制动装置发明展示

图 1-3 世界上第一台电梯

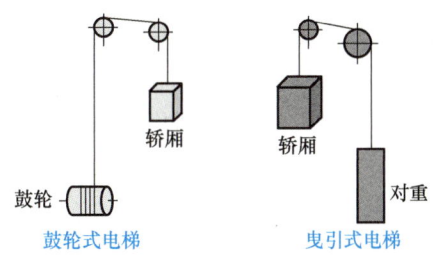

图 1-4 鼓轮式电梯和曳引式电梯的传动形式

1915 年，制造出微调节自动平层的电梯。

1924 年，第一台信号控制电梯投入使用，显著简化了电梯操作流程。

1928 年，集选控制电梯出现。

1949 年，群控电梯出现，并投用于纽约联合国大厦。

1953 年，第一台自动人行道试制成功。

1955 年，小型计算机（真空管）控制的电梯出现。

1963 年，一些先进工业国制成了无触点半导体逻辑控制电梯。

1967 年，可控硅应用于电梯，使电梯拖动系统结构简化，性能提高。

1971 年，集成电路被用于电梯，1972 年又出现了数控电梯。

1976 年，微机开始用于电梯，使电梯的电气控制进入了一个新的发展时期。

1984 年，使用交流变频变压调速（VVVF）系统的交流电梯出现，结束了直流电梯独占高速电梯领域的局面。

1989 年，由法国、德国、日本三国共同研制的直线电动机电梯在日本安装并试用成功，这种电梯在结构上融合直线电动机与电梯对重为一体，并装以盘式制动器，电力拖动方面采用微机进行变频变压调速，对电梯的传统技术做了强大的革新，使电梯技术又进入了一个新的领域。

1996 年，芬兰通力电梯公司发布了最新设计的无机房电梯 MonoSpace，由永磁同步电动机变压变频调速驱动，电动机固定在井道顶部侧面，由曳引钢丝绳传动牵引轿厢。同年日本三菱电机公司开发了采用永磁同步无齿轮曳引机和双盘式制动系统的双层轿厢高速电梯，安装在上海 Mori 大厦。

1997 年，迅达电梯公司展示了 Mobile 无机房电梯，该电梯无需曳引绳和承载井道，自驱动轿厢在自支撑的铝制导轨上垂直运行。

随着现代建筑物楼层不断升高，电梯的运行速度、载重量也在提高。之前世界速度最快的电梯是迪拜哈利法塔电梯，速度最高可达 17.4m/s。近年来，广州周大福金融中心的超高速电梯的速度实验中，测量出该电梯的运行速度为 1260m/min（21m/s），经国家电梯质量监督检验中心（广东）的正式速度认证，该 1260m/min 的电梯为世界最高速电梯。但从人体对加速度的适应能力、气压变化的承受能力和实际使用电梯停层的考虑，一般将电梯的速度限制在 10m/s 以下。

1.1.2　我国电梯发展史

电梯自进入我国以来，服务我国已有 100 多年的历史，和欧美等国家相比，我国电梯业起步较晚，行业经历了使用、仿造、跟随和自主创新等过程。电梯在中国的发展，大致经历了以下三个阶段。

1. 第一阶段：对进口电梯进行销售、安装、维保使用阶段（20 世纪上半叶）

1908 年，上海市汇中饭店等高层建筑安装第一批进口电梯。

1932 年，上海大新公司安装了两台单人自动扶梯，是我国最早使用的自动扶梯。

截至 1949 年，我国没有电梯制造业，全国共安装进口电梯 1000 余台，只有上海、天津建立了几家电梯修配厂，只能实施维修，不能制造。

2. 第二阶段：独立自主、艰苦研制，生产和使用阶段（1950—1979 年）

新中国成立后，我国相继在上海、天津等地建起了电梯制造厂，开始生产电梯。

1952 年，天津从庆生电机厂完成了我国第一台自主设计制造的电梯，并安装在天安门城楼上。

1954 年，上海交通大学起重运输机械专业开始招收研究生，电梯技术是研究方向之一。

1959 年，上海电梯厂为北京人民大会堂等重大工程制造了 81 台电梯和 4 台自动扶梯，这 4 台自动扶梯为我国自主设计和制造的第一批自动扶梯。

1974 年，机械行业标准 JB 816—74《电梯技术条件》发布，这是我国早期的关于电梯行业的技术标准。

1976 年，上海电梯厂试制成功总长为 100m、速度为 40m/min 的双人自动人行道，安装在北京首都国际机场。

3. 第三阶段：建立合资企业，国产电梯技术趋于成熟，行业迅速发展，民族品牌崛起阶段（1980 年至今）

1980 年以来，随着我国改革开放的不断深入，我国多家电梯厂和外资企业合并组建合资公司，如中国迅达、上海三菱、天津奥的斯、苏州迅达等。此后，全球主要的电梯知名企业都在我国建立合资或独资企业，这些外资企业的进入为我国电梯行业带来国际化的技术标准、先进的生产技术、管理理念和经营模式，使我国电梯行业取得了巨大的发展，并快速进入了国际化的行列。

1985年，我国正式加入国际标准化组织——电梯、自动扶梯和自动人行道技术委员会，成为该组织的成员方。

1987年，国家标准GB 7588—1987《电梯制造与安装安全规范》发布，对保障电梯的制造与安装质量有十分重要的意义。

1989年，国家电梯质量监督检验中心正式组建，该中心采用先进方法进行电梯的型式试验并签发证书，保障在国内使用的电梯的安全性能。

1992年，国家技术监督局批准成立全国电梯标准化技术委员会。

20世纪90年代初期起，我国电梯行业在经济体制改革和技术进步的推动下，通过不断学习和研发，取得了显著的进步。中国建筑科学研究院在此期间率先开发出中高速交流客梯、变频调速无机房电梯、公交型自动扶梯等5种整机技术。

进入21世纪后，包括康力电梯、江南嘉捷、远大智能、梅轮电梯等一部分具有一定规模的民族电梯企业在技术水平、管理水平等方面取得了显著提高，完成了从研发、设计、制造到安装维保的完整业务链建设。尤其是在中低速电梯产品方面，凭借较高的性价比和精益求精的质量要求，逐渐打破了外资电梯企业对中国电梯市场的主导地位。此外，我国电梯企业通过不断学习和吸收外资电梯企业的国际化技术标准、管理模式、经营理念，促使我国电梯企业在几十年间快速发展并与国际接轨。

2003年6月，国务院颁布的《特种设备安全监察条例》正式实施，更加严格了电梯等特种设备在生产制造、安装调试、维护保养、使用管理及从业人员资质等方面的控制和管理。

2004年1月，国家标准GB 7588—2003《电梯制造与安装安全规范》开始实施。

2014年1月，《中华人民共和国特种设备安全法》实施，标志着我国对电梯等特种设备的安全管理工作向法制化又迈进了一大步。

2022年7月，国家标准GB/T 7588.1—2020《电梯制造与安装安全规范 第1部分：乘客电梯和载客电梯》和GB/T 7588.2—2020《电梯制造与安装安全规范 第2部分：电梯部件的设计原则、计算和检验》开始实施。

中国已连续多年是全球最大的电梯市场，也是全球最大的电梯整机和零部件供应基地，截至2022年年底，我国在用电梯数量占全球总量的43%，全球电梯保有量市场最大。

1.1.3　电梯技术的发展趋势

1. 超高速电梯与其他类型电梯不断发展

21世纪，随着人口数量与可利用土地面积之间的矛盾进一步激化，将会大力发展多用途、全功能的高层塔式建筑，超高速电梯将成为研究方向。除了采用曳引式电梯之外，直线电动机驱动电梯也会有极大的发展空间。未来电梯如何保证其安全性、舒适性和便捷性也将成为一个研究方向。

2. 电梯智能群控系统

电梯智能群控系统将基于强大的计算机软硬件资源支持，能适应电梯交通的不确定性、控制目标的多样化、非线性表现等动态特性。随着智能建筑的发展，电梯的智能群控系统与大楼所有自动化服务设施结合成整体智能系统，也是电梯技术的发展方向。

3. 蓝牙技术应用

蓝牙（Blue Tooth）技术是一种全球开放的、短距离无线通信技术规范，它通过短距离无线通信，把电梯各种电子设备连接起来，取代纵横交错、繁复凌乱的线路，实现无线成网，将有效地提高电梯产品的先进性和可靠性。

4. 电梯发展更加环保、绿色

未来将要求电梯更加节能环保，减少噪声污染、油污染和电磁辐射污染，兼容性强，寿命长，电梯中使用的各种原材料（包括装潢材料）均为绿色环保型，与建筑物及自然环境搭配协调，人性化程度高等，尽量使用太阳能和风能等绿色能源，以减少对环境的破坏。

5. 电梯产业将网络化、信息化

电梯控制系统将与网络技术紧密地结合在一起，用网络把相互分离的在用电梯连接起来，对其运行情况做即时采集并进行统一监管，统一纳入维保管理系统，快速有效地对故障进行维修；通过电梯网站进行网上交易，既能够实现电梯采购、配置、招投标等，也可在网上申请电梯定期检验等工作。

1.1.4 全球电梯行业品牌格局

自电梯在欧美地区问世以来，欧美电梯行业已诞生了许多电梯知名品牌，其中不乏一些百年品牌。随着技术革新和其他地区的经济发展，电梯行业产业规模逐渐增大并走向全球化。电梯作为高资本、高技术型行业，在经历一段时间发展后往往会形成多寡头垄断竞争的局面。目前，根据电梯发展历史和相应市场占有规模分析，全球主要电梯品牌分为以下三类。

1. 欧美品牌

欧美电梯知名品牌主要代表有美国奥的斯电梯、德国蒂森电梯、英国快客电梯、芬兰通力电梯、瑞士迅达电梯等，部分品牌标志如图 1-5 所示。这些电梯品牌历史久远、国际知名度高、拥有雄厚的研发实力及供应商资源，产品的最大特点是耐用度高，但企业产品费用和后期维保服务费用相对较高。

图 1-5 部分欧美电梯知名品牌标志

2. 日系品牌

日系电梯知名品牌主要代表有三菱电梯、日立电梯、东芝电梯等，品牌标志如图1-6所示。这些品牌同样具有较高的国际知名度和资金研发优势，产品相对于欧美品牌电梯而言，舒适度相对较高，性价比较高，但耐用度稍差。

图1-6 部分日系电梯知名品牌标志

3. 中国品牌

我国已经成为全球最大的电梯生产和消费市场，是电梯领域的世界工厂和制造中心。全球70%的电梯在中国制造，60%~65%的电梯在中国市场销售。但遗憾的是，我国电梯市场主要被美国的奥的斯，欧洲的迅达、通力、蒂森，日本的三菱、日立、富士达、东芝等外资品牌占据。自20世纪90年代起，我国大量民营企业开始布局电梯制造工业，打破了外资品牌的垄断地位。目前，本土品牌主要代表有上海三菱电梯、康力电梯、沈阳博林特电梯、东南电梯、江南嘉捷电梯、苏州市申龙电梯等，部分品牌标志如图1-7所示。本土品牌经过多年的发展，约占30%市场份额。2007年后，本土品牌技术迅速进步，市场占有率提升较快，在机场、地铁、超高楼层都出现了本土品牌。当前，欧美品牌电梯、日系品牌电梯和本土品牌电梯的全球市场份额占比为4∶3∶3。

图1-7 部分中国电梯知名品牌标志

1.2 电梯的性能指标与主要参数

1.2.1 电梯的定义

根据国家标准GB/T 7024—2008《电梯、自动扶梯、自动人行道术语》，电梯定义：电梯（lift或elevator）是指服务于建筑物内若干特定的楼层，其轿厢运行在至少两列垂直于水平面或铅垂线倾斜角小于15°的刚性导轨运动的永久运输设备。日常所见的直梯如

图 1-8 所示，包括运行轨迹在垂直方向上或与垂直方向成很小角度的各种曳引式电梯、液压电梯等。

根据上述定义，人们平时在商场、车站见到的自动扶梯和自动人行道如图 1-9 所示，并不能算是真正意义上的电梯。但是根据大众的概念理解，从广义上来说，人们口中所说的电梯通常包含直梯、自动扶梯和自动人行道。

图 1-8 准确定义的电梯——直梯

图 1-9 自动扶梯与自动人行道

1.2.2 电梯的性能要求

电梯是建筑物实现运输的主要设备，要保证建筑物的运输要求，电梯必须满足安全性、可靠性、舒适性三个方面的性能要求。

1. 安全性

安全运行是电梯必须保证的首要指标，是由电梯的使用要求所决定的，在电梯制造、安装调试、日常管理维护及使用过程中，是必须绝对保证的重要指标。为保证安全，对于涉及电梯运行安全的重要部件和系统，在设计制造时留有较大的安全系数，设置了一系列安全保护装置，使电梯成为各类运输设备中安全性最好的设备之一。

2. 可靠性

可靠性是反映电梯技术的先进程度与电梯制造、安装维保及使用情况密切相关的一项重要指标。可靠性反映了在电梯日常使用中因故障导致电梯停用或维修的发生概率，故障率高说明电梯的可靠性较差。

一台电梯在运行中的可靠性如何，主要受该电梯的设计制造质量和安装维护质量两方面影响，同时还与电梯的日常使用管理有极大关系。如果人们使用的是一台制造中存在问题和瑕疵、具有故障隐患的电梯，那么该电梯的整体质量和可靠性是无法提高的；然而即使人们使用的是一台技术先进、制造精良的电梯，却在安装及维护保养方面存在问题，同样也会导致大量的故障出现，进而会影响到该电梯的可靠性。所以要提高电梯运行可靠性，必须从制造、安装维护和日常使用等几个方面着手。

电梯整机运行可靠性要求如下：

1）整机可靠性检验为起、制动运行60000次中失效（故障）次数不应超过5次，每次失效（故障）修复时间不应超过1h。由于电梯本身原因造成的停机或不符合标准规定的整机性能要求的非正常运行，均被认为是失效（故障）。

2）控制柜可靠性检验为被其驱动与控制的电梯起、制动运行60000次中，控制柜失效（故障）次数不应超过2次。由于控制柜本身原因造成的停机或不符合标准规定的有关性能要求的非正常运行，均被认为是失效（故障）。

3. 舒适性

舒适性是考核电梯使用性能最为敏感的一项指标，也是电梯多项性能指标的综合反映，多用来评价客梯轿厢。它与电梯速度，起动和制动过程中的加、减速度，运行平稳性、运行噪声甚至轿厢的装饰等都有密切的关系。对于舒适性主要从以下几个方面来考核评价。

1）电梯速度：当电源保持为额定频率和额定电压、电梯轿厢在50%额定载重量时，向下运行至行程中段（除去加速和减速段）时的速度，不得大于额定速度的105%，且不得小于额定速度的92%。

2）起动和制动过程中的加、减速度：当乘客电梯额定速度 v 为 $1m/s<v<2m/s$ 时，按GB/T 24474.1—2020《乘运质量测量 第1部分：电梯》（ISO18738-1：2012，MOD）测量，A95（在定义的界限范围内，95%采样数据的加速度或振动值小于或等于的值）加、减速度不应小于 $0.5m/s^2$；当乘客电梯额定速度 v 为 $2m/s<v<6m/s$ 时，A95加、减速度不应小于 $0.7m/s^2$。

3）电梯门的开关门时间：电梯的开关门时间是影响电梯运行效率的重要因素，因此，乘客电梯的开关门时间应执行表1-1中的规定。

表1-1 乘客电梯的开关门时间

开门方式	开门宽度（B）/mm			
	$B≤800$	$800<B≤1000$	$1000<B≤1100$	$1100<B≤1300$
中分自动门	3.2s	4.0s	4.3s	4.9s
旁开自动门	3.7s	4.3s	4.9s	5.9s

注：1. 开门宽度超过1300mm时，其开门时间由制造商和客户协商确定。
2. 开门时间是指从开门起动直至达到开门宽度的时间；关门时间是指从关门起动至证实层门锁紧装置、轿门锁紧装置（如果有）以及层门、轿门关闭状态的电气安全装置的触点全部接通的时间。

4）电梯运行平稳性：轿厢运行必须平稳，其具体要求如下：

乘客电梯轿厢运行在恒加速度区域内的垂直（Z轴）振动最大峰峰值不应大于 $0.30m/s^2$，A95峰峰值不应大于 $0.20m/s^2$；运行期间水平（X轴和Y轴）振动的最大峰峰值不应大于 $0.20m/s^2$，A95峰峰值不应大于 $0.15m/s^2$（按GB/T 24474.1—2020测量，用计权的时域记录振动曲线中的峰峰值）。

5）电梯运行噪声：乘客电梯噪声要求见表1-2。

表 1-2　乘客电梯噪声要求　　　　　　　　　　　　　　　　　（单位：dB）

额定速度 v/（m/s）	v≤2.5	2.5<v≤6
额定速度运行时机房内平均噪声值	≤80	≤85
运行中轿厢内最大噪声值	≤55	≤60
开关门过程最大噪声值	≤65	

注：无机房电梯的"机房内平均噪声值"是指距离曳引机 1m 处所测得的平均噪声值。

6）平层准确度及平层保持精度：电梯轿厢的平层准确度宜在 ±10mm 范围内。平层保持精度宜在 ±20mm 范围内。

1.2.3　电梯的主要参数及基本规格

电梯的主要参数及基本规格是一台电梯最基本特征的体现，通过这些参数可以确定电梯的运载能力和工作特点。

1. 电梯的主要参数

电梯的主参数包括额定载重量和额定速度。

1）额定载重量（kg）：额定载重量是电梯的主参数之一，指保证电梯安全、正常运行的允许载重量，是电梯设计所规定的轿厢载重量，单位为 kg。目前，电梯的额定载重量已经系列化，主要有 400kg、630kg、800kg、1000kg、1250kg、1600kg、2000kg、2500kg 等。对于乘客电梯也常用乘客人数或限载人数来表示，其值等于额定载重量除以 75kg 后取整，常用乘客人数为 8 人、10 人、13 人、16 人、21 人等。

2）额定速度（m/s）：额定速度是保证电梯安全、正常运行及舒适性的允许轿厢运行速度，是电梯设计所规定的轿厢运行速度，单位为 m/s。其也是电梯的主要参数之一，常见的额定速度有 0.63m/s、1.06m/s、1.60m/s、1.75m/s、2.50m/s、4.00m/s。

2. 电梯的基本规格

电梯的基本规格主要由如下几种参数组成：

1）电梯的用途：指客梯、货梯、病床梯等，它确定了电梯的服务对象。

2）拖动方式：指电梯采用的动力驱动类型，可分为交流电力拖动、直流电力拖动、液压拖动等。

3）控制方式：指对电梯运行实行操纵的方式，可分为手柄控制、按钮控制、信号控制、单梯集选控制、并联控制、梯群控制等。

4）轿厢尺寸（mm）：轿厢内部尺寸以宽度×深度×高度表示。

5）轿厢形式：指单面开门、双面开门或其他特殊要求，包括轿顶、轿底、轿壁的表面处理方式，颜色选择，装饰效果，是否装设风扇、空调或电话对讲装置等。

6）轿门形式：常见轿门有栅栏门、中分门、双折中分门、旁开门及双折旁开门等。

7）开门宽度（mm）：指轿厢门和层门完全开启时的净宽度。

8）开门方向：对于旁开门，人站在轿厢外，面对层门，门向左开启则为左开门，反之为右开门；两扇门由中间向左右两侧开启者称为中分门。

9）曳引方式：即曳引绳穿绕方式，也称为曳引比，指电梯运行时，曳引轮绳槽处的线速度与轿厢升降速度的比值。

10）电气控制系统：包括电梯所有电气线路采取的控制方式、电力拖动系统采用的形式等方面。

11）停层站数：凡在建筑物内各楼层用于出入轿厢的地点称为停层站，其数量为停层站数。

12）提升高度（mm）：指底层端站楼面和顶层端站楼面之间的垂直距离。

13）顶层高度（mm）：指顶层端站楼面和机房楼面或隔音层楼板下最凸出构件之间的垂直距离。

14）底坑深度（mm）：指底层端站楼面和井道底面之间的垂直距离。

15）井道高度（mm）：指井道底面和机房楼板或隔音层楼板下最凸出构件之间的垂直距离。

16）井道尺寸（mm）：以井道的宽度 × 深度表示。

1.3 电梯分类

电梯的分类方式繁多，主要有按用途分类、按运行速度分类、按控制方式分类、按驱动方式分类等。

1.3.1 按用途分类

电梯按用途主要分为乘客电梯、载货电梯、客货两用电梯、病床电梯、住宅电梯、杂物电梯、船用电梯、观光电梯、车用电梯及其他用途电梯等。

1. 乘客电梯（TK）

乘客电梯是指为运送乘客而设计的电梯。乘客电梯适用于高层住宅、办公大楼、宾馆、饭店和旅馆等客流量大的场所，用于运送乘客，要求安全舒适、装饰新颖美观、可以手动或自动控制、可有/无司机操纵。轿厢顶部除吊灯外，大都设置排风机，在轿厢的侧壁上则有回风口，以加强通风效果。其特点是安全可靠、轿厢装潢精美、自动化程度高、运行平稳、速度快。

2. 载货电梯（TH）

载货电梯是指专门为运送货物而设计的并通常有人员伴随的电梯，主要应用在多楼层的车间厂房、各类仓库及立体车库等场合，要求结构牢固，安全性好。其特点是比较安全、载重量大、自动化程度低、运行速度慢。为节约动力装置的投资和保证良好的平层准确度常取较低的额定速度，轿厢的容积通常比较宽大，一般轿厢深度大于宽度或两者相等。其载重量有630kg、1000kg、1600kg、2000kg等多种，运行速度在1m/s以下。

3. 客货两用电梯（TL）

客货两用电梯是指主要运送乘客，但也可以运送货物的电梯，主要应用在商场、工矿企业及机关单位等场合。它与乘客电梯的区别在于轿厢内部装饰结构不同，也称此类电梯为服务电梯。其特点是运行控制要求较简单，轿厢装饰较普通（与乘客电梯相比较）。

4. 病床电梯（TB）

病床电梯是指专门为运送病床（包括病人）及相关医疗设备而设计的电梯，主要应用在医院、疗养院及康复机构等场合。其特点是轿厢窄而深，前后贯通，运行平稳，噪声小，起动和制动舒适感好。常要求前后贯通开门，对运行稳定性要求较高，运行中噪声应力求减小，一般有专职司机操作。其载重量有 1000kg、1600kg、2000kg 等多种，运行速度有 0.63m/s、1.0m/s、1.6m/s、2.0m/s。

5. 住宅电梯（TZ）

住宅电梯是指服务于住宅楼供公众使用的电梯。住宅电梯主要运送乘客，也可运送家用物件或生活用品，额定载重量有 630kg、800kg、1000kg 等，相应的载客人数有 8 人、10 人、13 人等，速度在低、快速之间。其中额定载重量为 630kg 的电梯轿厢允许运送童车和残疾人乘坐的轮椅；额定载重量为 1000kg 的电梯轿厢还能运送"手把拆卸"的担架和家具。

6. 杂物电梯（TW）

杂物电梯是指专门为运送杂物而设计的电梯，其实就是一种小型运货电梯，但不允许人员进入轿厢，由厅外按钮控制，额定载重量有 40kg、100kg、250kg 等数种，轿厢的运行速度通常小于 0.5m/s。杂物电梯主要应用在图书馆、办公楼、饭店运送图书、文件及食品等场合。其特点是安全设施不齐全，不许载人，轿厢门洞及轿厢面积很小。

7. 船用电梯（TC）

船用电梯是指固定安装在船舶上为乘客、船员或其他人员使用的电梯，它能在船舶的摇晃中正常工作，运行速度一般应小于等于 1m/s。其特点是机房位置灵活，有侧机房、下机房、上机房、上侧机房等，井道防火、绝缘、保温，主要部件安装有防振垫以防共振，随行电缆、限速器钢丝绳应采取防止其晃动的特殊措施，轿厢和对重各装一套限速器和安全钳。

8. 观光电梯（TG）

观光电梯是指供乘客游览观光建筑物周围外景的电梯，主要应用在商场、宾馆及旅游景点等场合。视觉上力求达到电梯与建筑物或风景融为一体。多将轿厢设计为近似半椭圆形，井道三面透明，呈半圆弧形。其特点是井道和轿厢壁至少有同一侧透明，乘客可观看到轿厢外的景物。

9. 车用电梯（TQ）

车用电梯是指为运送车辆而设计的电梯，即非商用汽车电梯，如高层或多层车库、立体仓库等处都有使用。其特点是轿厢面积大，要与所装运的车辆相匹配，其构造则应充分牢固，有的无轿顶，升降速度一般都比较低（小于 1m/s）。

10. 其他用途电梯

其他用途电梯指其他用作专门用途的电梯，如斜行电梯、座椅电梯、冷库电梯、消防电梯、矿井电梯、特种电梯、建筑施工电梯（或升降机）、滑道货梯、运机电梯、门吊梯等。斜行电梯安装在地铁、火车站和山坡等场所用于运送乘客，其轿厢运行中水平与竖直轴线均保持不变，运行轨迹为倾斜直线，是一种集观光和运输于一体的输送设备。座椅电梯将电动载人座椅安装于楼梯扶栏上用于运送乘客，人坐在由电动机驱动的座椅上，通过座椅手柄上的按钮进行控制，使动力装置驱动座椅沿楼梯扶栏的导轨上下运动。冷库电梯用于在大型冷库或制冷车间运送冷冻货物，需要满足门扇、导轨等活动处冰封、浸水要求。消防电梯在发生火警情况下用来运送消防人员、乘客和消防器材等，也称消防员电梯。矿井电梯供矿井内运送人员及货物。特种电梯可在防爆、耐热、防腐等特殊要求的环境下使用。建筑施工电梯供运送建筑施工人员及材料用，其高度可随施工中的建筑物层数变化而变化。滑道货梯配置在建筑物内，常与建筑物走道平行，用于运送货物。运机电梯能把地下机库中几十吨至上百吨重的飞机垂直提升到飞机场跑道上。门吊梯在大型门式起重机的门腿中运送在门机中工作的人员及检修机件等。

1.3.2 按运行速度分类

电梯按运行速度一般分为低速电梯、快速电梯、高速电梯和超高速电梯四类。

低速电梯的额定运行速度 $v<1.0\text{m/s}$，通常用在 10 层以下的建筑物客货两用电梯或货梯。

快速电梯的额定运行速度 v 为 $1.0\text{m/s}\leqslant v<2.0\text{m/s}$，通常用在 10 层以上的建筑物内。

高速电梯的额定运行速度 v 为 $2.0\text{m/s}\leqslant v<4.0\text{m/s}$，通常用在 16 层以上的建筑物内。

超高速电梯的额定运行速度 $v\geqslant 6.0\text{m/s}$，通常用在超高层的建筑物内。

1.3.3 按控制方式分类

电梯按控制方式的不同主要可分为手柄开关控制自动门电梯、手柄开关控制手动开门电梯、按钮控制电梯、信号控制电梯、集选控制电梯、并联控制电梯和梯群程序控制电梯等。

1. 手柄开关控制自动门电梯（SZ）

此类电梯靠动力自动开、关门，司机在轿内操纵手柄开关，控制电梯的起动、上行、下行、平层和停止等运动状态，在停靠站地坎上下 $0.5\sim 1\text{m}$ 的平层区域，司机只需将手柄开关回到零位，电梯就会换为慢速自动平层后自动开门。为便于司机判断层数、控制开关，电梯轿厢装有玻璃窗口或使用栅栏门。

2. 手柄开关控制手动开门电梯（SS）

此类电梯由司机在轿内操纵手柄开关，控制电梯的起动、上行、下行、平层和停止等运动状态，以及控制开、关门。

3. 按钮控制电梯（AN）

此类电梯是一种具备简单自动控制的电梯，由轿外按钮和轿内按钮发出指令，控制电梯自动应答及自动平层。当某层站乘客按下呼梯按钮时，电梯就起动运行去应答。在电梯运行过程中，如果有其他层站呼梯按钮按下，控制系统只能把信号记存下来，不能去应答，而且也不能把电梯截住，直到完成当前应答运行层站之后方可应答其他层站呼梯信号。此类电梯一般为货梯或杂物梯。

4. 信号控制电梯（XH）

此类电梯是一种自动控制程度较高的有司机电梯，具有自动平层、自动开门、轿内指令与层站召唤登记、顺向截停和自动换向等功能。电梯运行取决于电梯司机操纵，而电梯在何层站停靠由轿厢内操纵板上的选层按钮信号和层站呼梯按钮信号控制，系统把各层站呼梯信号集合起来，将与电梯运行方向一致的呼梯信号按先后顺序排列好，电梯依次应答接运乘客。电梯往复运行一周可以应答所有呼梯信号。此类电梯通常为有司机客梯或客货两用电梯。

5. 集选控制电梯（JX）

此类电梯是在信号控制的基础上把呼梯信号集合起来加以综合分析进行有选择地应答的无司机、单台全自动控制运行电梯。在运行过程中，优先按顺序应答与轿厢运行方向相同的层站召唤，该方向召唤信号全部应答完毕后，电梯将自动应答相反方向的召唤，无召唤信号的层站，则按照操纵板上的选层按钮信号停靠。电梯运行一周后，若无呼梯信号，则停靠在基站待命。

根据上下行客流量特点又可单独使用上集选电梯和下集选电梯。上集选电梯只响应上行方向的呼梯信号，欲从较高层站去较低层站，须乘电梯至顶层端站后再到要去的较低层站。而下集选电梯则相反，其只响应下行方向的呼梯信号，欲从较低层站去较高层站，须乘电梯至基站后再到要去的较高层站。

6. 并联控制电梯（BL）

此类电梯把两台（有时为三台）均具有集选控制功能的电梯的控制电路并联起来进行逻辑控制，共用层站召唤按钮，使其高效率运行。无任务时，其中一台（或两台）电梯停在预先选定的楼层（中间层站），称为自由梯，另一台电梯停在基站，称为基梯。当基站有乘客使用电梯并起动后，自由梯（或两台自由梯中的一台）即刻起动前往基站充当基梯待命。当有除基站外其他层站呼梯时，自由梯就近先行应答，并在运行过程中应答与其运行方向相同的所有呼梯信号。

7. 梯群程序控制电梯（QK）

梯群程序控制电梯简称群控电梯，由多台电梯（通常每组为4～6台）集中排列，共用层站召唤按钮，按规定程序和客流量的变化进行有程序或无程序的综合统一控制，对乘客需要电梯情况进行自动分析后，选派最适宜的电梯及时应答呼梯信号。

1.3.4 按驱动方式分类

电梯按驱动方式分为直流电动机驱动电梯、交流电动机驱动电梯、液压驱动电梯、齿轮齿条电梯、螺杆式电梯以及直线电动机驱动电梯等。

1. 直流电动机驱动电梯（Z）

直流电动机驱动电梯简称直流电梯，是指用直流电动机进行拖动的电梯。其拖动系统分为采用可控硅励磁装置的直流发动机-电动机拖动系统和采用可控硅直接供电的可控硅－电动机拖动系统两种，前者现已淘汰，后者具有性能优良、梯速较快的特点，梯速通常在 4m/s 以上。

2. 交流电动机驱动电梯（J）

交流电动机驱动电梯简称交流电梯，是指用交流电动机进行拖动的电梯。按速度不同，分为交流单速电梯、交流双速电梯、交流三速电梯和交流调速电梯等。交流单速电梯的额定速度一般在 0.5m/s 以下，只有一种运行速度。交流双速电梯有高、低两种运行速度，其额定速度一般在 1m/s 以下。交流三速电梯有高、中、低三种运行速度，其额定速度一般也在 1m/s 以下。交流双速电梯和交流三速电梯均是通过改变电动机定子绕组的极对数以获得两档或三档运行速度的。交流调速电梯一般通过调压调速（ACCV 或 ACVV）或变频变压调速（VVVF）两种方式获得连续变化的运行速度，额定速度一般在 2m/s 以下。随着调速技术和电子器件的发展，现在已经被采用微机控制变频器在调节定子频率的同时调节定子中电压的磁通恒定、性能优越、安全可靠的变频变压调速电梯所取代。

3. 液压驱动电梯（Y）

液压驱动电梯简称液压电梯，是指依靠液压系统驱动轿厢做上、下运行的电梯。根据柱塞安装位置，有液压缸柱塞直接支承轿厢底部，使轿厢升降的柱塞直顶式；液压缸柱塞设置在井道侧面，借助曳引绳通过滑轮组与轿厢连接使轿厢升降的柱塞侧置式等，梯速通常小于 1m/s。液压驱动电梯如图 1-10 所示。

图 1-10　液压驱动电梯

4. 齿轮齿条电梯

齿轮齿条电梯是指采用电动机－齿轮传动机构，利用齿轮在齿条上的爬行来拖动轿厢运行的电梯，通常齿条固定在构架上，齿轮装于电梯的轿厢上。齿轮齿条电梯一般用在建筑工程中，也称为施工升降机。

5. 螺杆式电梯

螺杆式电梯是指使用螺杆顶升轿厢升降的电梯。螺杆式电梯将直顶式电梯的柱塞加工成矩形螺纹，将带有推力轴承的大螺母安装于液压缸缸顶，电动机经减速器（或带传动）带动大螺母旋转，从而驱动电梯轿厢。

6. 直线电动机驱动电梯

直线电动机驱动电梯是指用直线电动机进行驱动的电梯。与传统驱动方式相比，直线电动机驱动电梯具有结构简单、占用空间小、节能环保、可靠性高等优点，同时，它使电梯多维运动及多梯排序运行成为可能。

1.4 电梯的结构组成

1.4.1 电梯的总体结构

图 1-11 所示为电梯总体结构图，其中各部分装置与结构如图中所示。

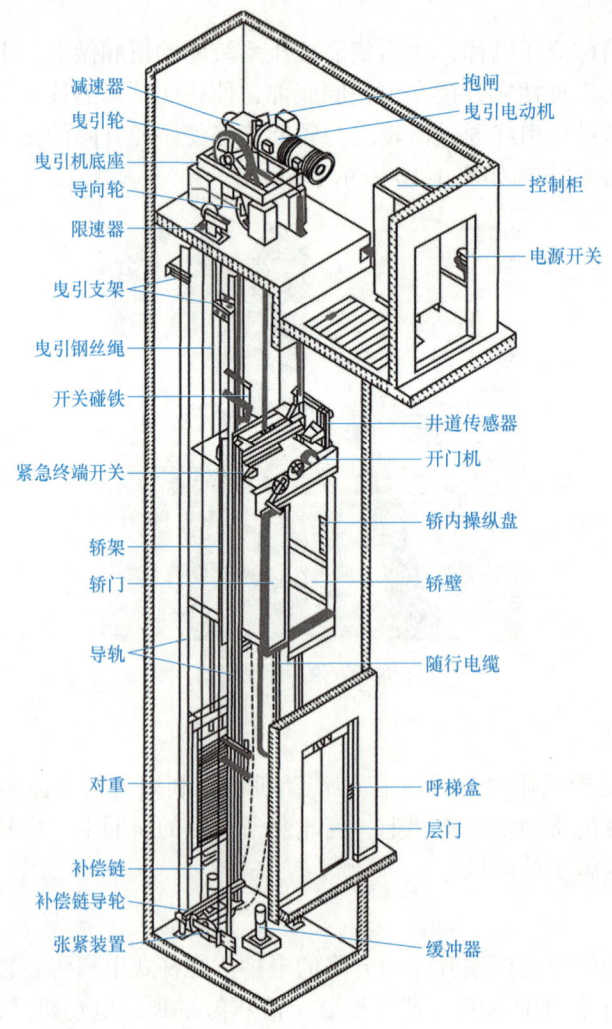

图 1-11　电梯总体结构图

1.4.2 电梯的四大空间

电梯的四大空间如图 1-12 所示，可分为机房、井道、轿厢和层站四个部分。

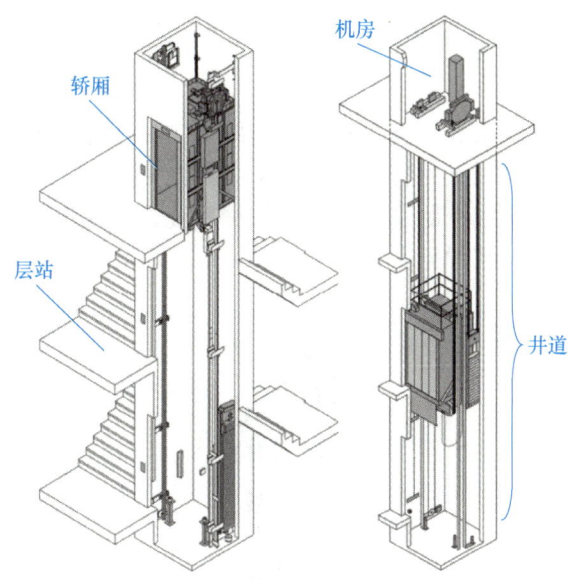

图 1-12 电梯的四大空间

1. 机房

机房用于安装曳引机、控制柜（屏）和限速器等，可以设置在井道顶部、底部及其他位置，要求必须有足够的面积、高度、承重能力及良好的通风条件。其组成包括总电源控制箱、控制柜、曳引机、导向轮和限速器等。

2. 井道

井道为电梯轿厢和对重提供一个封闭、安全运行的空间。底坑深入地面，用于安装缓冲器、限速器钢丝绳张紧装置等，要求防水，最好有排水设施。为了人员或货物出入轿厢，在每个层站开有出入口。井道组成包括底坑、围壁、井道顶以及安装在其内的导轨、导轨支架、对重、缓冲器、限速器张紧装置、补偿链、随行电缆和井道照明等。

3. 轿厢

轿厢安装于井道内，用于运送乘客或货物，具有与额定载重量和额定载客量相适应的空间。其组成包括轿厢架子、轿厢底、轿厢壁、轿厢顶、轿内操纵箱、照明设施、通风装置、轿顶检修装置、轿顶接线盒及安全护栏等。

4. 层站

层站是各楼层中电梯停靠的地点。每一楼层电梯最多只有一个站，根据需要，在某些楼层可不设站。其组成包括层门（厅门）、呼梯装置（召唤盒）、门锁装置、开关门装置和楼层显示装置等。

随着采用永磁同步无齿轮曳引机的不断发展，其具有速度过渡平稳、控制性能好、噪

> 电梯结构与原理

声低、平层精度高等诸多优点，尤其是其体积小、重量轻的特点，对于重载电梯，可以减小机房的尺寸，将机房的横截面减小到与井道横截面相同，形成小机房电梯；而对于非重载电梯，可以直接将曳引机安装在井道内，不需要再设置单独的机房，形成无机房电梯，大大降低了建筑成本。

1.4.3 电梯的八大系统

根据电梯运行过程中各组成部分所发挥的作用与实际功能，可以将电梯划分为八个相对独立的系统，如图 1-13 所示，包括曳引系统、导向系统、门系统、轿厢系统、重量平衡系统、电力拖动系统、电气控制系统和安全保护系统，称为电梯的八大系统。电梯的八大系统的功能及主要构件与装置见表 1-3。

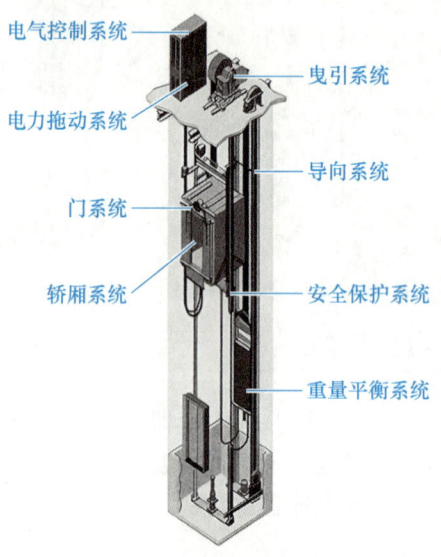

图 1-13 电梯的八大系统

表 1-3 电梯的八大系统的功能及主要构件与装置

系统名称	功能	主要构件与装置
曳引系统	输出与传递动力，驱动电梯运行	曳引机、曳引钢丝绳、导向轮、反绳轮等
导向系统	限制轿厢和对重的活动自由度，使轿厢和对重只能沿着导轨做上、下运动，承受安全钳工作时的制动力	轿厢（对重）导轨、导靴及其导轨架等
轿厢系统	用于装运并保护乘客或货物的组件，是电梯的工作部分	轿厢架和轿厢体
门系统	供乘客或货物进出轿厢时用，运行时必须关闭，保护乘客和货物的安全	轿门、层门、开关门系统及门附属零部件

(续)

系统名称	功能	主要构件与装置
重量平衡系统	相对平衡轿厢的重量，减少驱动功率，保证曳引力的产生，补偿电梯曳引绳和电缆长度变化转移带来的重量转移	对重装置和重量补偿装置
电力拖动系统	提供动力，对电梯运行速度实行控制	曳引电动机、供电系统、速度反馈装置、电动机调速装置等
电气控制系统	对电梯的运行实行操纵和控制	操纵箱、召唤箱、位置显示装置、控制柜、平层装置、限位装置等
安全保护系统	保证电梯安全使用，防止危及人身和设备安全的事故发生	机械保护系统：限速器、安全钳、缓冲器、端站保护装置等 电气保护系统：超速保护装置、供电系统断相错相保护装置、超越上下极限工作位置的保护装置、层门锁与轿门电气联锁装置等

1.5 电梯的型号

1. 进口电梯的型号表示

随着外资品牌电梯进入我国以来，许多国外电梯制造厂家涌入并兴办合资、独资电梯制造厂。每个国家都有自己的电梯型号表示方法，总体分以下几类：①以电梯生产厂家及生产产品序号命名，如 TOEC-90，前面的字母是厂家英文字头，为天津奥的斯电梯公司，90 代表其产品类型号；②以英文字头代表电梯的种类、以产品类型序号区分的命名，如三菱电梯 GPS-Ⅱ，前面英文字头代表产品种类，Ⅱ代表产品类型号；③以英文字头代表产品种类，配以数字表征电梯参数的命名，如"广日"牌电梯 YP-15-CO90，YP 表示交流调速电梯，额定乘员为 15 人，中分门，额定速度为 90m/min；④其他表示方法等。因此，必须根据产品说明书了解电梯各项参数。

2. 我国国产电梯型号的编制

我国电梯、液压梯产品的型号由类、组、型，主参数和控制方式三部分代号组成。第二、三部分之间用短横线分开。我国电梯型号编制方法示意图如图 1-14 所示。

第一部分是类、组、型和改型代号，类、组、型代号用具有代表意义的大写汉语拼音字母表示。产品的改型代号按顺序用小写汉语拼音字母表示，置于类、组、型代号的右下方，若无则可以省略不写。

第二部分是主参数代号，其左上方为电梯的额定载重量，右下方为额定速度，中间用斜线分开，均用阿拉伯数字表示。

第三部分是控制方式代号，用具有代表意义的大写汉语拼音字母表示。

电梯结构与原理

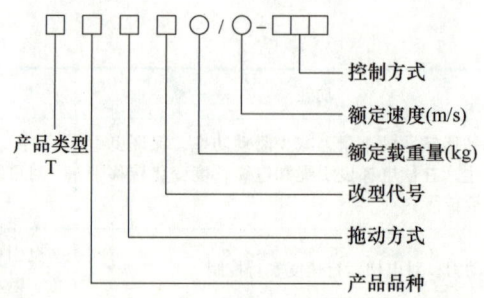

图 1-14 我国电梯型号编制方法

1）第一部分第一个方格为产品类型代号，在电梯、液压梯产品中，取"梯"字拼音字头"T"，表示电梯、液压梯"梯"产品。

2）第一部分第二个方格为产品品种代号，即电梯的用途，见表 1-4。

表 1-4 电梯产品品种代号

产品类别	代表汉字	汉语拼音	采用代号
乘客电梯	客	KE	K
载货电梯	货	HUO	H
客货（两用）电梯	两	LIANG	L
病床电梯	病	BING	B
住宅电梯	住	ZHU	Z
杂物电梯	物	WU	W
船用电梯	船	CHUAN	C
观光电梯	观	GUAN	G
非商用汽车电梯	汽	QI	Q

3）第一部分第三个方格为产品拖动方式代号，交流用 J 表示，直流用 Z 表示，液压用 Y 表示。

4）第一部分第四个方格为改型代号，以小写字母表示，没有改型时通常省略，也可冠以拖动类型调速方式，以示区分。

5）第二部分第一个圆圈表示电梯的额定载重量，单位为 kg，是电梯的主参数之一，常见的有 400kg、800kg、1000kg、1250kg 等。

6）第二部分第二个圆圈表示电梯的额定速度，单位为 m/s，也是电梯的主参数之一，常见的有 0.5m/s、0.63m/s、0.75m/s、1m/s、1.5m/s、2.5m/s 等。

7）第三部分表示控制方式，见表 1-5。

表 1-5 电梯产品控制方式的代用代号

控制方式	代表汉字	代用代号
手柄开关控制、自动门	手、自	SZ
手柄开关控制、手动门	手、手	SS
按钮控制、自动门	按、自	AZ

（续）

控制方式	代表汉字	代用代号
按钮控制、手动门	按、手	AS
信号控制	信号	XH
集选控制	集选	JX
并联控制	并联	BL
梯群控制	群控	QK
微机控制	微机	W

我国电梯型号编制示例如下：

TKJ1000/2.5-JX，其含义：交流调速乘客电梯，额定载重量为1000kg，额定速度为2.5m/s，集选控制。

TKZ1000/1.6-JX，其含义：直流乘客电梯，额定载重量为1000kg，额定速度为1.6m/s，集选控制。

TKJ1000/1.6-JXW，其含义：交流调速乘客电梯，额定载重量为1000kg，额定速度为1.6m/s，微机集选控制。

THY1000/0.63-AZ，其含义：液压货梯，额定载重量为1000kg，额定速度为0.63m/s，按钮控制，自动门。

1.6 本章习题

一、判断题

1. 客货电梯是指以运送乘客为主，但也可运送货物的电梯。　　　　　　（　　）
2. 乘客电梯可以运行货物。　　　　　　　　　　　　　　　　　　　　（　　）
3. 载货电梯的英文代号为ZT。　　　　　　　　　　　　　　　　　　　（　　）
4. 用交流感应电动机作为驱动力的电梯是交流电梯。　　　　　　　　　（　　）
5. 液压电梯适用于提升高度不大的场所。　　　　　　　　　　　　　　（　　）
6. 底层端站楼面和顶层端站楼面之间的垂直距离为井道高度。　　　　　（　　）
7. TKZ1000/1.6-JX 型电梯的额定速度为 1.6m/s。　　　　　　　　　　　（　　）
8. 轿厢额定速度自 2m/s 起且小于 3m/s 的电梯为高速梯。　　　　　　　（　　）
9. 用作运送车辆而设计的电梯是汽车用梯，代号为 TQ。　　　　　　　　（　　）
10. 电梯轿厢运行时的噪声不大于 65dB。　　　　　　　　　　　　　　　（　　）

二、填空题

1. 电梯的四大空间是_____、_____、_____和_____。
2. 曳引系统的作用是_____和_____。

3. 电梯的两大主要参数是_____和_____。
4. 广义上的电梯包含_____、_____和_____。
5. 电梯必须满足_____、_____、_____三个方面的性能要求。

三、多选题

1. 电梯按运行速度分类有（   ）。
   A. 低速梯　　　　　B. 快速梯　　　　　C. 高速梯　　　　　D. 超高速梯
2. 杂物电梯可运送（   ）。
   A. 图书　　　　　　B. 文件　　　　　　C. 食品　　　　　　D. 人
3. 电梯按拖动方式分类有（   ）。
   A. 交流电梯　　　　B. 直流电梯　　　　C. 液压电梯　　　　D. 齿轮齿条电梯
4. 电梯、液压梯产品的型号组成部分有（   ）。
   A. 类　　　　　　　B. 组　　　　　　　C. 型　　　　　　　D. 主参数
   E. 控制方式
5. 以下属于允许设计的轿厢额定载重量的是（   ）。
   A. 400kg　　　　　　B. 600kg　　　　　　C. 700kg　　　　　　D. 1250kg

四、简答题

1. 简述额定载重量的定义及相关要求。
2. 请简述电梯运行速度的相关规定。
3. 请简述客货两用电梯的特点。

第 2 章 电梯的工作原理

【学习目标】

1）知晓电梯的工作原理。
2）理解电梯的传动形式。
3）知晓影响电梯曳引力的相关因素。
4）能利用电梯的基本工作原理分析电梯的相关故障产生的原因，并能提出合理的解决方案。

2.1 电梯的工作原理概述

2.1.1 电梯的驱动方式变革

1. 鼓轮式传动电梯

如图 2-1a 所示，鼓轮式传动是电梯起源阶段的主要驱动方式，其最大提升高度≤46m、钢丝绳根数最多不超过 3 根、载重量不大。

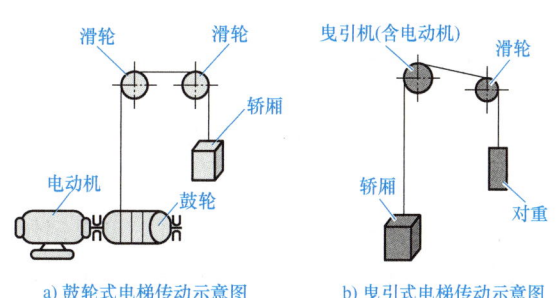

a) 鼓轮式电梯传动示意图　　b) 曳引式电梯传动示意图

图 2-1　两种不同驱动方式电梯的工作示意图

电梯结构与原理

为保障电梯有效工作，电动机需要驱动以下部分的驱动力：①轿厢自重；②轿厢内人或货物重量；③钢丝绳重量；④传动机构的摩擦力。

2. 曳引式传动电梯

如图 2-1b 所示，曳引式传动电梯是当前最广泛使用的电梯，相对于鼓轮式电梯来说，其最大提升高度≤800m，钢丝绳根数不受限制，载重量大大增加的同时安全性也增加了。为保障电梯有效工作，电动机仅需要驱动以下部分的驱动力：①轿厢自重；②轿厢内载荷与对重重量之差；③传动机构的摩擦力。

20 世纪初，曳引式驱动电梯诞生，电梯动力形式发生变革，因为曳引式电梯的巨大优势，鼓轮式电梯逐渐被曳引式电梯取代。

2.1.2　曳引式电梯的提升原理

曳引式驱动形式在电梯产品中的应用最为广泛。如图 2-2 所示，在曳引式提升机构中，钢丝绳悬挂在曳引轮绳槽中，一端与轿厢连接，另一端与对重连接。曳引轮在曳引电动机驱动下旋转时，利用钢丝绳和曳引轮绳槽之间产生的摩擦力形成曳引驱动力，带动电梯钢丝绳继而驱动轿厢、对重升降。

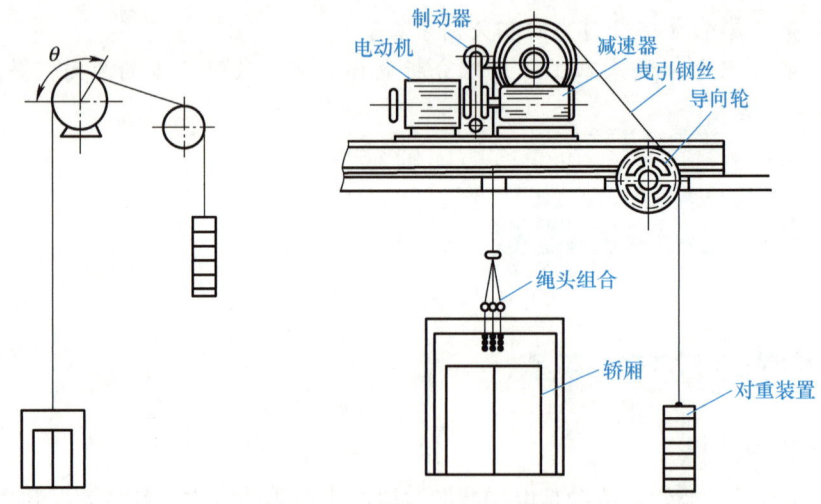

图 2-2　曳引式电梯提升原理示意图（θ 为曳引绳与曳引力之间的包角）

2.1.3　曳引式电梯的主要优势

曳引式提升电梯得到广泛应用在于其具有如下优势：

1. 安全可靠

当轿厢或对重由于某种原因冲击底坑中的缓冲器时，曳引钢丝绳作用在曳引轮绳槽中的压力消失，曳引力随即消失，此时即使曳引机继续运转，也不致使轿厢或对重继续向上运行，可减少人员伤亡事故和财产损失的发生概率。

2. 提升高度大

采用曳引式提升机构,曳引钢丝绳的长度几乎不受限制,因此可以适用于高层建筑的电梯。

3. 结构紧凑

采用曳引式驱动形式,避免了在卷筒方式中因曳引钢丝绳在卷筒上缠绕导致卷筒直径过大、因卷筒直径变化导致曳引钢丝绳速度变化等问题(尤其在提升高度很大时),而且采用多根钢丝绳保证高的安全系数得以实现,可使曳引轮直径减小和整个提升机构更加紧凑。

4. 可以使用高转速电动机

在电梯额定速度一定的情况下,曳引轮直径越小,则曳引轮转速越高,采用曳引式提升机构便于选用结构紧凑、价格便宜的高转速电动机。

2.2 电梯曳引传动形式

根据电梯的使用要求、传动效果以及建筑物的具体情况,电梯的曳引与传动有多种形式。电梯的曳引传动方式取决于悬挂比、曳引绳绕式、曳引机位置等的组合形式,组合形式不同,则传动效果和用途不同。

2.2.1 电梯的曳引形式

根据曳引机的位置,曳引式电梯的曳引形式分为上置式传动和下置式传动,如图 2-3 所示。

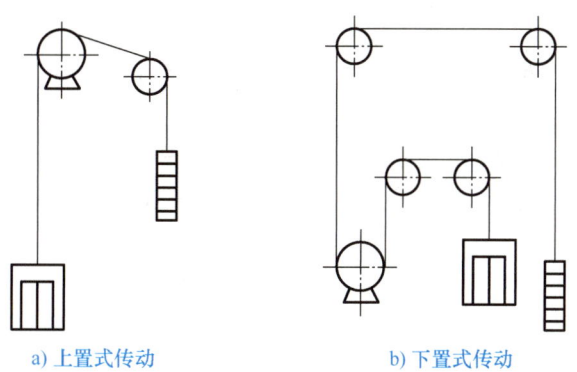

a) 上置式传动 b) 下置式传动

图 2-3 曳引式电梯的曳引形式

1. 上置式传动

上置式传动曳引机安装在井道上部的机房内,机房总载重 = 曳引机自重 + 控制柜等重量 + 轿厢自重及载重 + 对重重量,建筑物承受的载荷量较少,是常见的传动方式。

2. 下置式传动

下置式传动曳引机安装在井道的下部，井道顶部总载重 =2（轿厢自重及载荷量 + 对重重量），建筑物承受的载荷量较上置式传动大，对井道的建筑面积要求也大，一般用于船舶电梯。

2.2.2 曳引绳绕法

1. 曳引绳的缠绕方式

曳引绳在曳引轮上的缠绕方式可以分为半绕式和全绕式，如图 2-4 所示。

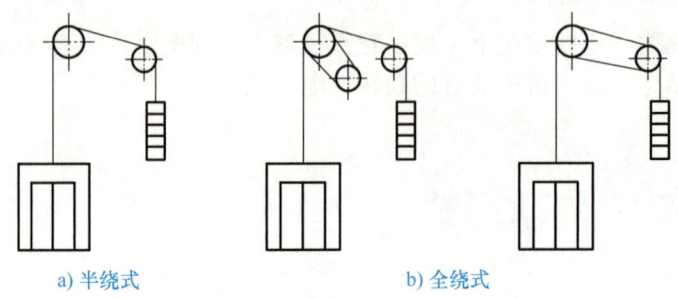

a) 半绕式　　　　b) 全绕式

图 2-4　曳引绳的两种缠绕方式

（1）半绕式　如图 2-4a 所示，曳引绳挂在曳引轮上，曳引绳对曳引轮的缠绕未形成 360°，一般不大于 180°，因此称为半绕式。

（2）全绕式（也称复绕式）　全绕式的形式有两种，一种是曳引绳绕曳引轮和导向轮一周后，才引向轿厢和对重，其目的是增大曳引绳对曳引轮的缠绕角度和接触面积，提高摩擦力，如图 2-4b 所示；另一种是曳引绳绕曳引轮绳槽和复绕轮绳槽后，再经导向轮槽到轿厢上，如图 2-5 所示，另一端引到对重上。无论哪种形式的全绕式，其特点都是增大曳引绳对曳引轮的缠绕角度和接触面积。

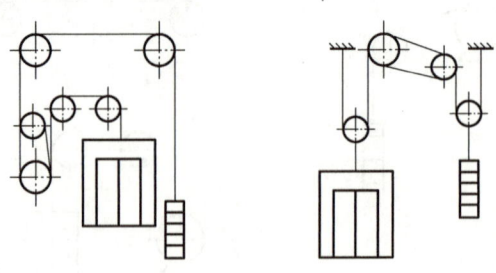

图 2-5　全绕式的另一种形式

2. 曳引比

电梯曳引绳的绕法有很多种，这些绕法可以组合成不同的传动方式。电梯曳引绳曳引比指悬吊轿厢的钢丝绳根数与曳引轮轿厢侧下垂的钢丝绳根数之比，又称为悬挂比，即电梯运行时，曳引轮的线速度与轿厢升降速度之比。根据电梯的使用要求和建筑物的具体情况等，电梯的曳引比是多样的，如图 2-6 所示，通常有 1∶1、2∶1、3∶1 等。

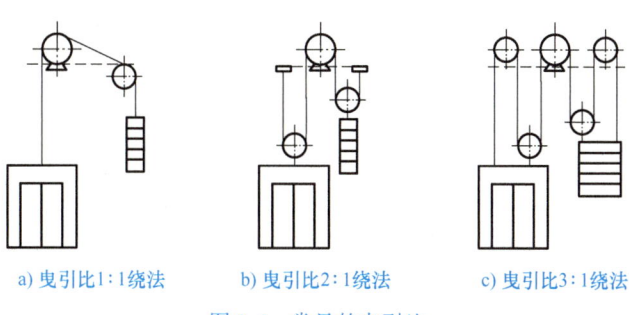

a) 曳引比1:1绕法　　b) 曳引比2:1绕法　　c) 曳引比3:1绕法

图 2-6　常见的曳引比

(1) 曳引比 1:1　曳引比为 1:1 时，曳引绳的线速度等于轿厢升降速度，轿厢侧曳引绳载荷力等于轿厢总重量。由曳引绳直接拖动轿厢和对重，轿顶和对重顶部均无反绳轮，适用于客梯。

(2) 曳引比 2:1　曳引比为 2:1 时，曳引绳的线速度等于轿厢升降速度的 2 倍，轿厢曳引绳载荷力等于轿厢总重量的 1/2，使曳引机只需承受电梯悬挂重量的 1/2，减轻了曳引机承受的重量，降低了对曳引机的动力输出要求，但增加了曳引绳的曲折次数，降低了绳索的使用寿命，适用于货梯。

(3) 曳引比 3:1　曳引比为 3:1 时，曳引绳的线速度等于轿厢升降速度的 3 倍，轿厢曳引绳载荷力等于轿厢总重量的 1/3，使曳引机只需承受电梯悬挂重量的 1/3，减轻了曳引机承受的重量，降低了对曳引机的动力输出要求，但进一步增加了曳引绳的曲折次数，降低了绳索的使用寿命，适用于载重量更大的电梯。

其他曳引比的钢丝绳绕法如图 2-7 所示。

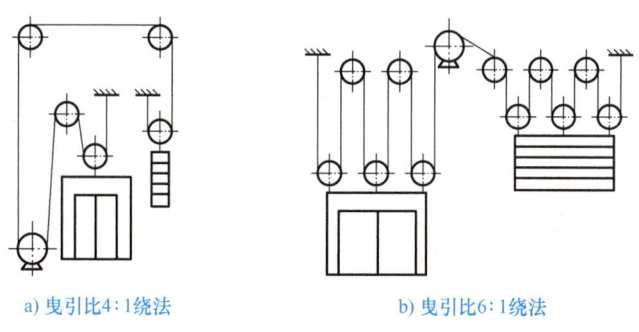

a) 曳引比4:1绕法　　　　　　　　b) 曳引比6:1绕法

图 2-7　其他曳引比的钢丝绳绕法

2.3　曳引力

2.3.1　曳引力的相关因素

电梯曳引钢丝绳与曳引轮绳槽之间的摩擦是一种柔体与刚体间的摩擦，轿厢和对重的运动是靠曳引轮和曳引钢丝绳之间的摩擦力来实现的，这个力就称为曳引力，也叫作驱动力。要使电梯轿厢运行，曳引力 T 必须大于或等于曳引钢丝绳中较大载荷力 P_1 与较小载荷力 P_2 之差，如图 2-8 所示，即 $T \geq P_1 - P_2$。

根据以上分析，电梯曳引力本质上是曳引钢丝绳与曳引轮之间的摩擦力，因此，根据电梯运行状态的受力和摩擦力来源分析可知：曳引力与曳引轮两侧曳引钢丝绳端的悬挂重量、曳引轮绳槽和钢丝绳直径所决定的摩擦系数、曳引钢丝绳在曳引轮上的缠绕包角有关。

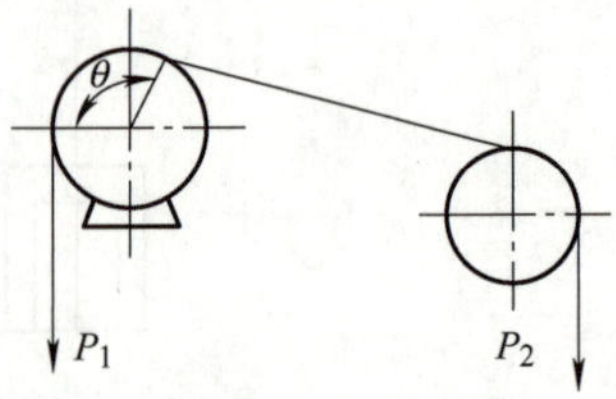

图 2-8 曳引力和载荷力分析示意图

1. 曳引轮两侧曳引钢丝绳的悬挂重量

曳引力和曳引轮两侧曳引钢丝绳端分别悬挂着轿厢和对重，这两者的重量决定了曳引钢丝绳与曳引轮之间的压力，从而影响曳引钢丝绳和曳引轮之间的摩擦力。轿厢的自重和载重量决定了对重的重量（详见第 5 章对重的重量与平衡系数），在额定载重量一定的情况下，曳引轮两侧曳引钢丝绳的悬挂重量与轿厢的自重相关。因此，轿厢的自重决定曳引摩擦力的大小，适当增加轿厢的自重可有效增加电梯的曳引摩擦力。

2. 曳引轮绳槽和曳引钢丝绳间的摩擦系数

（1）曳引轮绳槽与曳引摩擦力的关系　曳引摩擦力不仅取决于曳引钢丝绳与曳引轮之间的压力，还与曳引钢丝绳和曳引轮之间的摩擦系数相关。不同形状的绳槽接触时，所产生的摩擦力是不相同的，摩擦力越大则曳引力就越大。如图 2-9 所示，目前曳引轮绳槽的常用形状有半圆槽、带切口的半圆槽、V 形槽。

a) 半圆槽　　b) 带切口的半圆槽　　c) V 形槽

图 2-9 三种形状的绳槽

1）半圆槽，又称为 C 形槽，和钢丝绳绳型基本相同，与钢丝绳的接触面积最大，钢丝绳在绳槽中变形小，挤压应力较小。但其当量摩擦系数小，易打滑，须增大包角才能提高其曳引能力。这种槽形一般用于复绕式电梯，常见于高速电梯。

2）带切口的半圆槽，又称为 U 形槽。这种槽形是在 V 形槽的基础上将底部做成圆弧形，在其中部切制一个切口，使曳引钢丝绳在沟槽处发生弹性变形，部分楔入沟槽中，使当量摩擦系数大幅增加，能获得较大的曳引力，一般为 C 形槽的 1.5～2 倍，而且曳引钢丝绳在槽内变形自由、运行自如，具有接触面积大、挤压应力较小、寿命长等优点，在电梯上应用广泛。

3）V 形槽，又称为楔形槽，有较大的当量摩擦系数，增加了摩擦传动能力。其原理与 V 带传动一样，槽型角通常为 25°～40°，正压力有明显增加。但 V 形槽使曳引钢丝绳受到很大的挤压应力，曳引钢丝绳与绳槽的磨损较快，缩短了曳引钢丝绳的使用寿命。现在大多数客货电梯的曳引轮不采用此种槽形,一般在杂物梯等轻载、低速电梯上使用。

(2) 润滑状态与曳引摩擦力的关系　曳引力的大小和曳引钢丝绳与曳引轮之间的润滑状态有关。当两者之间轻微润滑时,摩擦系数 $f=0.09\sim0.15$;当两者之间充分润滑时,摩擦系数 $f=0.06$;当两者之间基本干燥时,摩擦系数 $f=0.15$。因此,为保证曳引力,需要避免曳引钢丝绳过度润滑,保持轻微润滑即可。

3. 包角

包角示意图如图 2-10 所示,是指曳引钢丝绳在曳引轮上缠绕时经过曳引轮绳槽内所接触的弧度,用 θ 表示。包角的大小与曳引能力有关。在曳引轮的运行中,包角 θ 与摩擦力成正比,摩擦力越大则曳引的能力也就越大,带动轿厢运行的能力也就越大。因此,在当前电梯的设计中,通常通过调节曳引轮包角来调节曳引能力,提高电梯的安全性。包角 θ 取决于曳引钢丝绳与曳引轮间的缠绕方式。若要增大包角,如图 2-11 所示,就必须合理地选择曳引钢丝绳在曳引轮绳槽内的缠绕方式。

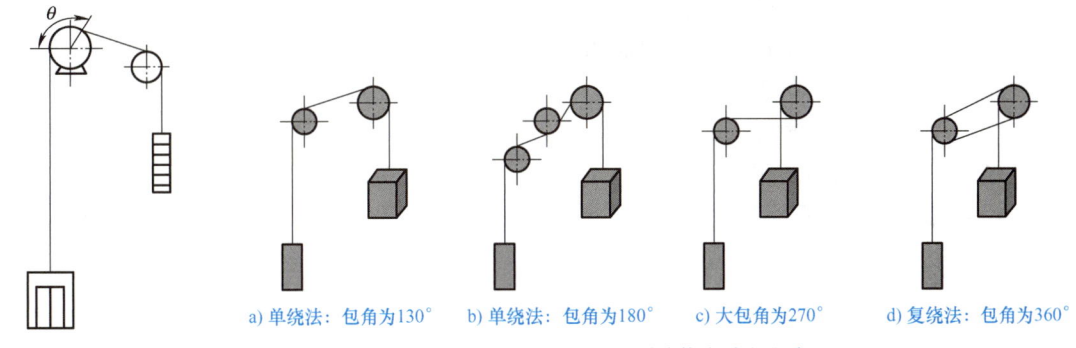

图 2-10　包角示意图

a) 单绕法：包角为130°　　b) 单绕法：包角为180°　　c) 大包角为270°　　d) 复绕法：包角为360°

图 2-11　不同缠绕方式的包角

2.3.2　钢丝绳曳引应满足的条件

根据《电梯制造与安装安全规范》规定,电梯曳引钢丝绳应满足如下条件:

1) 轿厢装有 125% 额定载重量,保持平层状态不打滑。

2) 无论轿厢内是空载还是额定载重量,确保任何紧急制动能使轿厢减速到小于或等于缓冲器的设计速度(包括减行程的缓冲器)。

3) 如果轿厢或对重滞留,应通过下列方式之一,不能提升空载轿厢或对重至危险位置:①钢丝绳在曳引轮上打滑;②通过符合规定的电气安全装置使驱动主机停止。

注:如果在行程的极限位置没有挤压的风险,也没有由于轿厢或对重回落引起悬挂装置冲击和轿厢减速度过大的风险,少量提升轿厢或对重是可接受的。

2.3.3　增加曳引力的有效方法

根据曳引力相关因素的分析,提高曳引力的主要方法有:

1) 增加轿厢的自重。

2) 选择耐磨且摩擦系数大的材料并选用合适形状的曳引轮绳槽制造曳引轮。

3）避免曳引绳过度润滑。
4）改变缠绕方法，增大曳引绳在曳引轮上的包角。

2.4 本章习题

一、判断题

1. 曳引比是曳引轮的线速度与轿厢升降速度之比。（　　）
2. 增大包角可以提高电梯的曳引力。（　　）
3. 鼓轮式电梯是当前使用的主流电梯。（　　）
4. 相较于鼓轮式电梯，曳引式电梯对电动机的功率要求较高。（　　）
5. 曳引比越大，电梯的载重能力越强。（　　）
6. 曳引比越大，曳引钢丝绳的寿命越长。（　　）
7. 增加轿厢的自重可以提高曳引力。（　　）
8. 半圆槽的摩擦系数最大。（　　）
9. 带切口的半圆槽使用最为广泛。（　　）
10. 曳引钢丝绳应不予以润滑。（　　）

二、填空题

1. 曳引钢丝绳两端分别连接的是_____和_____。
2. 曳引钢丝绳参加曳引时，其必须缠绕在_____上。
3. 曳引钢丝绳的缠绕方式有_____和_____两种。
4. 曳引比也叫_____。
5. 润滑的两种状态分别是_____和_____。

三、选择题

1. 全绕式的包角大小可能为（　　）。
   A. 90°　　　　　　　B. 130°　　　　　　　C. 180°　　　　　　　D. 360°
2. 影响曳引力的因素不包括（　　）。
   A. 曳引力包角　　　B. 润滑状态　　　　C. 轿厢载重　　　　D. 曳引电动机转速
3. 条件相同的情况下曳引轮与曳引钢丝绳的当量摩擦系数最大的是（　　）。
   A. C 形槽　　　　　B. V 形槽　　　　　C. 带切口半圆槽　　D. 没有区别
4. 关于曳引比，下列说法正确的是（　　）。
   A. 曳引比越大，曳引钢丝绳的线速度越大，轿厢移动速度越小
   B. 曳引比越大，轿厢的载重量越大
   C. 曳引比越大，轿厢的载重量越小
   D. 曳引比越大，对电动机的功率要求越小

5. 下列说法正确的是（　　）。
A. 曳引力越大越好
B. 当电梯轿厢滞留在轿厢缓冲器时，曳引机运转时应可以拉起对重
C. 当对重轿厢滞留在对重缓冲器时，曳引机运转时应不可以拉起轿厢
D. 曳引力应在一个合适的范围内，满足使用要求

四、简答题

1. 简述曳引式电梯的运行原理。
2. 简述曳引钢丝绳全绕式的特点与优势。
3. 试讨论增大曳引力的方法。

第 3 章
电梯曳引系统

电梯曳引系统

【学习目标】

1）了解曳引系统的组成及工作原理。
2）知晓曳引系统核心部件之间的传动关系。
3）知晓曳引系统核心部件的基本技术要求。
4）能根据曳引系统的工作原理分析曳引系统的常见故障并提出合理的解决方案。

曳引系统的功能：将电能转换成动能，通过曳引钢丝绳和曳引轮之间的曳引力（摩擦力）为轿厢运行输送与传递动力。

曳引系统的组成：主要由曳引机、曳引钢丝绳、导向轮和反绳轮等组成，是电梯运行的根本，是电梯中的核心重要部分之一。

3.1 电梯曳引机

3.1.1 曳引机概述

曳引机是电梯运行的动力来源，在行业中多称为主机，其作用就是产生动力驱动轿厢和对重做上下往复运动。曳引机工作时，曳引轮旋转，缠绕在曳引轮绳槽中的曳引钢丝绳由于受到曳引轮绳槽对其摩擦力的作用而被驱动，从而带动轿厢和对重运行。

如图 3-1 所示，曳引机一般由曳引电动机、制动器、减速器（部分曳引机无）、曳引轮、盘车手轮（以上部件共

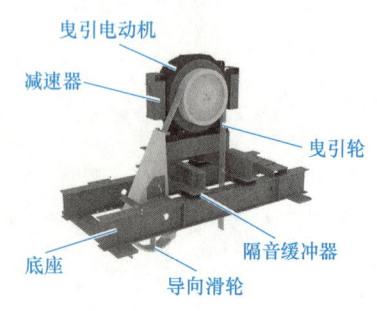

图 3-1 曳引机的组成

用机座）等组成。

3.1.2 曳引机分类

目前国内外曳引机技术发展非常快，出现了很多新型的曳引机，其基本的分类有如下几种形式。

1. 按照驱动电动机分类

1）交流电动机驱动曳引机。
2）直流电动机驱动曳引机。
3）永磁同步电动机驱动曳引机。

交流电动机分为异步电动机和同步电动机两类。其中，异步电动机又分为单速、双速、调速等形式。异步单速电动机适用于杂物梯，异步双速电动机适用于货梯，调速电动机多用于客梯、住宅梯和病床梯等。随着交流变频技术的发展和成本的降低，目前交流电动机采用变压变频调速（VVVF）技术，得到了非常广泛的应用。

直流电动机调速和控制较为方便、运行速度平稳、传动效率高，在电梯上得到了较多的应用，一般在超高速电梯上大量使用。直流电动机的缺点是结构复杂，必须配备交、直流转换设备，价格昂贵，随着电子及电工技术的发展，此问题逐步得到了较好的解决。

2. 按照有无减速器分类

（1）有齿轮曳引机　如图 3-2 所示，有齿轮曳引机一般使用在运行速度不超过 2m/s 的各种交流双速和交流调速客梯、货梯及杂物梯上，为了降低齿轮减速器的运行噪声，增加工作平稳性，多采用蜗杆减速器，具有工作平稳可靠、无冲击噪声、减速比大、反向自锁、体积小、结构紧凑等优势。然而，蜗轮与蜗杆在运行时啮合面间的相对滑动速度较大，润滑不良，齿面易磨损。近年来，非蜗杆减速器曳引机有了较大的发展，如采用行星齿轮减速器和斜齿轮减速器的曳引机，有效克服了蜗杆减速器效率低、发热量大的弱点，而且还提高了有齿轮曳引机电梯的运行速度，使电梯额定速度超过了 2.0m/s。

有齿轮曳引机

图 3-2　有齿轮曳引机

（2）无齿轮曳引机　如图 3-3 所示，无齿轮曳引机即取消了齿轮减速器，将曳引电动机与曳引轮直接相连，中间位置安装制动器的曳引机。此类曳引机一般多用于轿厢运行速度大于 2m/s 的高速电梯上，其曳引轮安装在曳引电动机轴上，没有机械减速装置，机构简单。曳引电动机是为电梯拖动专门设计制造的，能适应电梯的工作特点，是具有良好调速性能的直流电动机、交流异步电动机或永磁同步电动机。

图 3-3 无齿轮曳引机

由于没有齿轮减速器的增扭作用，此类曳引机制动器工作时所需要的制动力矩比有齿轮曳引机大许多，所以无齿轮曳引机中体积最大的就是制动器。再加上无齿轮曳引机多用于复绕式结构，所以曳引轮轴轴承的受力要远大于有齿轮曳引机，相应轴的直径也较大。

无齿轮曳引机具有如下优点：

1）高效节能、驱动系统动态性能优良。

2）没有齿轮传动时的功率损耗，机械效率高。

3）由于低速直接驱动，故轴承噪声小，无风扇和齿轮传动噪声，噪声一般可降低 5～10dB，运转平稳可靠。

4）无齿轮减速器，无励磁绕组、体积小、质量小，可实现小机房或无机房配置，降低了建筑成本，减少了保养维护工作量。

5）使用寿命长、安全可靠，同时维护保养简单。

3. 永磁同步无齿轮曳引机与传统曳引机的比较

永磁同步无齿轮曳引机是近些年来得到迅速发展的新型曳引机，与传统曳引机相比，永磁同步无齿轮曳引机具有如下主要特点：

（1）整体成本较低 传统曳引机体积庞大，需要专用的机房，而且机房面积也较大，增加了建筑成本；但永磁同步无齿轮曳引机则结构简单，体积小，质量小，可适用于无机房状态，即使安装在机房也仅需很小的面积，使得电梯整体成本降低。

（2）节约能源 传统曳引机采用齿轮传动，机械效率较低，能耗高，电梯运行成本较高。永磁同步无齿轮曳引机由于采用了永磁材料，没有了励磁绕组，从而没有了励磁电流消耗，使得电动机功率因数得以提高，降低能源消耗。

（3）噪声小 传统有齿轮曳引机采用齿轮啮合传递功率，所以齿轮啮合产生的噪声较大，并且随着使用时间的增加，齿轮逐渐磨损，导致噪声加剧；永磁同步无齿轮曳引机采用非接触的电磁力传递功率，完全避免了机械噪声、振动、磨损；传统曳引电动机转速较快，产生了较大的运转和风噪，永磁同步无齿轮曳引机本身转速较低，噪声及振动小，所以整体噪声和振动得到明显改善。

（4）高性价比 永磁同步无齿轮曳引机取消了齿轮减速器，简化了结构，降低了成本，减小了质量，并且传动效率的提高可省大量的电能，运行成本低。

（5）安全可靠 永磁同步无齿轮曳引机运行中，当三相绕组短接时，轿厢的动能和势能可以反向拖动电动机进入发电制动状态，并产生足够大的制动力矩阻止轿厢超速，所以能避免轿厢冲顶或蹲底事故，当电梯突然断电时，可以松开曳引机制动器，使轿厢缓慢地就近平层，解救乘梯人员。

3.2 曳引电动机

3.2.1 曳引电动机的功能、安装位置及特点

（1）功能　曳引电动机是驱动电梯上下运行的动力源，将电能转换成机械能的装置。
（2）安装位置　在曳引机的首位。
（3）特点　电梯用的电动机运行过程中需频繁地起动、制动、正转、反转，而且负荷变化大，经常工作在重复短时状态、电动状态、再生制动状态下，因此需要专用的电动机。

3.2.2 曳引电动机的技术性能要求

曳引电动机是电梯的动力输送装置，其性能要求如下：
1）能承受沉重而频繁的起动冲击和正反转的需求。
2）要有大的起动转矩，使之能满足轿厢满载加速时的起动力矩要求。起动电流要小，避免由于电梯频繁起制动而过大地影响电网电压，并使电动机发热。
3）具有发电制动的特性，能满足对速度控制的要求，保证电梯安全运行。
4）应具有良好的机械特性，不因负载变化而引起较大的速度变化。
5）调速电动机应具有良好的调速特性，保证电梯速度变化平稳和平层准确度。
6）运转平稳、工作可靠、噪声小且维护简单。

3.2.3 常见的曳引电动机

电梯常用的曳引电动机共有两类：交流曳引电动机（图3-4）和直流曳引电动机。

图 3-4　交流曳引电动机

1. 交流曳引电动机

（1）单速电动机　单速电动机通常是笼型感应电动机。由于这种电动机只有一种转速，平层差，起动电流大，为了避免起动电流或起动转矩过大，通常在定子回路中串入电抗或电阻来得到比较平稳的起动速度变化。因此，单速电动机只用于电梯运行速度不大于0.63m/s、载重量不大于500kg的小型载货梯或杂物梯上。

（2）双速电动机　大量应用于电梯的是双速双绕组笼型或线绕式转子感应电动机。

笼型电动机目前较多地使用于额定速度不大于1m/s的国产双速电梯上。这种电动机在定子的每个槽内放两个独立绕组，极数为4/16或6/24，转速比为4∶1，适用于0.5～1m/s的电梯。高速绕组用于起动、运行，起动时采用定子串联电抗或电阻的办法降

压，然后再短接电抗或电阻，低速绕组用于减速过程和检修运行，电梯减速时，高速绕组断电，低速绕组通电，切换时电动机转速高于低速绕组的同步转速，电动机进入发电制动状态，转速迅速下降，为了避免过大的减速度，在切换中先串入电抗。

双速双绕组线绕式转子感应电动机，除了定子绕组外，转子中也嵌入高速绕组和低速绕组，通过整流子与外部电阻相连。这种结构的电动机在降低发热量和提高效率方面均优于笼型电动机，但相应的成本也高。

（3）三速电动机　这种电动机定子绕组内有3个不同的极对数的绕组，过去常用的有两种：一种是6/8/24极，另一种是6/4/24极。前者多了一个8极绕组，主要作为电梯制动减速时的附加制动绕组，使减速开始的瞬间具有较好的舒适感，从而简化制动减速时的控制元件；后者的作用是，6极绕组作为起动绕组，以限制起动电流，待电动机转速达到一定值时，自动切换到4极绕组，作为正常稳速运行，而24极绕组作为制动减速和平层停车用。

（4）交流永磁同步电动机　如图3-5所示，永磁同步电动机的起动和运行由定子绕组、转子笼型绕组和永磁体这三者产生的磁场的相互作用而形成。电动机静止时，给定子绕组通入三相对称电流，产生定子旋转磁场，定子旋转磁场相对于转子旋转在笼型绕组内产生感生电流，形成转子旋转磁场，定子旋转磁场与转子旋转磁场相互作用产生的异步转矩使转子由静止开始加速转动。在这个过程中，转子永磁磁场与定子旋转磁场转速不同，会产生交变转矩。当转子加速到转速接近同步转速的时候，转子永磁磁场与定子旋转磁场的转速接近相等，定子旋转磁场速度稍大于转子永磁磁场，它们相互作用产生转矩将转子牵入同步运行状态。在同步运行状态下，转子绕组内不再产生感生电流。此时转子上只有永磁体产生磁场，它与定子旋转磁场相互作用，产生驱动转矩。由此可知，永磁同步电动机是靠笼型转子绕组的异步转矩实现起动的。起动完成后，转子绕组不再起作用，由永磁体和定子绕组产生的磁场相互作用产生驱动转矩。

图3-5　采用交流永磁同步电动机的曳引机

永磁同步电动机是当前电梯的主流驱动电动机，应用越来越广泛，并有逐渐淘汰其他类型电动机的趋势。

2. 直流曳引电动机

直流曳引电动机调速和控制较为方便，运行速度平稳，传动效率高，适用于高速和超高速电梯。直流曳引电动机的缺点是结构复杂，必须配备交、直流转换设备，价格昂贵。随着电子及电工技术的发展，特别是变频器的出现，交流曳引电动机的调速问题逐步得到了较好的解决，高速和超高速电梯广泛采用永磁同步电动机作为驱动电动机。因此，直流曳引电动机在电梯上的应用基本被永磁同步电动机取代。

3.3 电梯制动器

3.3.1 电梯制动器的功能及安装位置

电梯制动器对主动转轴起制动作用、能使工作中的电梯轿厢停止运行，它还对轿厢与层门地坎平层时的准确度起着重要的作用。

电梯制动器安装在电动机的旁边，如图 3-6 所示，即在电动机轴与减速器轴相连的制动轮处。无齿轮曳引机制动器安装在电功机与曳引轮之间。

图 3-6 制动器作用位置示意图

电梯采用的是机-电摩擦型常闭式制动器。所谓常闭式制动器，指机械不工作时制动器制动，而机械运转时松闸的制动器。电梯制动时，依靠机械力的作用，使制动带与制动轮摩擦而产生制动力矩；电梯运行时，依靠电磁力使制动器松闸，因此又称电磁制动器。根据制动器产生电磁力的线圈工作电流，分为交流电磁制动器和直流电磁制动器。由于直流电磁制动器制动平稳、体积小、工作可靠，多被电梯设备采用，这种制动器的全称是常闭式直流电磁制动器。

3.3.2 制动器的技术要求

制动器是保证电梯安全运行的基本装置，对电梯制动器的要求是：能产生足够的制动力矩，而且制动力矩大小应与曳引机转向无关；当制动器松闸或合闸时，除了保证快速之外，还要求平稳，而且能满足频繁起、制动的工作要求；制动器的零件应有足够的刚性和强度；制动带有较高的耐磨性和耐热性；结构简单、紧凑、易于调整；应有人工手动松闸装置。

另外，对制动器的功能有以下几点基本要求：

1）当电梯动力电源失电或控制电路电源失电时，制动器能自动进行制动。

2）对制动力矩应满足如下三条试验：

① 满载下行试验：所有参与向制动轮或盘施加制动力的制动器机械部件应分两组装设。如果一组部件不起作用，应仍有足够的制动力使载有额定载荷以额定速度下行的轿厢减速下行。

② 空载曳引上行制动试验：当空载的轿厢以额定速度上行至行程上半段时，切断电源，制动器能将电梯可靠制停，制停的减速度为 $(0.2 \sim 1.0)g$。

③ 125% 载荷下行试验：当轿厢载有 125% 额定载荷并以额定速度向下运行时，操作制动器应能使曳引机停止运转。在上述情况下，轿厢的减速度不应超过安全钳动作或轿厢撞击缓冲器所产生的减速度。

3）电梯正常运行时，制动器应在持续通电情况下保持松开状态；断开制动器的释放电路后，电梯应无附加延迟地被有效制动。

4）切断制动器的电流，至少应用两个独立的电气装置来实现。电梯停止时，如果其中一个接触器的主触点未打开，最迟到下一次运行方向改变时，应防止电梯再运行。

3.3.3 常见的电梯制动器

1. 鼓式制动器

按制动器在主机上安装的姿态，鼓式制动器一般分为卧式电磁铁制动器和立式电磁铁制动器。

（1）卧式电磁铁制动器 卧式电磁铁制动器的基本结构如图 3-7 所示。其工作原理是：电梯处于停止状态，制动臂在制动弹簧的作用下，带动制动瓦块及制动衬压向制动轮工作表面，抱闸制动，此时制动瓦块紧密贴合在制动轮的工作表面上，其接触面积必须大于瓦块面积的 80% 以上；当曳引机开始运转时，制动电磁铁线圈得电，电磁铁心被吸合，推动制动器臂克服制动弹簧的压力，带动制动闸瓦松开并离开制动轮的工作表面，抱闸释放，电梯起动工作。

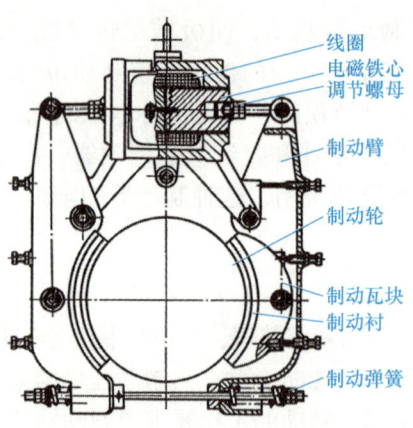

图 3-7 卧式电磁铁制动器的基本结构

（2）立式电磁铁制动器 立式电磁铁制动器的基本结构如图 3-8 所示。其工作原理是：铁心分为动铁心和定铁心电磁铁座，上部的是动铁心，铁心吸合时，动铁心向下运动，顶杆推动转臂转动，将两侧制动臂及制动瓦块和制动衬推开，达到松闸的目的。其工作原理与卧式电磁铁制动器相同，仅是在传动结构上有所变化。

2. 块式制动器

电梯的块式制动器共有两组，如图 3-9 所示，通过安装螺栓固定在电梯曳引机机座的两侧。如图 3-10 所示，当电梯轿厢停靠于层站时，安装在块式制动器动板上的制动片因被压缩的制动弹簧的反作用力而作用于制动轮（制动轮和电梯曳引电动机相连）上，形成摩擦力进行制动。当电梯起动运行时，位于静板上的电磁线圈得电产生磁力，此磁力将动板吸引，使安装在动板上的制动片与制动轮分离，摩擦力消失，制动器失去对曳引电动机的制动，曳引电动机从而起动。

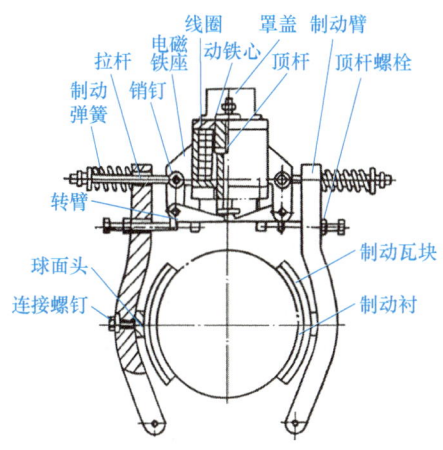

图 3-8 立式电磁铁制动器的基本结构图

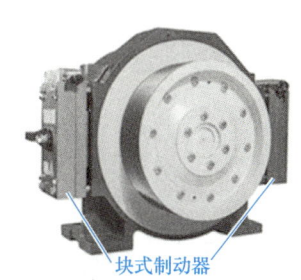

图 3-9 块式制动器安装示意图

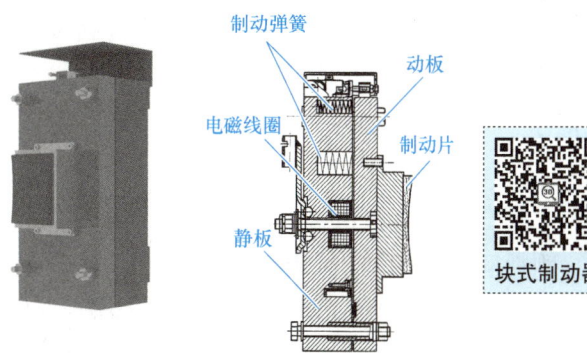

图 3-10 块式制动器结构

3. 碟式制动器

和块式制动器一样，碟式制动器也是依靠摩擦力进行制动的电磁制动器，其工作原理类似，如图 3-11 所示。它们之间的区别在于，块式制动器制动时，摩擦力作用于制动轮的径向曲面，而碟式制动器制动时，摩擦力作用于制动轮的轴向端面。相对块式制动器来说，碟式制动器制动更加平稳，散热更快，制动噪声也更小。同时，碟式制动器用于带制动盘的各类曳引机上，可以通过使用碟式制动器的数量来满足不同曳引机制动力矩的需要。

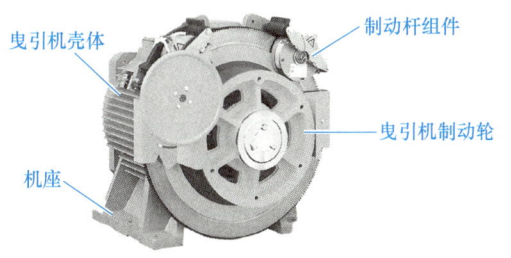

图 3-11 碟式制动器结构

3.4 电梯曳引机联轴器

3.4.1 电梯曳引机联轴器的功能及安装位置

电梯曳引机联轴器是连接曳引电动机轴与减速器轴的装置，用于传递由一根轴延续到另一根轴上的扭矩。和普通联轴器不同，电梯曳引机联轴器外圆面又是制动器装置的制动轮面。

电梯曳引机联轴器安装在曳引电动机轴端与减速器蜗杆轴端的会合处，如图 3-12 所示。

电动机轴与减速器轴工作时应在同一轴线上，当电动机旋转时能带动减速器轴旋转，联轴器可以将两个不同轴连接在同一轴线上，并保持一定要求的同轴度。

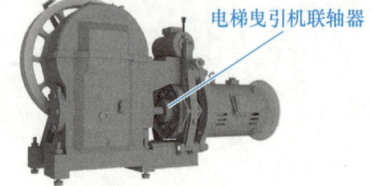

图 3-12 电梯曳引机联轴器的安装位置

3.4.2 常见的电梯曳引机联轴器

1. 刚性联轴器

刚性联轴器的结构如图 3-13a 所示，蜗杆轴采用滑动轴承结构，一般采用刚性联轴器，因为此时轴与轴承的配合间隙较大，刚性联轴器有助于蜗杆轴的稳定转动。刚性联轴器要求两轴之间有高度的同心度，在连接后同心度不应大于 0.02mm。

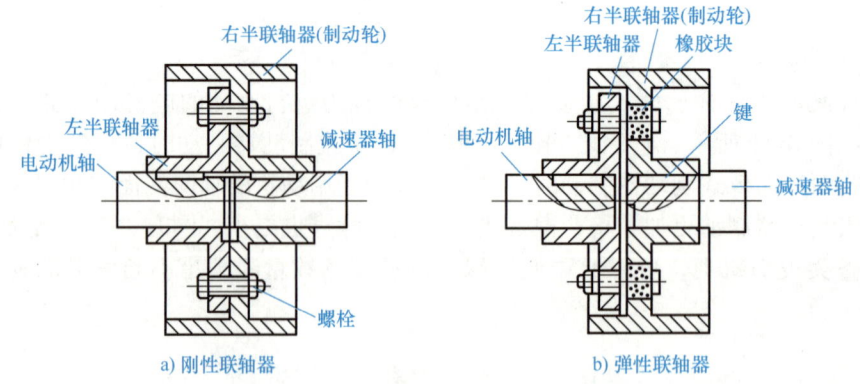

图 3-13 两种不同类型的电梯曳引机联轴器

2. 弹性联轴器

弹性联轴器的结构如图 3-13b 所示，蜗杆轴采用滚动轴承结构，一般采用弹性联轴器。联轴器中的橡胶块在传递力矩时发生弹性变形，在一定范围内自动调节电动机轴与蜗杆轴之间的同轴度，允许安装时有较大的同轴度（允许误差为 0.1mm）。

3.4.3 制动轮的技术要求

曳引机联轴器的外圆为曳引机电磁铁制动器的制动面,因此曳引机联轴器又称为制动轮,为了取得良好的制动效果,联轴器的外圆应有较小的表面粗糙度值,要求 Ra 不大于 $1.6\mu m$;同时要求安装后外圆上的径向圆跳动不应超过直径的 1/3000。

曳引机联轴器是高速转动部件,其质量的不均匀性会造成转动振动,为此应在安装前做动平衡试验,一般轮缘处的不平衡量应小于 $2g$。

3.5 电梯曳引机减速器

3.5.1 电梯曳引机减速器的功能及安装位置

电梯曳引机减速器将曳引机的转速降至曳引轮所需要的转速,同时将电动机的输出转矩放大,满足驱动轿厢的要求。

电梯曳引机减速器安装在曳引机转轴和曳引轮转轴之间,如图 3-14 所示。

3.5.2 常见的曳引机减速器

曳引机减速器按其主传动机构类型可以分为蜗杆减速器、斜齿轮减速器、行星齿轮减速器三种。当前,电梯有齿轮曳引机主要采用蜗杆减速器,另外还有极少量采用其他减速器的有齿轮曳引机。

1. 蜗杆减速器

如图 3-15 所示,蜗杆减速器由带主动轴的蜗杆与安装在壳体轴承上带从动轴的蜗轮组成,其传动效率不如齿轮减速器,但其结构紧凑,外形尺寸不大。

图 3-14 电梯曳引机减速器的安装位置

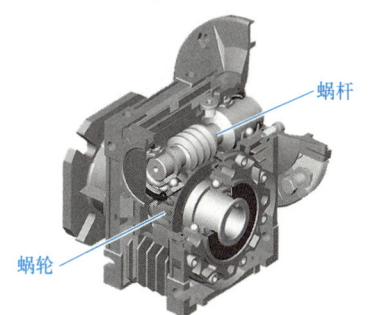

图 3-15 蜗杆减速器

蜗杆减速器的特点:传动比大,噪声小,传动平稳,而且当蜗轮传动蜗杆时,反传动效率低,有一定的自锁能力;可以增加电梯制动力矩安全系数,增加电梯停车时的安全性。

蜗杆轴的转速与蜗轮轴的转速的比值，称为减速器的减速比 i。由于蜗杆轴每转动一圈，蜗轮轴只转过蜗杆头数个齿，所以蜗杆减速器的减速比 i 是由蜗轮的齿数 z_1 与蜗杆的头数 z_2 之比决定的，即

$$i = z_1 / z_2$$

例如，蜗杆头数为1，蜗轮的齿数为40，那么其减速比 i=40/1=40∶1。

也就是说，当蜗杆轴每转动一圈，蜗轮轴只转过 1/40 圈（周），即蜗杆轴旋转 40 圈时，蜗轮轴才转过一圈（周），因为蜗杆轴与电动机连在一起，这样就能把电动机的转速经过减速器后从快速变为慢速。

根据蜗轮蜗杆的相对位置，蜗杆减速器分为上置式和下置式。

1）在减速器内，凡蜗杆安装在蜗轮上面的称为上置式蜗杆减速器，如图 3-16a 所示。其特点是：减速器内蜗杆、蜗轮齿的啮合面不易进入杂物，安装维修方便，但润滑性较差。

2）在减速器内，凡蜗杆置于蜗轮下面的称为下置式蜗杆减速器，如图 3-16b 所示。其特点是润滑性能好，但对减速器的密封要求高，否则很容易向外渗油。

a) 上置式蜗杆减速器

b) 下置式蜗杆减速器

图 3-16 两种不同安装位置的蜗杆减速器

2. 斜齿轮减速器

斜齿轮减速器是曳引机和曳引轮之间独立的闭式传动装置，如图 3-17 所示，用来降低转速和增大转矩，以满足工作需要。斜齿轮减速器效率高，运行平稳，噪声较小，但结构不够紧凑。

图 3-17 斜齿轮减速器

3. 行星齿轮减速器

行星齿轮减速器是利用齿轮的速度转换器的机构，如图 3-18 所示，它将电动机的转速减速到所要的转速，并得到较大的输出转矩。

图 3-18 行星齿轮减速器

3.5.3 常用蜗杆减速器的技术要求

1. 蜗杆蜗轮的材料要求

目前电梯用蜗杆减速器的蜗杆材料大多用镍铬合金或含硅锰类合金钢，如 20Cr、42SiMn 等，也有使用碳的质量分数为 0.4%～0.55% 的碳素钢经锻造加工而成，蜗杆表面须经淬火或渗碳等硬化处理（硬度≥45HRC），最后进行研磨加工。

蜗轮轮缘材料选用具有低摩擦系数的磷青铜、锡青铜或铜锡镍合金，一般用硬模或离心铸造而成。蜗杆螺旋面和蜗轮齿面的硬度差越大，蜗杆传动抗黏着性磨损和抗磨料磨损的能力也越大，从而使温升降低，传动效率提高。

2. 润滑要求

润滑不但能减小表面摩擦力、减小磨损、提高传动效率、延长机件的使用寿命，而且还能起到冷却、缓冲、减振、防锈等作用。

（1）润滑油的质量　曳引机减速器内注入润滑油的质量十分重要，当环境温度为 -5～14℃ 时，推荐采用相应规格的润滑油。

曳引机减速器内注入润滑油的性能，主要视其黏度情况来决定。这是因为黏度反映了润滑油的内摩擦力。当黏度大时油不易进入运动件的缝隙中，黏度小时则易被挤出。所以在选用曳引机减速器内用油时，必须审查其黏度，一般以 100℃时的运动黏度和相对黏度为选用依据。

（2）润滑油的加入量　减速器内对蜗轮蜗杆采用浸浴润滑方式，即在箱内加入润滑油。

减速器注入的油量是关系润滑是否正常的重要因素。一般对减速器注入的油量要求是：当蜗杆在蜗轮下面时，注入减速器内的油应保持在蜗杆中线以上、啮合面以下；当蜗杆在蜗轮上面时，蜗轮浸入油的深度在两个齿高左右为宜。减速器上均有油针或油镜，可用来检查注油量。对于油针，应使油面位于两条刻线之间；对于油镜，油面应位于中线为宜。

3. 密封性要求

对于下置式蜗杆减速器，蜗杆伸出端最容易使箱内润滑油向外渗漏，为此这部分装置的密封性能、质量尤为重要。

常见的密封装置有盘根式及橡胶圈式两种。

（1）盘根式密封　采用油浸盘根（麻或石棉）作为密封材料，选用一定规格并切出合适长度（一般选 10mm×10mm 或 12mm×12mm 规格的盘根，经油浸透后，切口应为 45°，且应位于蜗杆中线上方），装入后用轴承盖压紧。通过调节压盖的压紧力来调节其密封效果。

这种密封装置虽然易调节，装拆方便，但密封效果较差，通常密封处仍会有油渗漏现象出现，沿蜗杆轴外表面渗出。

（2）橡胶圈式密封　多采用丁形骨架式橡胶圈作为密封材料，穿入蜗杆，从蜗杆轴端压入。

这种密封装置密封效果好，密封处一般不易出现油渗漏现象，且结构也简单。但橡胶圈一旦磨损或老化后就必须更换，而且拆装更换非常麻烦。

4. 蜗杆蜗轮的轴向游隙和齿侧间隙要求

（1）轴向游隙及其大小的控制　为了保证蜗杆轴和蜗轮轴的转动灵活、使轴承得到良好的润滑，在轴工作时补偿热膨胀作用，蜗轮轴和蜗杆轴都需要有一定的轴向游隙，该轴向游隙来源于轴承的轴向游隙。当轴向游隙过小时，轴转动不灵活，轴承得不到良好的润滑而发热，磨损加剧；当轴向游隙过大时，会导致轴过大窜动，轴承受冲击力的作用，也会加剧磨损。轴向游隙会随着轴承的磨损而增大，当超过允许值或在传动时出现过大窜动时，应根据所配位置的轴承结构，予以调整或更换。

（2）齿侧间隙及其大小的控制　互相啮合的轮齿在不工作齿侧存在的间隙称为齿侧间隙。该间隙用于补偿加工后的齿厚误差及热膨胀，具有防止轮齿在工作时被卡住的作用，同时为了形成传动工作面上的润滑油膜，也需要有齿侧间隙。最小齿侧间隙称为保证侧隙。当齿侧间隙过小时，传动工作面得不到良好的润滑，会加剧传动工作面的磨损，甚至会因热膨胀而造成卡齿。当齿侧间隙过大时，会使传动不平稳，换向时产生冲击。齿侧间隙会随着传动齿工作面的磨损而增大，因此减速器常做成中心距可调式结构，当齿面磨损使齿侧间隙过大而产生轿厢运行振动时，可用减小中心距的方法来减小齿侧间隙。

3.6　电梯曳引轮

3.6.1　电梯曳引轮的功能及安装位置

曳引轮是曳引机上的绳轮，也称为曳引绳轮或驱绳轮，是电梯传递曳引动力的装置，利用曳引钢丝绳与曳引轮边缘上绳槽的摩擦力传递动力。

曳引轮安装在减速器的减速轴上，如图 3-19 所示。如果是无齿轮曳引机，则安装在制动器的旁

图 3-19　电梯曳引轮

侧，与电动机轴、制动器轴在同一轴线上。

3.6.2 曳引轮的材料及结构要求

1. 材料及工艺要求

用于曳引轮、导向轮要承受轿厢、对重等装置的全部动静载荷，因此要求曳引轮和导向轮强度大、韧性好、耐磨损、耐冲击，所以在材料上多用 QT600-3 球墨铸铁。为了减少曳引钢丝绳在曳引轮绳槽和导向轮槽内的磨损，除了选择合适的绳槽槽形外，对绳槽的表面粗糙度、硬度应有合理的要求。

2. 曳引轮和导向轮的直径

曳引轮的直径要大于钢丝绳直径的 40 倍。在实际中一般都取 45～55 倍，有时会大于 60 倍。为了减小曳引钢丝绳的弯曲应力，增加曳引钢丝绳的使用寿命，曳引轮的直径越大越好，但曳引轮大会使曳引机体积增大，减速器的减速比增大，因此其直径大小应适当。

3. 曳引轮的构造形式

曳引轮整体由两部分构成，如图 3-20 所示，中间为轮筒（鼓），外面制成轮圈式绳槽切削在轮圈上；轮圈与轮筒套装，并用铰制螺栓连接在一起成为一个曳引轮整体。

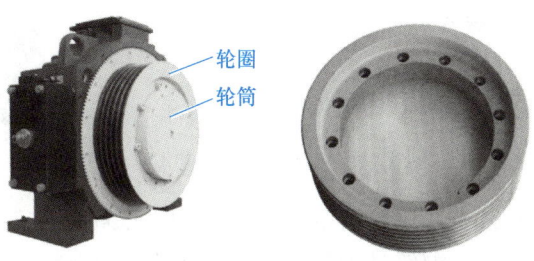

图 3-20　电梯曳引轮的构造形式

3.7　电梯曳引钢丝绳

3.7.1　电梯曳引钢丝绳的功能及安装位置

曳引钢丝绳也称为曳引绳，是电梯上专用的钢丝绳。用于悬挂、连接轿厢和对重装置，是靠与曳引轮绳槽的摩擦力驱动轿厢升降的专用钢丝绳。它承载着轿厢、对重装置、额定载重量等重量的总和。

如图 3-21 所示，曳引绳在机房穿绕曳引轮、导向轮，下面一端连接轿厢，另一端连接对重装置。

图 3-21　电梯曳引钢丝绳及绳头固定

3.7.2　曳引钢丝绳的结构、材料

1. 曳引钢丝绳的基本结构

如图 3-22 所示，曳引钢丝绳一般采用圆形股状结构，主要由钢丝、绳股和绳芯组成。

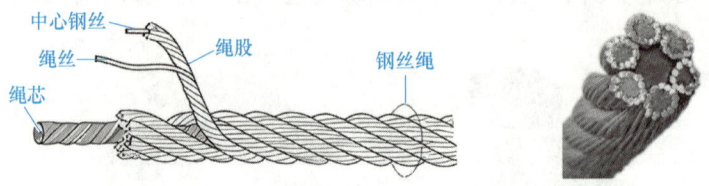

图 3-22　曳引钢丝绳的基本结构

钢丝是钢丝绳的基本组成件，要求钢丝有很高的强度和韧性（含挠性）。

绳股由若干根钢丝捻成，钢丝是钢丝绳的基本强度单元。每一个钢丝绳绳股中含有相同规格和数量的钢丝，并按一定的捻制方法制成绳股，再由若干根绳股编制成钢丝绳，股数多，疲劳强度就高。

绳芯是被绳股所缠绕的挠性芯棒，能起到支承和固定绳股的作用，且能储存润滑剂。绳芯按其材料可分为钢（WC）芯、纤维芯（FC）和钢基复合芯（SCC）。

2. 曳引钢丝绳的捻向

钢丝在绳股中和股在绳中的捻制螺旋方向即捻向，股中丝的捻向同绳中股的捻向之间的关系即捻法。钢丝绳由于是多股的，因此在股与丝的捻向和捻法上有所不同，如图 3-23 所示。

（1）捻向　捻向分左捻和右捻两种。把钢丝绳（绳股）竖直放置，观察绳股（钢丝）的捻制螺旋方向，从中心线左侧开始向上、向右的捻向称为右捻，可用符号"Z"表示；从中心线右侧开始向上、向左的捻向称为左捻，可用符号"S"表示。

（2）捻法　捻法有交互捻和同向捻两种。交互捻指股的捻向与绳的捻向相反，也叫逆捻；同向捻指股的捻向与绳的捻向相同，也叫顺捻。

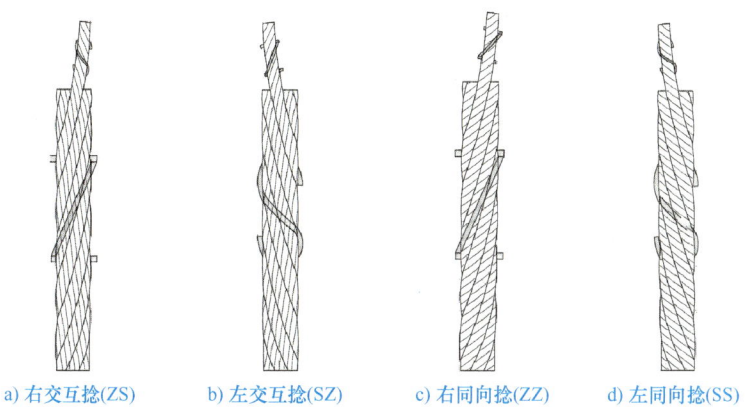

图 3-23 钢丝绳的不同捻法
a) 右交互捻(ZS)　b) 左交互捻(SZ)　c) 右同向捻(ZZ)　d) 左同向捻(SS)

（3）钢丝绳的捻法（图 3-23）

右交互捻绳：绳的捻向为右，股的捻向为左的钢丝绳。

左交互捻绳：绳的捻向为左，股的捻向为右的钢丝绳。

右同向捻绳：绳与股的捻向均为右的钢丝绳。

左同向捻绳：绳与股的捻向均为左的钢丝绳。

交互捻绳由于绳与股的扭转趋势相反，互相抵消，不易松散，在使用中没有扭转打结趋势，因此可用于悬挂的场合。

同向捻绳的耐磨性挠性比交互捻绳好，但有扭转趋势，容易打结，且易松散，因此通常用于两端固定的场所，如牵引式运行小车的牵引绳。

电梯是以悬挂式使用钢丝绳的，因此必须使用交互捻绳，一般为右交互捻绳。

3. 曳引钢丝绳的绳股形式

钢丝绳股内各层钢丝之间的接触状态，可分为点接触、线接触、面接触三种。对于线接触钢丝绳，按照股中钢丝的配置方式又可分为西鲁式、瓦林顿式、填充式三种，如图 3-24 所示，这三种钢丝绳股内相邻层钢丝之间呈线接触形式，钢丝之间接触的位置压力较小。

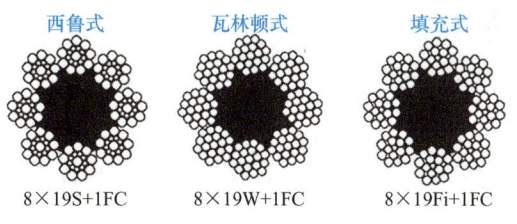

图 3-24 曳引钢丝绳绳股的不同形式

西鲁式（S）：电梯用钢丝绳中最常用的股结构，外层钢丝绳较粗，又称为外粗式，一般钢丝直径越大，耐蚀性和耐磨能力越强；钢丝直径越小，柔软性能越好。

瓦林顿式（W）：外层粗细相间，挠性好，又称为粗细型，电梯用钢丝绳除考虑耐磨性还应考虑弯曲寿命，与西鲁式相比，弯曲疲劳寿命高 20%。

填充式（Fi）：两层钢丝绳之间的间隙处填充有较细的钢丝绳，又称为密集阵式，对于6股钢丝绳有较好的柔软性。填充钢丝绳直径较小，因此绳径小于10mm。

综合考虑电梯用钢丝绳的使用特性要求，西鲁式为最常用的电梯专用钢丝绳绳股形式。

4. 曳引钢丝绳的材料

为保证电梯用钢丝绳质量，电梯用钢丝绳中的钢丝通常由碳的质量分数为0.4%～1%的优质钢材制成，材料中的硫、磷等杂质的质量分数小于0.035%。

3.7.3 曳引钢丝绳的性能要求及使用规定

1. 曳引钢丝绳的性能要求

由于曳引钢丝绳在工作中受反复的弯曲，且在绳槽中承受很高的比压，并频繁承受电梯起制动时的冲击，因此在强度、挠性及耐磨性方面，均有很高要求。

（1）强度要求　电梯曳引钢丝绳的强度用静载安全系数来衡量。其计算公式为

$$K = Pn/T$$

式中　K——静载安全系数；

　　　P——钢丝绳的破断拉力；

　　　n——钢丝绳的根数；

　　　T——作用于轿厢侧钢丝绳上的最大载荷力，$T=$轿厢自重+额定载重量+作用于轿厢侧钢丝绳的最大自重。

对于K，我国规定客梯大于12，杂物梯大于10。

（2）耐磨性要求　钢丝绳使用过程中，受到交变应力的作用，会发生一定程度的弹性伸长变形；当两根互相接触的钢丝变形不同步时，它们之间会发生相对滑动，进而发生微动磨损；同时钢丝绳通过导向轮或反绳轮时，钢丝绳之间会发生相对位移造成磨损。磨损造成钢丝绳直径逐渐减小，绳子越来越细。磨损越快，则钢丝绳使用寿命越短。目前解决钢丝绳磨损问题最有效的方法就是增加锰系磷化涂层。锰系或锌锰系磷化涂层均属于耐磨涂层，可以极大地提高钢丝表面的耐磨性和耐蚀性。

（3）挠性要求　良好的挠性能减少钢丝绳弯曲时的应力，利于延长使用寿命。因此，电梯通常使用纤维芯结构的双捻绳。

2. 曳引钢丝绳的使用基本规定

1）曳引钢丝绳的公称直径不小于8mm。

2）曳引钢丝绳最少应有2根。通常，客梯、货梯、病床梯不少于4根，杂物梯不少于2根。

3）不论钢丝绳的股数多少，曳引轮、滑轮或卷筒的节圆直径与悬挂绳的公称直径之比不应小于40。

4）悬挂绳的安全系数应按规定计算。在任何情况下，其安全系数不应小于下列值：对于用3根或3根以上钢丝绳的曳引驱动电梯为12；对于用2根钢丝绳的曳引驱动电梯为16。

5）每根钢丝绳的张力差不超过±5%。

3.7.4 曳引钢丝绳绳头的固定

1. 绳头固定装置的功能及固定位置

如图 3-25 所示，钢丝绳的两端总要与有关的构件连接，如用 1∶1 绕法，钢丝绳的两端与轿厢上的绳头板连接，另一端要与对重上的绳头板连接；如采用 2∶1 绕法，钢丝绳的两端都必须引到机房，与机房上固定支架的绳头连接固定。固定钢丝绳端部的装置也叫绳头组合。

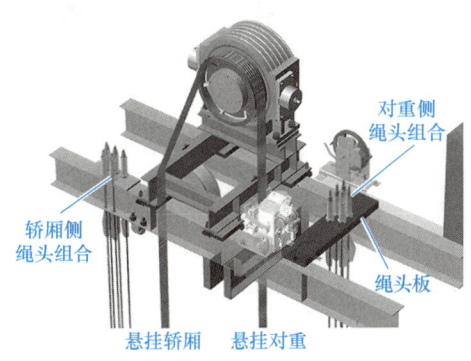

图 3-25　绳头组合安装位置示意图

绳头组合的功能是固定钢丝绳端部，固定在轿厢、对重绳头板或机房绳头板。

2. 绳头固定的两种方法

绳头固定的方法主要分为巴氏合金浇注法和楔块固定法。

（1）巴氏合金浇注法　巴氏合金是一种低熔点合金，主要成分是锡、铅、锑等。对浇注巴氏合金固定曳引绳头，各电梯厂都制定有规范的操作规程，必须严格按规程操作，以免降低曳引绳端连接位置的机械强度。

下面对巴氏合金浇注法做介绍，以便了解此种绳头的固定方式。

1）将钢丝绳头留出 105～110mm 的长度用细铅丝绑扎，然后清洗干净。

2）将钢丝绳穿入绳套内，将每股分散开（每股端部绑扎防止散丝）去掉麻芯。

3）各绳股顺劲向中心弯曲，拉入锥套内，如图 3-26a 所示。

4）熔化巴氏合金，温度为 270～400℃（牛皮纸放入后就能点燃时的温度即可）。

5）用喷灯将锥套加热至 40～50℃，用黏性绑带绑扎锥套头，如图 3-26b 所示。

6）要求浇注巴氏合金时锥体下面 1m 的长度保持直线并且一次与锥套浇平，不准一个锥套进行二次浇灌。

7）巴氏合金要高出绳套 10～15mm，如图 3-26c 所示。

（2）楔块固定法　采用自锁紧楔形绳套，因不用巴氏合金而无须加热，更加快捷方便。如图 3-27 所示，将钢丝绳向下穿出绳头拉直、回弯，留出足以装入楔块的弧度后再从绳头套前端穿出。把楔块放入绳弧处，一只手向下拉紧钢丝绳，同时另一只手拉住绳端用力上提，使钢丝绳和楔块卡在绳套内。当轿厢和对重全部负载加上后，再上紧绳夹环，数量不少于 3 个，间隔不小于钢丝绳直径的 6 倍。

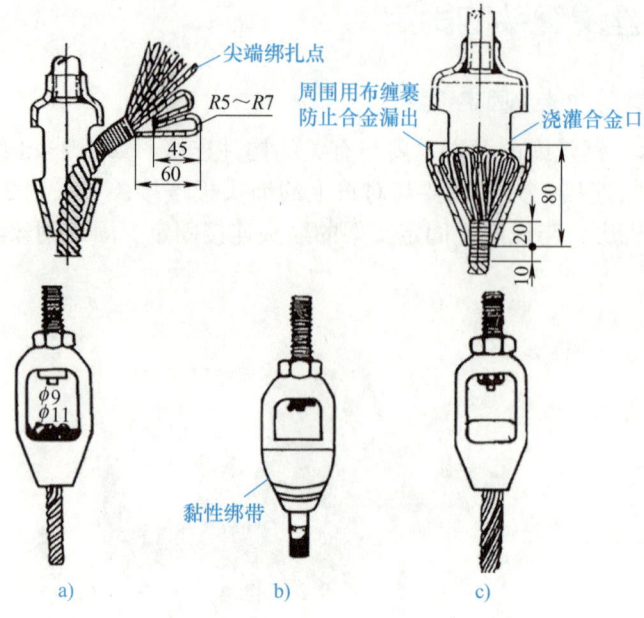

图 3-26 巴氏合金浇注固定绳头过程

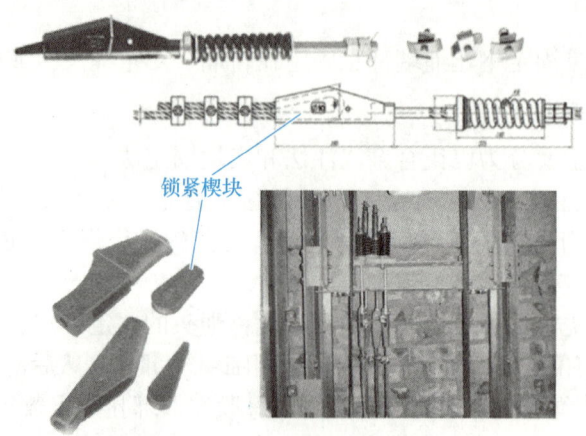

图 3-27 自锁紧楔块绳头组合

3.7.5 其他类型的曳引悬挂装置

1. 扁平曳引复合钢带

扁平曳引复合钢带属于新型的电梯曳引材料，如图 3-28 所示，是聚氨酯外套包在钢丝外面而形成的扁平带，其截面尺寸一般为 30mm×3mm，其良好的柔韧性使得电梯可以采用更小的曳引轮，从而可减小曳引系统的体积。

2. 碳纤维曳引绳

碳纤维曳引绳由碳纤维内芯和特殊的高摩擦系数涂层组成，其强度高、伸长率低、抗磨损、寿命长。

第3章 电梯曳引系统

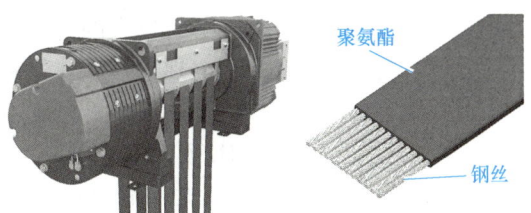

图 3-28 扁平曳引复合钢带

　　碳纤维曳引绳的单位长度重量比标准电梯用钢丝绳轻 80%，而强度却与后者不相上下，因其自重极轻，可使所在高层建筑的能耗大幅度降低。而且碳纤维与钢铁及其他建筑材料的共振频率不同，能够有效减少由于建筑摆动所引起的电梯停运次数。同时，其外表的特殊高摩擦系数使得涂层无须润滑，能够进一步减少对环境的影响。

3.8　本章习题

一、判断题

1. 曳引系统的功能是输出与传递动力，使电梯上下运行。　　　　　　　（　　）
2. 有齿轮曳引机一般用在额定载重量小的客梯上。　　　　　　　　　（　　）
3. 交流曳引电动机分为异步电动机和同步电动机两类。　　　　　　　（　　）
4. 制动力本质上是制动闸瓦和制动轮之间的摩擦力。　　　　　　　　（　　）
5. 为确保电梯运行时电梯机房噪声尽可能小，应控制曳引机噪声。　　（　　）
6. 为保证曳引机机构紧凑，所有参与制动的闸瓦应为一组装设。　　　（　　）
7. 曳引机联轴器的外缘部分为制动器的制动轮。　　　　　　　　　　（　　）
8. 制动轮应在安装前做动平衡试验。　　　　　　　　　　　　　　　（　　）
9. 斜齿轮减速器有一定的自锁能力。　　　　　　　　　　　　　　　（　　）
10. 电梯钢丝绳一般采用同向捻绳的方式。　　　　　　　　　　　　　（　　）

二、填空题

1. 电梯曳引机由＿＿＿＿、＿＿＿＿、＿＿＿＿、＿＿＿＿、＿＿＿＿等组成。
2. 电梯曳引机按照有无减速器分为＿＿＿＿、＿＿＿＿。
3. 常见的电梯曳引机制动器有＿＿＿＿、＿＿＿＿和＿＿＿＿三种。
4. 制动器在通电时将＿＿＿＿，断电时将＿＿＿＿。
5. 电梯联轴器分为＿＿＿＿、＿＿＿＿两种。

三、多选题

1. 曳引电动机是电梯的动力输送装置，其特性要求包括（　　）。
   A. 能承受沉重而频繁的起动冲击和正反转的需求
   B. 具有发电制动的特性，能满足对速度控制的要求，保证电梯安全运行

C. 应具有良好的机械特性，不因负载变化而引起较大的速度变化

D. 调速电动机应具有良好的调速特性，保证电梯速度变化平稳和平层准确度

2. 按制动器在主机上安装的姿态，制动器可以分为（　　）。

A. 卧式电磁铁制动器　　　　　　　　B. 鼓式制动器

C. 立式电磁铁制动器　　　　　　　　D. 块式制动器

3. 以下钢丝绳要求正确的是（　　）。

A. 对于用3根或3根以上钢丝绳的曳引驱动电梯，钢丝绳的安全系数不得小于12

B. 对于用两根钢丝绳的曳引驱动电梯，钢丝绳的安全系数不得小于16

C. 每根钢丝绳的张力差不超过±5%

D. 钢丝绳最少应有两根

4 以下属于曳引系统的有（　　）。

A. 曳引机　　　　　　　　　　　　　B. 曳引钢丝绳

C. 轿顶上驱动开关门的电动机　　　　D. 导向轮

5. 电梯用交流电动机有（　　）。

A. 单速交流电动机　B. 双速交流电动机　C. 三速交流电动机　D. 永磁同步电动机

四、简答题

1. 请简述曳引电动机的技术性能要求。

2. 请简要描述永磁同步电动机的工作过程。

3. 请根据块式制动器的结构分析制动器的工作原理。

第 4 章 电梯轿厢系统

电梯轿厢系统

【学习目标】

1）了解轿厢系统的基本组成及工作原理。
2）了解电梯轿厢的类型。
3）知晓电梯轿厢的主要相关设备及其作用。
4）知晓电梯轿厢主要相关部件的基本技术要求。
5）能根据轿厢系统的组成及工作原理分析电梯轿厢系统的常见故障并提出合理的解决方案。

4.1 电梯轿厢系统概述

4.1.1 电梯轿厢系统的组成及功能

电梯轿厢系统的组成如图 4-1 所示,主要由轿厢架、轿厢体等部分组成。

电梯轿厢系统用来运送乘客和（或）货物。

轿厢架和轿厢体组合安装构成轿厢,如图 4-2 所示。

4.1.2 轿厢架

1. 轿厢架的基本结构

如图 4-3 所示,在轿厢整体结构中,轿厢架作为承重结构件,制作成一个金属框架,一般由上梁、下梁、立梁和拉杆等组成。框架选用型钢或钢板按要求压成型材构成,上梁、下梁、立梁之间一般采用螺栓连接。在上、下梁的两端有供安装轿厢导靴和安全钳的位置,在上梁中部设有安装轿顶轮或绳头组合装置的安装板,上梁上还装有安全钳操

电梯结构与原理

作拉杆和电气开关，在立梁（侧立柱）上留有安装轿厢壁板的支架及排布有安全钳操纵拉杆等。

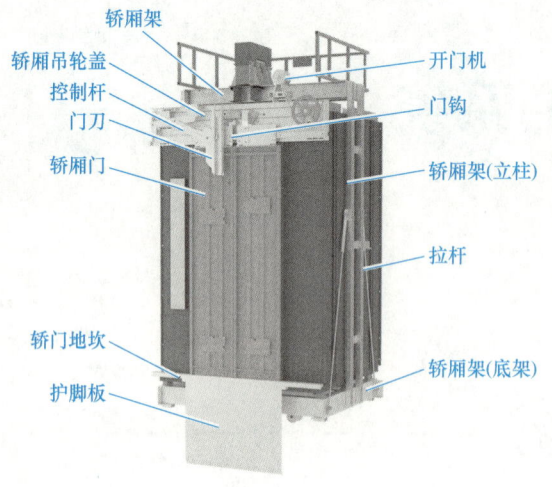

图 4-1 电梯轿厢系统的组成

a) 轿厢架　　　　b) 轿厢体　　　　c) 轿厢

图 4-2　轿厢架和轿厢体组合安装构成轿厢

图 4-3　轿厢架的基本结构

轿厢架是轿厢的承载结构，轿厢的负荷（自重和载重量）由它传递到曳引钢丝绳。当安全钳动作或蹲底撞击缓冲器时，还要承受由此产生的反作用力，因此轿厢架要有足够的强度。

2. 轿厢架的形式

（1）对边形轿厢架　如图 4-4a 所示，这种形式的轿厢架适用于具有一面或对面设置轿门的电梯。其受力情况较好，当轿厢内作用有偏心载荷时，只在轿厢架支承范围内发生拉力，或在立柱上发生推力，这是大多数电梯所采用的构造方式。

（2）对角形轿厢架　如图 4-4b 所示，这种形式的轿厢架常用在具有相邻两边设置轿门的电梯上。它在受到偏心载荷时，不但各构件受到偏心弯曲，而且其顶架还会受到扭转的影响，受力情况较差，特别是对于重型电梯，应尽量避免采用。

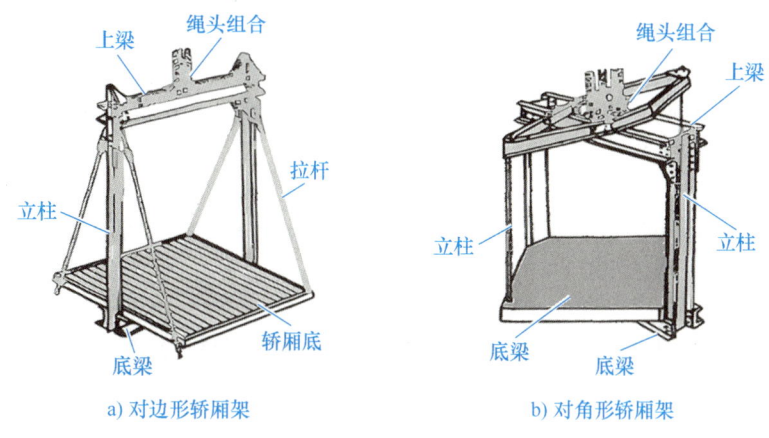

图 4-4 两种形式的轿厢架

4.1.3 轿厢体

1. 轿厢体的基本结构

轿厢体由经压制成形的薄金属板组合成一个箱形结构。如图 4-5 所示,轿厢体由轿底、轿壁、轿顶及轿门等组成,轿底框架采用槽钢和角钢焊接而成,并在上面铺设一层钢板或木板形成完整的底面,有时还会在其上再粘贴一层塑料地板或装饰材料来改善美观程度。轿壁由薄钢板经压制成形的壁板用螺栓连接拼合而成,每块壁板的中部有特殊形状的加强筋,以增强轿壁的强度和刚性;在每块壁板的拼合接缝处,大多配装有装饰嵌条,既增加了美观程度,又减少了两块壁板间因振动而产生的噪声;轿内壁板面上通常贴有一层防火塑料板或有图案、花纹的不锈钢薄板等,也有把轿壁填灰磨平后再喷漆的;对于观光电梯,则采用高强度玻璃制作轿壁,保证乘客视线开阔;轿壁之间

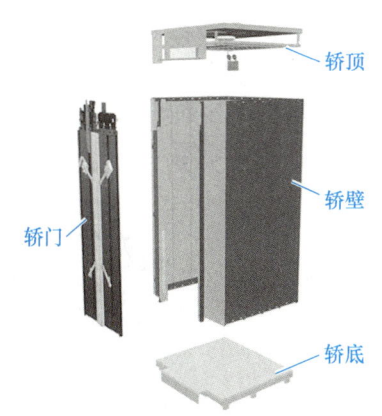

图 4-5 轿厢体的基本结构

以及轿壁与轿顶、轿底之间,一般采用螺钉连接;轿顶的结构与轿壁相似,要求能承受一定的重量(电梯检修工需在轿顶工作),并有防护栏以及根据设计要求设置的安全窗,轿顶下面装有装饰板或吊顶装饰物(一般客梯有,货梯没有),在装饰板的上面安装照明灯、风扇。

为防止电梯超载运行,在轿厢上设置了防超载称重装置。根据称重装置在轿厢上安装的位置,可分为轿底称重式、轿顶称重式和机房称重式等几种方式。

2. 轿厢体的基本要求

(1)轿厢体材料要求 轿壁、轿厢地板和顶板不得使用易燃或可能产生有害或大量气体和烟雾而造成危险的材料。

(2)轿厢的封闭 轿厢的入口应装设轿门,轿厢应被轿壁、轿厢地板和轿顶完全封闭,只允许有下列开口:使用人员正常出入口;轿厢安全窗和轿厢安全门;通风孔。

(3)轿厢强度

1)轿厢总成的强度:轿壁、轿厢地板和轿顶应具有足够的机械强度,包括轿厢架、导靴、轿壁、轿厢地板和轿顶的总成也应有足够的机械强度,以承受电梯正常运行、安全钳动作或轿厢撞击缓冲器的作用力。

2)轿厢壁的机械强度:

① 能承受从轿厢内向轿厢外垂直作用于轿壁的任何位置且均匀地分布在 $5cm^2$ 的圆形(或正方形)面积上的300N的静力,并且永久变形不大于1mm,弹性变形不大于15mm。

② 能承受从轿厢内向轿厢外垂直作用于轿壁的任何位置且均匀地分布在 $100cm^2$ 的圆形(或正方形)面积上的1000N的静力,并且永久变形不大于1mm。

4.1.4 不同类型的电梯轿厢

1. 客梯轿厢

客梯的轿厢是给乘客提供一个空间,输送乘客去到目的楼层,所以乘客的舒适性、方便程度就成为客梯主要考核的目标。

客梯内部装饰一般都讲究色彩的搭配和装潢,如图4-6所示,在轿厢壁上往往进行一些装修,如在轿壁上贴装蚀刻、抛磨或电镀出美观花纹图案的金属薄板、张贴各类广告等,也有直接对轿厢壁板进行装饰的;现在还有一些高档电梯在其中装设有电视,既能够给乘客提供丰富的节目,同时又避免了陌生人近距离相处时产生的尴尬。

图4-6 不同装饰风格的客梯轿厢

客梯轿厢内的采光一般都使用柔和的光线,往往将灯装设在吊顶上侧,如图4-7所示,光线通过反射后再进入乘客区,避免刺眼;为了有效改善轿厢内的空气质量,还会装设换气风扇,随时向轿厢内提供新鲜空气;某些在热带地区使用高档电梯,还会加装电梯专用空调器,保持轿厢内凉爽舒适。

图4-7 不同类型的客梯轿厢吊顶

2. 货梯轿厢

货梯轿厢由于其运送货物的特点，均采用普通碳素钢材料制作，无装饰要求，如图 4-8 所示，轿底采用较厚的花纹钢板制作，便于承重并防止货物滑移。由于货梯在运载密度较大的物品或用拖车、小车运送货物时，会使载荷集中在轿厢底某一较小的面积上，使轿厢承受集中载荷；当拖车等进出轿厢时，轿厢会受到很大的偏重力作用，使导靴、导轨、轿厢架等受到大的载荷；加之拖车等进入轿厢后，往往不停在轿厢的中间，从而产生很大的偏重载荷。由于货梯的这些特点，对其结构设计提出了不同的要求，同时在使用电梯时，应尽量使货物置于轿厢中部并避免集中载荷。货梯有时还会采用直通式轿厢，会开设两个直接相对的轿门，以方便货物装卸或配合工厂建筑结构。但需要特别说明的是，严禁将两扇相对方向打开门的轿厢作为通道使用。

图 4-8 货梯轿厢

3. 病床梯轿厢

由于以病床或担架（含病人）为装运对象，同时还会有随行的医疗器械及医护人员，因此病床梯轿厢一般长而窄，如图 4-9 所示，其有效面积在额定载重量相同的情况下，要大于客梯。

图 4-9 病床梯轿厢

病床梯轿厢内部一般比较简单，为适应病人仰卧的特点，轿厢的照明设置以间接照明式为宜，多为有司机操作方式；由于病床梯长期在多病菌环境中工作，必须定期做清洁消毒处理，所以轿厢内壁较为光洁平整，多采用不锈钢壁板，易于清理消毒，电梯运行的平稳性要求较高。

4. 杂物梯轿厢

杂物梯以运送书籍、食品、图书等小件物品为目的，其载重量较小，如图 4-10 所示。为了限制人进入轿厢，我国对杂物梯轿厢尺寸进行了限制，轿厢总高度不允许超过 1.20m。

图 4-10　杂物梯轿厢

5. 观光电梯轿厢

观光电梯一般装设在高档豪华宾馆、展览大厅内外，在轿厢中可以饱览外部风光，使得乘客在完成升降的过程中，同时浏览风景，如图 4-11 所示。此类电梯轿厢通透明亮，外形常做成棱形或圆形等，观光面的轿壁使用符合规定的强化夹层玻璃，当玻璃下端距地面少于 1.10m 时，必须在 0.90～1.10m 高处设置扶手栏，该扶手栏的固定与玻璃无关。玻璃轿壁的固定在玻璃下沉时，应保证其不会滑出，玻璃不会因冲击而产生龟裂等现象。为了保证玻璃轿壁的强度，每块玻璃的面积是受到限制的。观光梯轿厢的内外装饰都十分讲究，除内部设计豪华外，其外露部分常加装有各种彩色装饰和彩色灯具。

图 4-11　观光电梯轿厢

6. 汽车电梯轿厢

如图 4-12 所示，汽车电梯是垂直提升汽车用的，所以其轿厢面积必须较大，通常在轿厢地板设有双拉杆结构，有时还会设置楔形垫块，置于车轮下防止车辆溜滑，汽车电梯轿厢有时还不设全封闭轿顶和轿壁。

第 4 章　电梯轿厢系统

图 4-12　汽车电梯轿厢

4.1.5　双轿厢电梯

1. 双轿厢电梯概况

随着新科技的发展和建筑水平的不断提高，城市中建造起了越来越多的超高层大楼，这些大楼固然提高了土地利用率，但这也随之带来了一个新的问题，那就是大楼中电梯的运载效率问题。

虽然大楼越建越高，建筑材料、方法较以往也有了革新，可是建筑中的电梯却依然是传统的单井道单轿厢电梯，使用这样的电梯，要提高运载效率，只能通过增加电梯井道数来完成，这样虽然解决了运载效率的问题，可为数众多的电梯井道又占据了大量的土地面积，增加了建筑造价。所以，设计一种新方案来增加电梯的运载效率是十分有必要的。受双层公共汽车的启发，设想在原有的一个轿厢的基础上在井道中再增加一个轿厢，使之成为双轿厢电梯。

双轿厢电梯系统在同一电梯井道内同时拥有两个独立的电梯轿厢。双轿厢电梯系统的核心部分是智能化的控制系统。该控制系统可以准确快速地分析整合数据，并做出智能化的判断。控制系统将通过传感器来监控两个轿厢的位置，使两个轿厢不相互碰撞。双轿厢电梯系统特殊的按钮面板可以使控制系统在乘客进入轿厢前了解乘客所要到达的目的楼层，并由控制系统分析数据，从而调度合适的轿厢来接应乘客。

2. 双轿厢电梯的工作原理

如图 4-13 所示，双轿厢电梯系统主要包括一个井道、两个轿厢、每个楼层电梯外的特殊按钮、中央控制系统、传感器和电梯的附件等。

双轿厢电梯系统在同一电梯井道内同时拥有两个独立的电梯轿厢，它们一上一下设置，并在同一根轨道上运行。上轿厢与普通电梯的悬挂方法相同，其钢丝绳连接在轿厢顶部。下轿厢的悬挂钢丝绳经过井道的侧面，通过轿厢底部的滑轮来实现钢丝绳的"绕道"，这样下轿厢的钢丝绳就不会干扰上轿厢的运行。

双轿厢电梯系统的核心部分是智能化的控制系统。该控制系统可以准确快速地分析数据，并判断哪个轿厢能使乘客最快到达目的楼层，这也可最大限度地避免电梯空厢运行或超载。在人流高峰时段可以协调客流，大大节省了乘客的等待时间。

双轿厢电梯系统特殊的按钮面板可以使控制系统在乘客进入轿厢前了解乘客所要到达的目的楼层，这样控制系统可以迅速地整合分析接收到的数据，并调度能更高效地完成运载任务的轿厢来接应乘客，使之能更快地到达目的地。

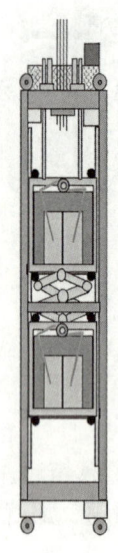 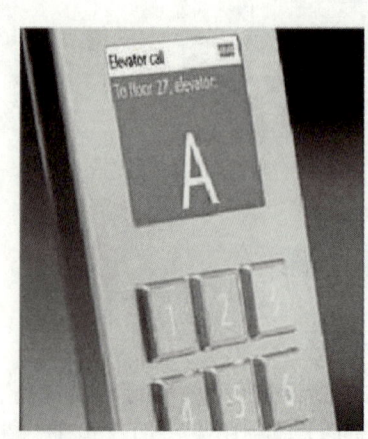

图 4-13 双轿厢电梯及智能化选层系统

双轿厢电梯的控制系统将通过传感器来监控两个轿厢的位置，当两个轿厢之间的距离过小时，控制系统便会及时调整两个轿厢的运行速度与方向，这保证了两个轿厢能保持一定的运行速度且互不干扰。

3. 双轿厢电梯的优点

1）一个井道内设置两个轿厢，可充分利用立体空间资源，节约占地面积。

2）增加运载效率，减少乘客等待时间。利用智能控制系统可以为乘客计算最佳路线以便使乘客在最短时间到达目的地，在高峰时段协调客流，避免轿厢的空厢运行或超载，大大缩短了乘客的等待时间。

3）可以在目标控制系统的基础上加入特殊的功能，如设置入口密码，只有知道密码的乘客才可到达指定楼层。

4）双轿厢系统十分经济，在楼宇内可减少电梯井道数，节省建筑造价，增加建筑可用面积。

5）让办公楼中的大型企业楼层与楼层之间的沟通更便捷。

6）旧的办公楼也可以改造成双轿厢电梯与传统电梯相结合的方案。

4.2 电梯轿厢的相关设备

4.2.1 轿厢内部设备

轿厢内部设备一般由轿厢内操纵箱、轿厢铭牌、轿厢照明装置、轿厢通风装置等部件组成。

第4章 电梯轿厢系统

1. 轿厢内操纵箱

（1）轿厢内操纵箱结构　轿厢内的操纵厢主要由轿厢内显示面板、轿厢电话、警铃按钮、选层按钮、开关门按钮、轿厢内检修箱等组成，如图 4-14 所示，主要供乘客和维修人员使用。通过轿厢内操纵箱可以控制电梯到达指定的楼层，实现定向运输乘客和货物的目的。

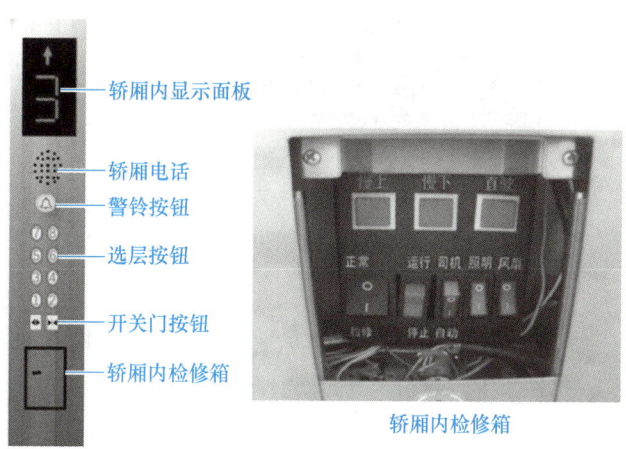

图 4-14　电梯轿厢内操纵箱及轿厢内检修箱

（2）轿厢内操纵箱的相关功能（见表 4-1）

表 4-1　轿厢内操纵箱的相关功能介绍

部件名称	功能
轿厢内显示面板	方便乘客了解轿厢所处的位置和电梯运行的状态
轿厢电话	属于五方对讲之一，电梯困人时，方便与轿厢外建立联系；电梯维修时，方便轿内维修人员和其他人员沟通协作
警铃按钮	当电梯发生困人故障时，按警铃按钮，可以发出刺耳报警声，让电梯外的人员察觉有人被困；同时也是轿厢电话的一个拨号开关，按下此按钮的同时，其他四方电话会蜂鸣，尤其是在乘客被困时，可以通过此按钮拨通监控室电话，寻求救援
选层按钮	进行层站选层
开关门按钮	控制门的打开和关闭
轿厢内检修箱	检修箱为电梯维保人员或物业人员操作的装置，可以开启特殊功能，不允许乘客私自操作，配备有锁闭装置，通过钥匙打开 检修箱内设置有如下功能： 1）急停开关：当发生故障或需要紧急停车时，可以切换急停按钮，电梯立即进入停滞状态 2）照明开关：控制轿厢内照明 3）风扇开关：控制轿顶风扇 4）司机开关：切换进入司机模式 5）直驶开关：当电梯接近满载时，切换进入直驶模式 6）检修开关：旧标准中含有检修功能，但是在实际操作中，发现独自一人进行轿厢内检修操作容易发生安全事故，故新标准要求去掉轿厢内检修功能，以防止发生人身安全事故 检修箱内还有一些其他功能，可根据系统需要进行设置

2. 轿厢铭牌

轿厢铭牌是电梯重要的产品标志，如图 4-15 所示，按照《电梯制造与安装安全规范》的要求，应标出电梯的额定载重量及乘客数量（载货电梯仅标出额定载重量），以及电梯制造厂名称或商标。轿厢铭牌向电梯使用者明示了电梯的制造单位以及电梯使用者正确使用电梯所必须遵守的额定载重量及乘客人数的规定。

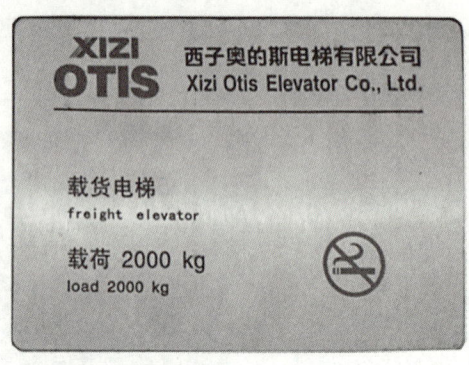

图 4-15　奥的斯电梯轿厢铭牌

3. 轿厢照明装置

轿厢应设置正常照明和紧急照明装置，如图 4-16 所示。在电梯断电情况下，紧急照明装置自动点亮，应能让乘客看清操纵箱上的紧急报警按钮，从而可以操作紧急报警装置向外求救。此外，相对于没有光源的封闭空间，轿厢内提供紧急照明装置对等待救援的被困人员也能起到一定的心理抚慰作用。电梯的紧急报警装置和紧急照明装置均由备用电源（蓄电池）供电，电梯安全管理人员和保养人员应经常检查，以确保其电源良好。

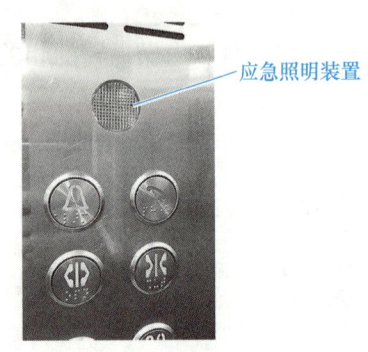

图 4-16　某品牌电梯的应急照明装置

轿厢应设置永久性的电气照明装置，控制装置上的照度宜不小于 50 lx，轿厢地板上的照度宜不小于 50 lx。如果照明装置是白炽灯，至少要有两只并联的灯泡，当一只灯泡灭掉的时候，另一只灯泡也能持续提供照明。两只灯泡并联的方式起到了"双保险"作用，提高了照明的可靠性。

4. 轿厢通风装置

电梯轿厢是一个封闭的空间，正常使用时轿厢内需要在其上部及下部设置通风孔，并符合规定的有效面积要求，如图 4-17 所示。正常使用时，一般电梯的轿厢顶部还会设置风扇进行通风，如图 4-18 所示。当电梯困人时，轿厢内的通风尤为重要：被困人员的呼救、心理焦虑和拥挤都导致消耗大量氧气，部分体质较弱的被困人群（如儿童、老人、病人等）在通风不良的情况下很容易感到不适。在停电情况下，风扇的通风作用将会失效，此时轿厢的通风只能依靠原有设计中的自然通风。

第 4 章 电梯轿厢系统

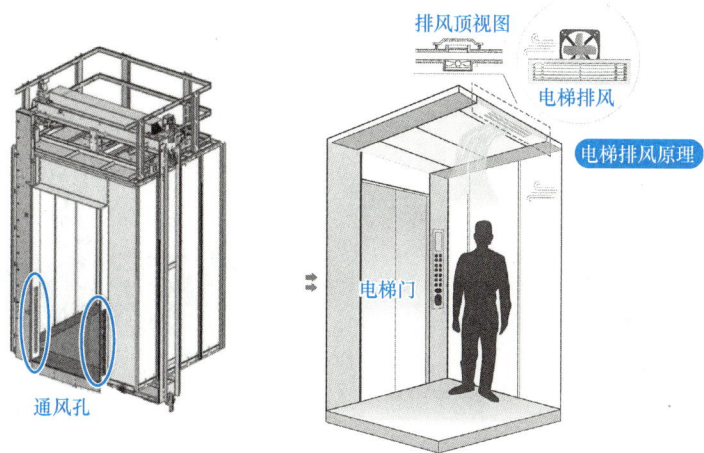

图 4-17 轿厢通风示意图

图 4-18 轿厢顶部用于电梯轿厢通风的涡流排风扇

4.2.2 轿顶的主要相关设备

轿顶的主要相关设备有轿顶卡板、轿顶护栏和轿顶检修装置,轿顶护栏和轿顶检修装置在后面章节有具体介绍,此处不赘述。

1. 轿顶卡板

电梯轿厢运行中,因为偏载、导轨垂直度等影响,轿厢会产生水平方向的晃动。通过轿顶卡板(图 4-19),电梯可将轿厢和立柱进行自由度限定,可有效防止轿厢运行中的晃动。电梯轿顶卡板一般在轿顶左右两侧各安装一个。

2. 轿顶护栏

轿顶护栏是防止轿顶作业人员不慎坠入井道,避免人员从轿顶坠落造成伤亡,同时防止作业人员抓住护栏扶手时与井道中其他部件发生碰撞的装置,如图 4-20 所示。

图 4-19 轿顶卡板

3. 轿顶检修装置

为了轿顶工作人员安全、方便地控制电梯,轿顶设置了轿顶检修箱,如图 4-21 所示,由公共按钮、慢上慢下按钮、检修旋钮、急停按钮等组成。轿顶的检修开关具有优先控制权,即当轿顶和机房的检修开关同时动作时,轿顶可以检修运行电梯,而机房不能检修运行电梯。

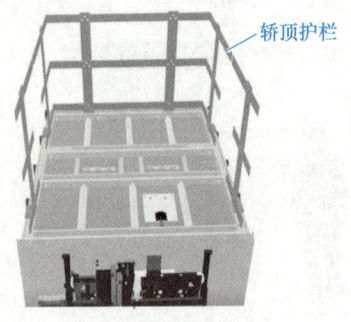

图4-20 轿顶护栏

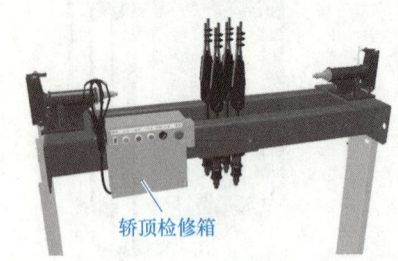

图4-21 安装于轿厢上梁的轿顶检修箱

轿顶的检修开关有检修和正常两种状态。检修状态,电梯控制权在轿顶作业人员手中,外面候梯乘客无法使用电梯,电梯只能慢车上下行,保障了轿顶作业人员的安全。此时必须通过公共按钮和下行按钮两个按钮才能控制电梯慢车下行,通过公共按钮和上行按钮控制电梯上行,当一个按钮失效的时候,松开另一个按钮,也能让运行中的电梯停下来。两个按钮控制电梯慢车上下行的控制方式,提升了电梯运行的安全系数。检修开关置于正常状态时,电梯具备了快车正常运行的条件。

急停开关动作时切断电梯安全回路,电梯无法起动。一般在遇到危险或者停梯长时间从事维保工作时,应当动作急停开关,以保障作业人员的安全。

4.2.3 轿底的主要相关设备

轿底的主要相关设备有轿底减振垫、轿底防晃装置、轿厢护脚板和轿厢称重装置。

1. 轿底减振垫

轿厢底安装在轿厢架时,在轿厢底部四角安装减振垫,如图4-22所示,可有效降低电梯轿厢运行中产生的垂直方向的抖动,确保电梯轿厢运行平稳。

2. 轿底防晃装置

轿底防晃装置一般安装在轿顶减振垫旁边,分别安装于轿厢底部的四角,如图4-23所示,和电梯轿顶卡板配合使用,可有效缓冲轿厢运行过程中产生的水平晃动。

图4-22 轿底减振垫

图4-23 轿底防晃装置

3. 轿厢护脚板

当轿厢高于层门地坎的时候，轿厢地坎和层门地坎之间因高度差而形成空隙，此空隙有可能导致人员坠入井道，形成重大安全事故，因此，应在轿厢地坎下方设置轿厢护脚板可靠封闭此间隙，如图 4-24 所示，消除安全隐患。

4. 轿厢称重装置

电梯的制动器对电梯的制动能力是有一定范围的，若轿厢超载运行，超过电梯制动器的制动能力，就容易造成电梯的坠落和蹲底事故的发生，严重时甚至出现轿厢意外移动的情形，导致电梯门剪切人员事故的发生。因此，电梯使用时，轿厢实际的载重量应保持在符合额定载重量设计的许可范围内，应对电梯轿厢的载荷予以控制。电梯常在轿厢底部设置轿厢称重装置及时监控轿厢载重量，如图 4-25 所示。

图 4-24 轿厢护脚板

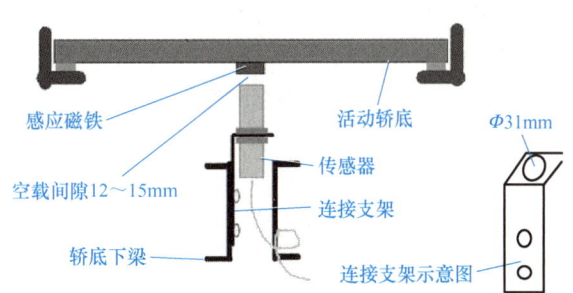

图 4-25 轿厢称重装置的工作示意图

4.3 本章习题

一、判断题

1. 轿厢系统只由轿厢架和轿厢体两部分组成。（   ）
2. 所有的电梯都只有一个轿厢。（   ）
3. 轿厢架上梁、下梁、立梁之间一般采用铆钉连接。（   ）
4. 轿厢系统中承载的是轿厢体。（   ）
5. 对角形轿厢架在贯通门中使用较多。（   ）
6. 对边形轿厢架适用于重型电梯。（   ）
7. 客梯轿厢一般设置有吊顶。（   ）
8. 杂物电梯的轿厢内部总高不允许超过 1.2m。（   ）
9. 双轿厢电梯已经广泛使用。（   ）
10. 轿厢内检修箱有井道照明开关。（   ）

二、填空题

1. 常见的电梯轿厢类型有_____、_____、_____、_____、_____和_____。
2. 轿厢架主要由_____、_____、_____和_____组成。
3. 轿厢架有_____和_____两种形式。
4. 轿厢允许的开口有_____、_____和_____。
5. 轿厢内部设备一般由_____、_____、_____、_____等部件组成。

三、多选题

1. 以下部件属于轿厢体的有（　　）。
   A. 轿顶　　　　　B. 轿壁　　　　　C. 轿底　　　　　D. 轿门
2. 以下部件安装在轿顶上的有（　　）。
   A. 轿顶护栏　　　B. 风扇　　　　　C. 安全钳　　　　D. 轿厢铭牌
3. 超载开关可以安装在（　　）。
   A. 机房　　　　　B. 轿顶　　　　　C. 底坑　　　　　D. 轿底
4. 以下部件安装在轿底的有（　　）。
   A. 下梁　　　　　B. 底框　　　　　C. 安全钳　　　　D. 油杯
5. 下列关于轿厢照明说法正确的有（　　）。
   A. 轿厢应设置永久性的电气照明装置
   B. 照度宜不小于 50 lx
   C. 至少要有两只并联的灯泡
   D. 在正常照明电源一旦发生停电故障的情况下，应急灯自动接通紧急照明电源，持续为轿厢供电

四、简答题

1. 请描述轿厢内警铃按钮的作用。
2. 请简要描述对角形轿厢架的特点。
3. 请详细描述轿厢体的基本要求。

第 5 章
电梯重量平衡系统

电梯重量平衡系统

 【学习目标】

1）了解重量平衡系统的基本组成及工作原理。
2）了解重量补偿装置的作用及种类。
3）知晓电梯对重与轿厢自重、平衡系数、额定载重量之间的关系。
4）知晓电梯的平衡补偿方法。
5）能根据重量平衡系统各部件的技术要求分析可能存在的安全隐患并及时提出解决方案。

5.1 电梯重量平衡系统概述

5.1.1 电梯重量平衡系统的组成及功能

如图 5-1 所示，电梯重量平衡系统由对重和重量补偿装置两部分组成。使对重与轿厢能达到相对平衡，在电梯运行中能使轿厢与对重间的重量差保持在某一个限额之内，保证电梯的曳引传动安全、平稳，起到节能的作用。

对重起到相对平衡轿厢和轿厢载重量的作用，它悬挂在曳引绳的另一端。

1）对重可以平衡（相对平衡）轿厢的重量和部分电梯负载重量，减少电动机功率的损耗。当电梯负载与对重十分匹配时，还可以减小曳引钢丝绳与绳轮之间的曳引力，延长曳引钢丝绳的寿命。

2）由于曳引式电梯有对重，如果轿厢或对重撞在缓冲器上后，电梯将失去曳引条件，避免了冲顶事故的发生。

3）曳引式电梯由于设置了对重，电梯的提升高度不再像强制式驱动电梯那样受到卷筒的限制，因而提升高度也大大增加。

当电梯运行的高度超过30m时，由于曳引钢丝绳和电缆的自重，使得曳引轮的曳引力和电动机的负载发生变化，重量补偿装置可弥补轿厢两侧主要由曳引钢丝绳变化带来的重量不平衡，保证轿厢侧与对重侧重量比在电梯运行过程中保持不变。

5.1.2 电梯重量平衡系统分析

1. 对重的平衡分析

对重又称平衡重，它相对于轿厢悬挂在曳引绳的另一侧，起到相对平衡轿厢的作用。因为轿厢的载重量是变化的，因此不可能两侧的重量都相等而处于完全平衡状态。一般情况下，只有轿厢的载重量达到50%的额定载重量时，对重一侧和轿厢一侧才处于完全平衡，这时的载重量称为电梯的平衡点。这时由于曳引绳两端的静荷重相等，使电梯处于最佳的工作状态。但是在电梯运行中大多数情况下曳引绳两端的载荷是不相等的，是变化的，因此对重只能起到相对平衡的作用。

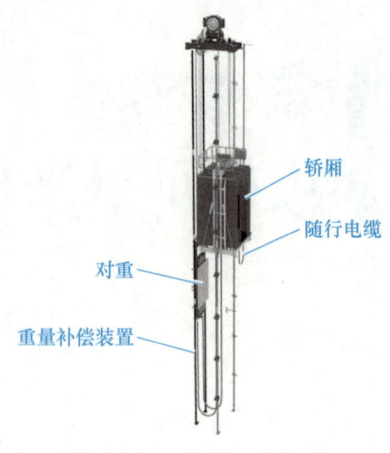

图 5-1　电梯重量平衡系统的组成

2. 重量补偿装置的平衡分析

在电梯运行中，对重的相对平衡作用在电梯升降过程中还在不断地变化。当轿厢位于最低层时，曳引绳本身存在的重量大部分都集中在轿厢侧；相反，当轿厢位于顶层时，曳引绳的自身重量大部分作用在对重侧，还有电梯上控制电缆的自重，也都对轿厢和对重两侧的平衡带来变化，也就是轿厢一侧的重量 Q 与对重一侧的重量 W 的比值 Q/W 在电梯运行中是变化的。尤其当电梯的提升高度超过30m时，这两侧的平衡变化就更大，因而必须增设平衡补偿装置来减弱其变化。

重量补偿装置悬挂在轿厢和对重的底面，在电梯升降时，其长度的变化正好与曳引绳长度变化相反，当轿厢位于最高层时，曳引绳大部分位于对重侧，而补偿链（绳）大部分位于轿厢侧；而当轿厢位于最低层时，情况与上述正好相反，这样轿厢一侧和对重一侧就起到了平衡的补偿作用，保证对重起到相对平衡的作用。

5.2　对重

5.2.1　对重的结构

如图5-2所示，对重由对重框、对重块、对重块压板、对重护板、缓冲器碰块和导靴组成。

第 5 章 电梯重量平衡系统

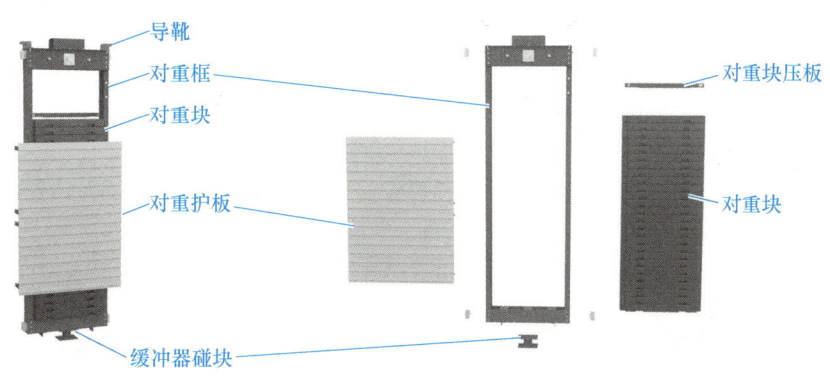

图 5-2 对重的结构

1. 对重框

对重框用来盛放对重，用槽钢或用 3～5mm 厚的钢板折压成槽钢形后和钢板焊接而成，其高度一般不宜超出轿厢高度。由于使用场合不同，对重框的结构形式也略有不同。

根据不同的曳引方式，对重框可分为曳引比为 2∶1 的有反绳轮对重框和曳引比为 1∶1 的无反绳轮对重框，如图 5-3 所示。

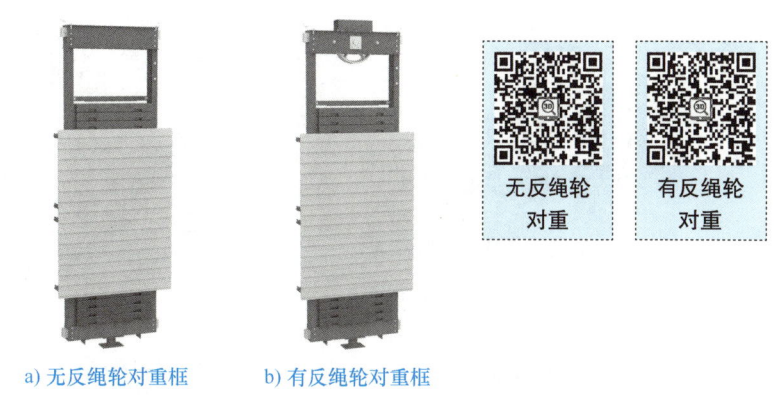

a) 无反绳轮对重框　　b) 有反绳轮对重框

图 5-3 对重框

根据不同的对重导轨，对重框又可分为用于 T 形导轨、采用弹簧滑动导靴的对重框，以及用于空心导轨、采用刚性滑动导靴的对重框。

电梯的额定载重量不同时，对重框所用的型钢和钢板的规格也不同。用不同规格的型钢制作对重框直梁时，必须用与型钢槽口尺寸相对应的对重块。

2. 对重块及对重压板

如图 5-4 所示，常见的对重制造方式有铸铁制造和混凝土浇灌两种。近年来，为降低成本，常用混凝土浇灌制作对重块，为避免混凝土浇灌的对重块在运输中发生断裂，先用 1.0mm 的厚铁板折压成所需参数尺寸的对重块壳体，然后再在壳体中浇灌混凝土。

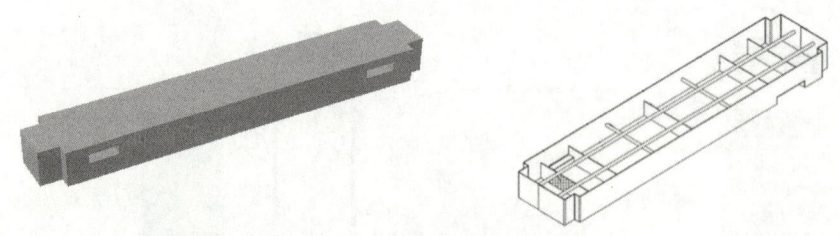

图 5-4　铸铁对重块和混凝土对重块壳体

对重块的大小以便于安装或维修人员能搬动为宜，一般有 50kg、75kg、100kg、125kg 等几种。对重块安放在对重框上后，要用对重块压板压紧，如图 5-5 所示，以防运行中对重块移位和振动产生声响，同时也可避免发生地震时，对重块甩出对重框，导致伤亡事故。

3. 对重护板

当人员在地坑作业时，为了防止对重下行撞伤维护人员，必须在对重下方进行一定的防护，如图 5-6 所示，国家标准规定：

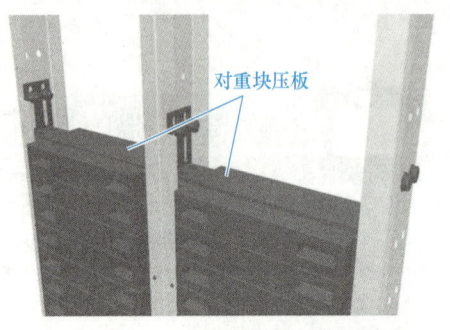

图 5-5　对重块压板示意图

图 5-6　对重护板

1）对重（或平衡重）的运行区域应采用刚性隔障防护，该隔障从电梯底坑地面上不大于 0.30m 处向上延伸到至少 2.50m 的高度。

2）对重护板的宽度应至少等于对重（或平衡重）宽度两边各加 0.10m。

5.2.2　对重的安装位置

对重的安装位置一般有两种，分别是对重后置式和对重侧置式，如图 5-7 所示。

对重后置式电梯是将对重安装在轿厢的后侧，这种电梯曳引钢丝绳的绕法简单，常用于单开门的电梯。

对重侧置式电梯是将对重安装在轿厢的侧边，允许轿厢的尺寸做得更长，常用于窄而长的轿厢，如病床梯或货梯。同时，对重侧置式的结构释放了轿厢后侧的空间，所以常用于贯通门的电梯。对重侧置式的结构释放了轿厢后侧空间，同时也扩宽了乘客的视野，所以这种结构也常见于观光电梯。

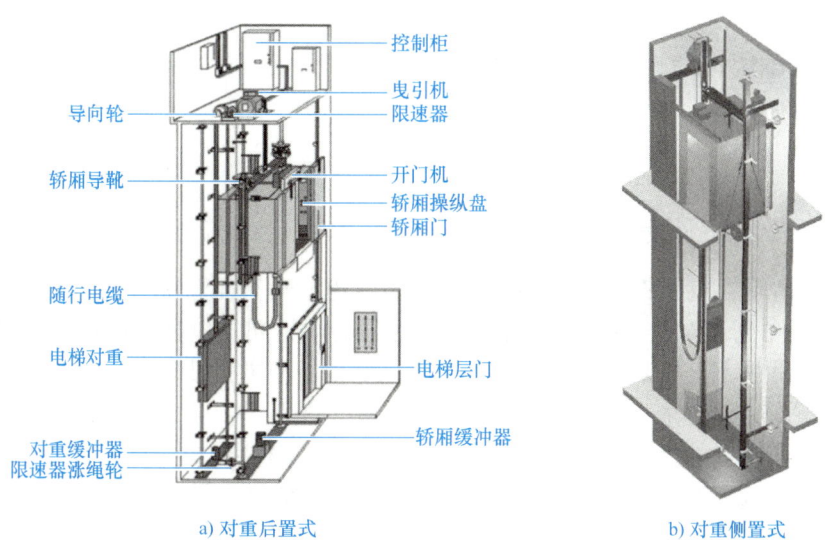

图 5-7 对重的两种不同安装位置示意图

5.2.3 对重的重量与平衡系数

为了使对重能对轿厢起最佳的平衡作用，必须正确计算其重量。对重的重量不能随着轿厢的载荷变化而变化，对重不能平衡轿厢由空载到满载过程的全部载重，只能保障平衡轿厢载荷变化的最佳比例。平衡系数选值的原则是：尽量使电梯接近最佳工作状态。当电梯的对重和轿厢侧完全平衡时，只需克服部分摩擦力就能运行，且电梯运行平稳，平层准确度高。因此对平衡系数 K 的选取，应尽量使电梯能经常处于接近平衡状态。

对重的总重量 W 通常按以下公式计算：

$$W = G + KQ$$

式中　G——轿厢自重（kg）；
　　　Q——轿厢额定载重量（kg）；
　　　K——电梯平衡系数。

电梯平衡系数 K 取值为 0.4～0.5，当电梯轿厢的载荷为额定载重量的 40%～50% 时，电梯处于平衡载状态，在平衡载状态下曳引电动机的转矩输出最小，而 40%～50% 的额定载荷也是电梯运行过程中最常遇到的，因此 $K=0.4$～0.5 是最合理的。当 $K=0.4$～0.5 时，若电梯满载上行或空载下行，则曳引电动机的驱动负载也只有额定载重量的 50%～60%。如果平衡系数 K 取值太小，则电梯重载下行时发生蹲底的概率增大，电梯重载上行时曳引电动机驱动的负载增大，曳引电动机容易发热。所以，电梯安装人员在安装电梯时，一定要按公式计算出对重装置的总重量后再根据每块对重块的重量计算出应放入对重框内的对重块数量。安装工程竣工后还应按随机技术文件的规定做平衡系数试验测试，确保 K 值在 0.4～0.5 的范围内。

5.3 重量补偿装置

5.3.1 重量补偿装置的常见类型

如图 5-8 所示，曳引钢丝绳连接轿厢和对重，电梯运行至轿厢和对重处在井道同一水平位置时，轿厢侧和对重侧的曳引钢丝绳的重量基本相同。电梯继续运行，随着轿厢和对重垂直距离的增大，轿厢侧和对重侧曳引钢丝绳的重量差逐步增加，轿厢位于顶层或底层，两端的重量差达到最大。如果楼层过高，两端的重量差甚至超过轿厢自身的重量，曳引机在两端差值过大的情况下运行，既耗电，也减少了电梯运行机件的寿命。随着轿厢运行，轿厢侧和对重侧的重量差随之在发生变化，为补偿此重量变化对电梯运行带来的影响，于是通过连接在轿底和对重底部的重量补偿装置来补偿两边的重量。

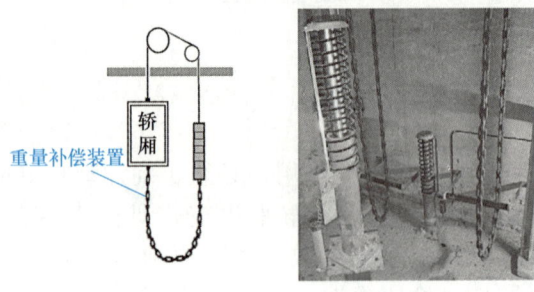

图 5-8 电梯的重量补偿装置

重量补偿装置常见的类型有如下三种：

1. 补偿链

（1）补偿链的结构　如图 5-9 所示，这种装置以铁链为主体，为了避免电梯运行过程中铁环与铁环之间振动产生噪声，一般在铁链中穿入麻绳或在铁链外裹 PVC（聚氯乙烯）橡胶复合材料。

图 5-9 穿麻绳的补偿链和外裹 PVC 橡胶复合材料的补偿链

（2）补偿链的接头固定　补偿链一端悬挂在轿厢下面，另一端则挂在对重的下部，如图 5-10 所示。这种补偿装置的特点是：结构简单，一般是超过 30m 才装补偿链的，但不适用于梯速超过 1.75m/s 的电梯。为防止铁链掉落，应在补偿链的两个终端穿钢丝绳进行二次悬挂。

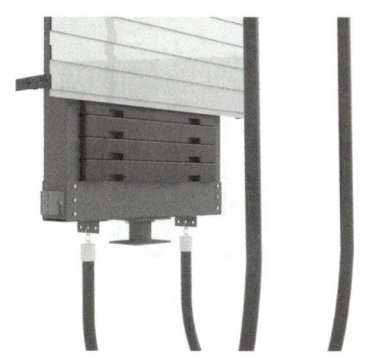

图 5-10　补偿链的接头固定

2. 补偿缆

（1）补偿缆的结构　如图 5-11 所示，补偿缆是一种新型的高密度补偿装置，补偿缆中间为低碳钢制成的链条，在链条周围装填金属颗粒和聚乙烯等高分子材料的混合物，最外侧制成圆形塑料护套，要求护套具有防火、防氧化、耐磨性能较好的特点。这种补偿缆质量密度较高，最重的每米可达 6kg，最大悬挂长度可达 200m，运行噪声小，可用作各种中、高速电梯的重量补偿装置。

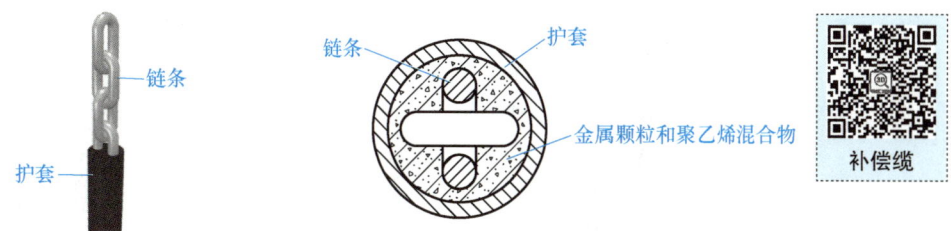

图 5-11　补偿缆的基本结构

（2）补偿缆的悬挂固定　如图 5-12 所示，补偿缆的两端分别通过锁扣悬挂在轿厢和对重下端，并配置有二次保护钢丝绳，当补偿缆顶端链条断掉的时候，可以起到二次保护作用。在井道的中间部位，设置有导向装置起导向限位作用，限制轿厢运行中补偿缆摆动。

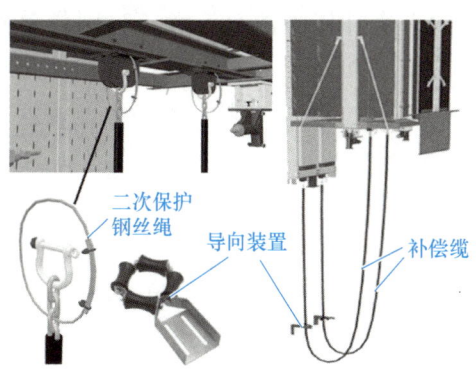

图 5-12　补偿缆的悬挂固定示意图

3. 补偿绳

（1）补偿绳的结构 如图 5-13 所示，补偿绳以钢丝绳为主体，其结构和常见钢丝绳一致。

图 5-13 补偿绳

（2）补偿绳的悬挂固定 电梯钢丝绳经过钢丝绳绳夹和挂绳架，一端悬挂在轿厢底梁上，另一端悬挂在对重框上，如图 5-14 所示。这种补偿装置的特点是使电梯运行稳定、噪声小，故常用在电梯额定速度超过 1.75m/s 的电梯上；缺点是装置比较复杂，成本相对较高，并且除了补偿绳外，还需张紧装置等附件。张紧装置必须保证在电梯运行时，张紧轮能沿导轨上下自由移动，并能张紧补偿绳。正常运行时，张紧轮处于垂直浮动状态，本身可以转动。

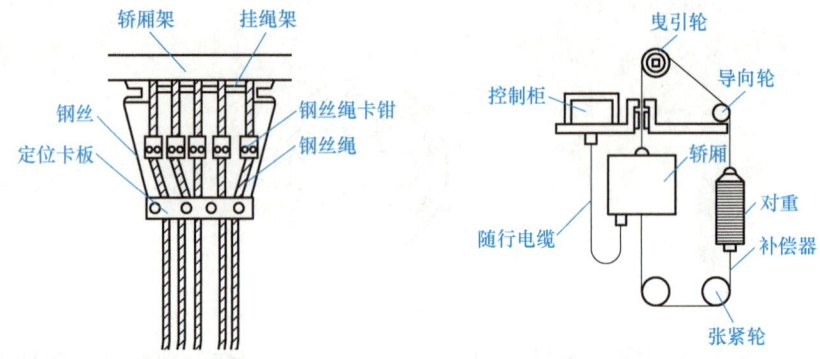

图 5-14 电梯补偿绳悬挂固定接头装置及张紧装置

5.3.2 常用的平衡补偿方法

如图 5-15 所示，常见的平衡补偿方法分三种，分别是单侧补偿、双侧补偿、对称补偿。

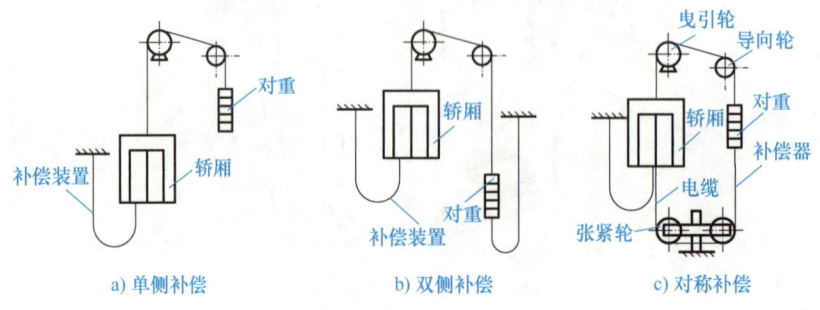

图 5-15 三种平衡补偿方法

1. 单侧补偿

补偿装置的一端连接在轿厢的底部，另一端悬挂在井道的中部，采用这种方式时要增加对重的重量，而使曳引轮上悬挂的总重量增加。

2. 双侧补偿

轿厢和对重各自设置补偿装置，采用这种方式时，对重不需要增加重量，但是需要井道有足够的空间安装补偿装置。

3. 对称补偿

这是使用比较广泛的一种补偿方法，其优点是不需要增加对重的重量，补偿装置的重量等于曳引钢丝绳的总重量（未考虑随行电缆的重量），也不需要增加井道的空间。

5.4 本章习题

一、判断题

1. 重量平衡系统能保证电梯的曳引传动平稳，起到节能的作用。　　　　　　（　　）
2. 对重的作用是平衡轿厢和轿厢载荷的重量。　　　　　　　　　　　　　　（　　）
3. 轿厢属于重量平衡系统的一部分。　　　　　　　　　　　　　　　　　　（　　）
4. 平衡系数的选取原则是：应尽量使电梯处于接近平衡状态。　　　　　　　（　　）
5. G 是电梯平衡系数。　　　　　　　　　　　　　　　　　　　　　　　　（　　）
6. 对重过轻或过重都不利于电梯的节能。　　　　　　　　　　　　　　　　（　　）
7. 对重的安装位置一般有两种，分别是对重前置式和对重侧置式。　　　　　（　　）
8. 曳引比 1∶1 的电梯上用的对重是有反绳轮的对重。　　　　　　　　　　 （　　）
9. 对重块可以用混凝土浇灌制作。　　　　　　　　　　　　　　　　　　　（　　）
10. 补偿绳必须和底坑的反绳轮配套使用。　　　　　　　　　　　　　　　　（　　）

二、填空题

1. 重量平衡系统由_____和_____两部分组成。
2. 对重过重或过轻都易造成_____和_____事故。
3. 对重由_____、_____、_____、_____、_____、和_____组成。
4. 对重的布置位置有_____、_____。
5. 对重块的规格有_____kg、_____kg、_____kg、_____kg 等。

三、多选题

1. 常见的对重块制造方式有（　　　）。
   A. 铸铁制造　　　　　B. 混凝土浇灌　　　　C. 锻造制造　　　　D. 焊接制造
2. 关于对重护板，下列说法正确的是（　　　）。

A. 对重（或平衡重）的运行区域应采用刚性隔障防护，该隔障从电梯底坑地面上不大于 0.30m 处向上延伸到至少 2.50m 的高度

B. 对重（或平衡重）的运行区域应采用刚性隔障防护，该隔障从电梯底坑地面上不大于 0.30m 处向上延伸到至少 2.0m 的高度

C. 其宽度应至少等于对重（或平衡重）宽度两边各加 0.10m

D. 其宽度应至少等于对重（或平衡重）宽度两边各加 0.20m

3. 关于补偿缆说法正确的有（　　）。

A. 补偿缆是一种新型的高密度补偿装置

B. 补偿缆中间为低碳钢制成的链条

C. 链条周围装填金属颗粒和聚乙烯等高分子材料的混合物，最外侧制成圆形塑料护套

D. 运行噪声小，可用作各种中、高速电梯的补偿装置

4. 补偿装置的种类有（　　）。

A. 补偿链　　　　B. 补偿缆　　　　C. 补偿绳　　　　D. 以上都是

5. 关于对重重量的计算，下列说法正确的有（　　）。

A. 对于经常处于轻载的电梯，K 可取 $0.4 \sim 0.45$

B. 对于经常处于重载的电梯，K 可取 0.5，但不超过 0.55

C. 合理的平衡系数，应保障曳引钢丝绳两端的重量差为最小，以使曳引机组消耗功率少，钢丝绳也不易打滑

D. 对重过轻或过重，都会给电梯的调整工作造成困难，影响电梯的整机性能和使用效果，甚至造成冲顶或蹲底事故

四、简答题

1. 请描述对重的作用。
2. 请简要描述不同布置位置对重的特点。
3. 请详细描述重量补偿装置的作用。

第 6 章 电梯导向系统

电梯导向系统

【学习目标】

1）了解导向系统的基本组成及工作原理。
2）了解导轨的作用、种类及标识方法。
3）了解导靴的作用、种类及选用标准。
4）了解导向系统各部件的相关技术要求。
5）能根据导向系统各部件的技术要求分析可能存在的安全隐患并及时提出解决方案。

6.1 导向系统

6.1.1 导向系统的组成

电梯导向系统分为轿厢导向和对重导向两大部分。轿厢导向部分主要由轿厢导轨（也称主导轨）、轿厢导靴、主导轨支架等组成，如图 6-1 所示。对重导向部分主要由对重导轨（也称副导轨）、对重导靴、对重副导轨支架等组成，如图 6-2 所示。

6.1.2 导向系统的作用

电梯导向系统是电梯运行中至关重要的一部分，它主要负责确保电梯轿厢在井道内平稳、安全地运行。具体来说，电梯导向系统的作用包括以下几个方面：

1. 限制活动自由度

确保轿厢和对重只沿着导轨进行垂直升降运动，而不能在其他方向上移动，防止横向或纵向的偏移或摆动。

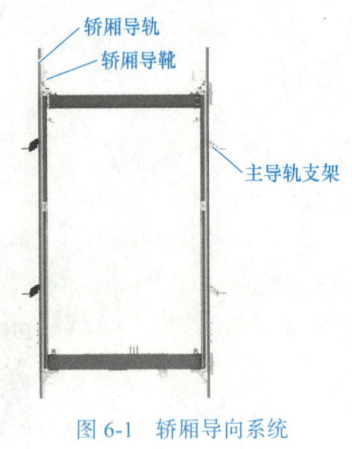
图 6-1　轿厢导向系统

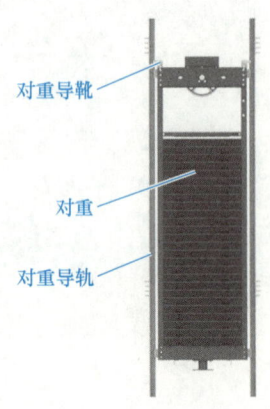
图 6-2　对重导向系统

2. 提供精确导向

通过安装在轿厢和对重框两侧的导靴与固定在井道墙壁上的导轨紧密配合，保证电梯运行时的直线性和准确性，避免轿厢在运行过程中的摆动和振动，确保轿厢和对重各运动部件之间的相对安全距离。

3. 保持平稳运行

导向系统有助于减少电梯运行过程中的冲击和噪声，提高乘坐舒适性，并且防止由于机械磨损、受力不均等造成的运行不稳定。

4. 安全约束

在紧急情况如停电、超速或其他故障发生时，导向系统能辅助电梯制动并停留在导轨上，防止轿厢失控坠落或者撞击井道壁。例如电梯超速保护，当电梯速度超过预设的速度时，通过限速器触发安全钳动作，安全钳钳块夹紧轿厢导轨，将电梯制停在导轨上，防止轿厢继续坠落，从而保障电梯轿厢内乘客的安全。

5. 支持负载平衡

协同曳引系统工作，导向系统使电梯在上下运行过程中保持动态平衡，减少对曳引系统的负担，同时确保电梯在不同楼层间的平层精度。

综上所述，电梯导向系统是电梯正常、安全、高效运行的关键组成部分之一。

6.2　电梯导轨

6.2.1　导轨的结构

1. 导轨简介

电梯导轨是安装在电梯井道中或楼层之间的两列或多列垂直或倾斜的刚性轨道，保证轿厢和对重沿其做上下运动，为电梯轿厢和对重提供导向的部件。导轨支架安装在井道壁上，导轨被导轨支架固定。电梯常用的导轨是T形导轨。固定轿厢的导轨，称为轿厢导轨，也称为主导轨，一般由两根组成，对于额定载重量较大的货梯，有四根甚至是六根主导轨，轿厢导轨一般为实心导轨，如图6-3所示。固定对重的导轨，称为对重导轨，也称为副导轨，由两根构成，对重导轨一般为空心导轨，如图6-4所示，但是对于设有安全钳的对重导轨必须用实心导轨。

图6-3　轿厢导轨（实心）　　　　　　　图6-4　对重导轨（空心）

2. 导轨的结构、轨距和连接

（1）导轨工作面　电梯导轨的工作面是指导轨与导靴接触并进行导向作用的表面，如图6-5所示，导轨工作面与导靴配合，在电梯运行时起导向作用。它是保证电梯轿厢和对重在运行过程中保持稳定、精确运动的关键部位。

对于T形导轨来说，工作面主要指导轨侧面和导轨顶面，结构如图6-5所示，这是导靴滑动或滚动的地方。导靴通常会通过滚轮、滑块等部件紧紧贴合在这些工作面上工作，确保电梯沿着导轨垂直方向平稳升降，防止横向摆动和纵向偏移。

此外，电梯导轨应有良好的垂直度，每列导轨工作面（包括侧面与顶面）对安装基准线每5m的偏差均应不大于下列数值：轿厢导轨和设有安全钳的对重导轨为0.6mm；不设安全钳的T形对重导轨为1.0mm。同时导轨接头处台阶不应大于0.05mm；不设安全钳的对重（平衡重）导轨接头处缝隙不应大于1.0mm，导轨工作面接头处台阶不应大于0.15mm。

最后，导轨工作面的维护是电梯维护工作的重要部分。定期检查导轨的磨损情况、清洁导轨工作面，并确保导轨的校直和调整，是保障电梯安全、高效运行的必要措施。

（2）导轨轨距　两根导轨顶面之间的距离称为导轨轨距，如图6-6所示。为保障电梯在运行中导靴不会被卡住，也不会脱出，对导轨轨距有一定的要求，主导轨轨距偏差为0～2mm，副导轨轨距偏差为0～3mm。

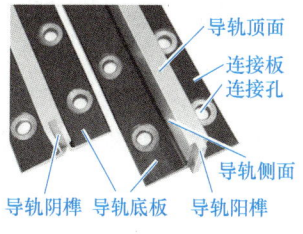 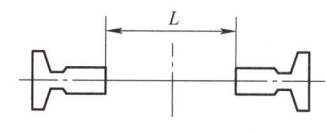

图6-5　导轨的结构　　　　　　　　　图6-6　导轨轨距

（3）导轨接头　导轨为对重和轿厢的整个行程提供导向，因此导轨贯穿于整个井道，但实际条件并不允许导轨做得像井道高度一样长。为了便于运输和安装,每根导轨的长度一般为 3～5m,必须逐根进行连接安装,最底部的那根导轨通常称为第一根导轨,依次从下向上编号,如图 6-7 所示。

T 形实心导轨的两端分别由凸形的阳榫和凹形的阴榫组成,如图 6-5 所示。在导轨拼接时,阳榫和阴榫能将两根导轨快速定位,同时提高导轨拼接的精度,如图 6-8 所示。

图 6-7　导轨编号

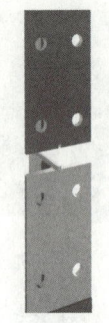
图 6-8　导轨拼接

(4)导轨连接板　导轨的两端设置有连接板连接通孔,如图 6-5 所示,通过与之匹配的导轨连接板配合,将两根导轨可靠地固定,如图 6-9 和图 6-10 所示。

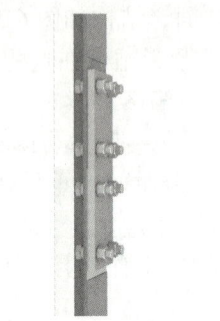
图 6-9　导轨连接板

图 6-10　导轨连接板零部件

6.2.2　导轨的作用

1. 导向

导轨在水平方向可以限制轿厢和对重的活动自由度,而在竖直方向对轿厢和对重起导向的作用,如图 6-11 所示。

2. 制停组件

当安全钳动作时,导轨作为固定在井道内被夹持的支承件,承受轿厢或对重产生的强烈制动力,保障轿厢或对重制停的可靠性。

3. 平稳运行

轿厢上梁设置有两个导靴,可防止由于轿厢的偏载而产生歪斜,保证轿厢运行平稳并减少振动,同理保障对重运行的平稳性。

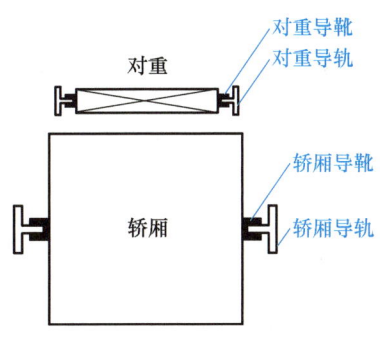

图 6-11 电梯平面布置图

6.2.3 导轨的种类和标识

1. 导轨的横截面（断面）形状

一般钢质导轨常采用机械加工或冷轧加工方式制作，其常见的横截面形状如图 6-12 所示。

电梯中大量使用 T 形导轨（图 6-12a），但对于杂物梯对重导轨一般多采用 L 形（图 6-12b）。

图 6-12c、d、e 所示横截面形状的导轨常用于速度低于 0.63m/s 的电梯，导轨表面一般不做机械加工。

图 6-12f、g 所示横截面形状的导轨为冷轧成形的导轨。

2. 导轨的标识

T 形导轨是电梯中常用的导轨，具有良好的抗弯性能及加工性能。T 形导轨的主要参数是底宽 b、高度 h 和工作面厚度 k，如图 6-13 所示。目前推广使用国际标准 T 形导轨，共有 13 个规格，以底面宽度和工作面加工方法作为规格标志，见表 6-1。

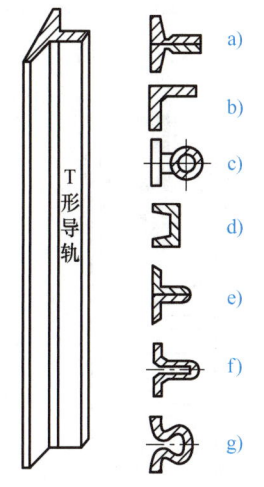

图 6-12 导轨及其常见的横截面形状

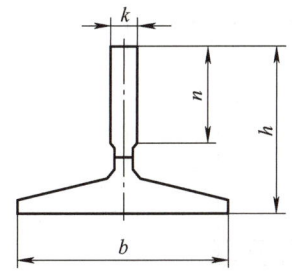

图 6-13 T 形导轨横截面

表 6-1　国际标准 T 形导轨

规格标志	底宽 b/mm	高度 h/mm	工作面厚度 k/mm
T45/A	45	45	5
T50/A	50	50	5
T70-1/A	70	65	9
T70-2/A	70	70	8
T75-1/A	75	55	9
T75-2/A	75	62	9
T75-3/A（B）	75	62	10
T82/A（B）	82.5	68.25	9
T89/A（B）	89	62	15.88
T90/A（B）	90	75	16
T125/A（B）	125	82	16
T127-1/B	127	88.9	15.88
T127-2/A（B）	127	88.9	15.88

注：表中 A 表示冷轧加工方式；B 表示机械加工方式，每根导轨长度为 3m 或 5m。有的国家（如日本）以导轨最终加工后每米长度的质量来作为规格区分，如 8kg 导轨、13kg 导轨等。

6.3　电梯导靴

6.3.1　导靴概述

1. 导靴的安装位置

导靴安装在轿厢和对重框的两侧，轿厢和对重各自装有至少四个导靴。轿厢上梁上固定两个，下梁上固定两个，对重框上部和底部各固定两个，如图 6-14 和图 6-15 所示。

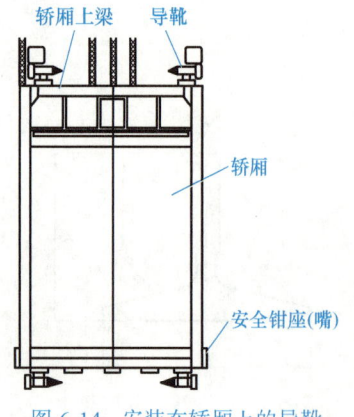

图 6-14　安装在轿厢上的导靴

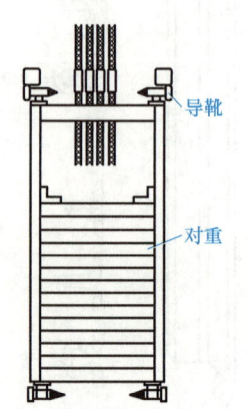

图 6-15　安装在对重上的导靴

2. 导靴的功能

导靴的功能是防止对重和轿厢在上下运行时发生偏斜，保证电梯的平稳运行。导靴的靴衬（或滚轮）与导轨工作面配合，能够吸收轿厢和对重运行中在水平方向产生的冲击，保障了电梯良好的舒适度。

3. 油杯

（1）油杯的安装位置　对重和轿厢的上导靴上部一般安装有油杯（滚动导靴除外，具体原因见 6.3.2 节），如图 6-16 所示。

（2）油杯的结构　油杯由油盒、导油条、毛毡等组成，如图 6-17 所示。油盒用来储存导轨油，电梯运行时，毛毡和导轨工作面之间形成负压，此时导油条将油盒内的导轨油缓慢导入毛毡内，毛毡吸附出的导轨油涂抹在导轨工作面上，使导轨得到润滑，降低了导靴靴衬和导轨之间的磨损和噪声。

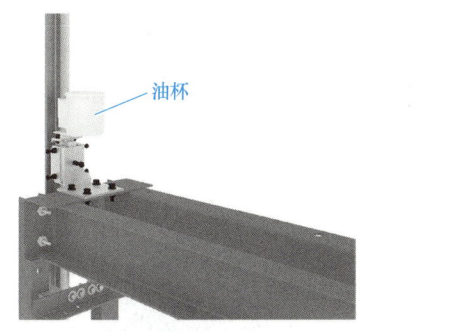

图 6-16　油杯的安装位置

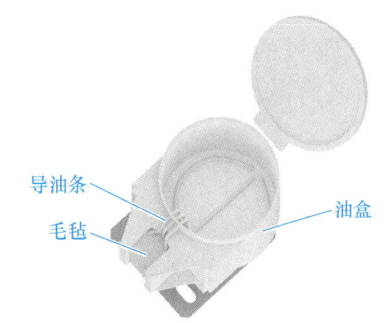

图 6-17　油杯的结构

6.3.2　导靴的种类

导靴的分类如图 6-18 所示。

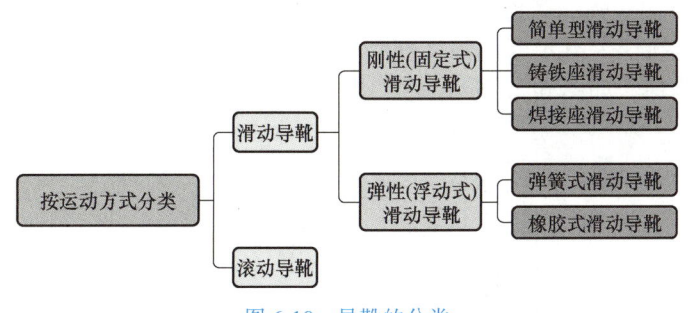

图 6-18　导靴的分类

1. 刚性（固定式）滑动导靴

刚性滑动导靴的靴头是不动的，直接由靴头中的凹槽与导轨工作面配合，三个配合的工作面需保留一定量的间隙（0.5～1.0mm）。刚性滑动导靴的靴头没有调节的机构，导靴与导轨之间必须存有一定间隙，随着运行时间的增长，其间隙会越来越大，这样轿厢在运行中就会产生一定的晃动甚至冲击，因此刚性滑动导靴只用于额定速度低于 0.63m/s 的轿厢或对重。

（1）简单型滑动导靴

1）无靴衬的简单型滑动导靴。这种导靴结构比较简单，靴头和靴座制成一体，用一块铸铁经刨削加工而成，如图 6-19 所示。这种导靴靴头的凹槽与导轨的接触面要求有较高的加工精度和较小的表面粗糙度值，并需定期涂抹适量润滑油脂，以提高其润滑能力。

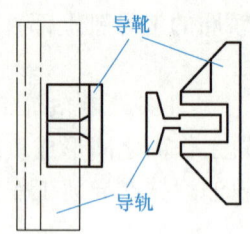

图 6-19　无靴衬的简单型滑动导靴

2）有靴衬的简单型滑动导靴。这种导靴总体构造与上一种相同，但在靴头的凹槽内镶嵌有减磨材料，如用尼龙等制成靴衬，必要时可仅更换靴衬，如图 6-20 和图 6-21 所示。

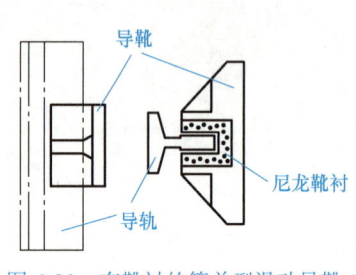

图 6-20　有靴衬的简单型滑动导靴 1

图 6-21　有靴衬的简单型滑动导靴 2

（2）铸铁座滑动导靴　这种导靴主要由靴头（含有靴衬）和靴座组成，靴座可由铸铁或焊接结构制作。靴座要有足够的强度和刚度，并具有较好的减振性，因此靴座常用灰铸铁制造，常用于货梯，如图 6-22 所示。

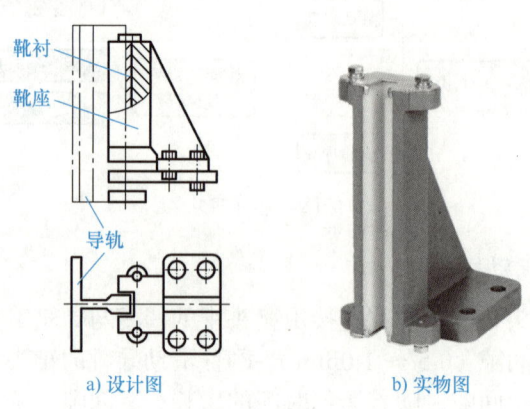

a) 设计图　　　　b) 实物图

图 6-22　铸铁座滑动导靴

（3）焊接座滑动导靴　钢材（板材）焊接结构由于制造简单，也是常用的结构形式，如图 6-23 所示。在杂物梯及低速电梯的对重导靴中，还可用角铁制造靴座的导靴。靴头中的靴衬常用摩擦系数低、滑动性能好、耐磨的尼龙材料制成。

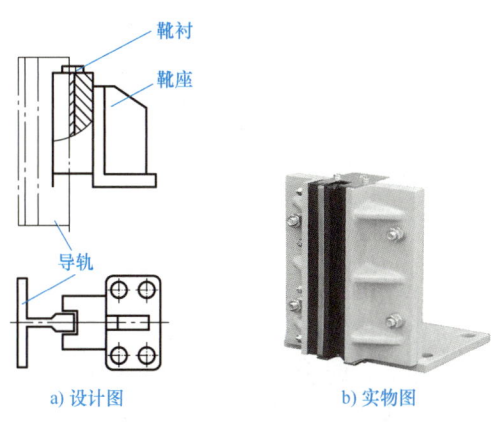

图 6-23　钢材焊接座滑动导靴

2. 弹性（浮动式）滑动导靴

弹性滑动导靴主要分为弹簧式滑动导靴和橡胶式滑动导靴两种。

（1）弹簧式滑动导靴　弹簧式滑动导靴的靴头只能在弹簧的压缩方向上做轴向浮动，因此又称为单向弹性导靴，如图 6-24 所示。

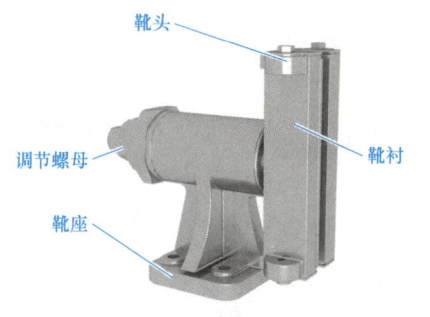

弹性滑动导靴

图 6-24　弹簧式滑动导靴

弹簧式滑动导靴与固定式滑动导靴的不同之处就在于靴头是浮动的，在弹簧力的作用下，靴衬的底部始终压贴在导轨端面上，因此能使轿厢保持在较稳定的水平位置，同时在运行中具有吸收振动与冲击的作用。对于单向浮动的弹簧式滑动导靴，由于在导轨侧工作面方向没有浮动性，因此只能对垂直于导轨端面的力起缓冲作用；为了补偿导轨侧工作面的直线性偏差及接头处的不平顺性，其与导轨侧面间仍要留有 0.5mm 以上的间隙，这就使它对导轨侧工作面方向上的振动与冲击没有减缓作用。这种导靴一般用于额定速度 ≤1.75m/s 的电梯。

（2）橡胶式滑动导靴　橡胶式滑动导靴的靴头除了能做轴向浮动外，在其他方向上也能做适量的位置调整，因此具有一定的方向性，如图 6-25 所示。橡胶式滑动导靴因其在轿厢遇到冲击时良好的减振性，加之其结构简单、成本低廉等优点，得到了广泛的应用，尤其是在中速电梯上。

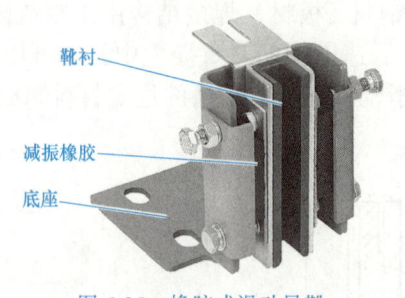

图 6-25 橡胶式滑动导靴

3. 滚动导靴

刚性滑动导靴和弹性滑动导靴的靴衬无论是铸铁或尼龙等高分子耐磨材料的，在电梯运行过程中，靴衬与导轨之间总有摩擦力存在，间隙只会因磨损逐渐变大。这个现象不但增加曳引机的负荷，而且是轿厢运行时引起振动和噪声的原因之一。为了减少导靴与导轨之间的摩擦力，节省能量，提高乘坐舒适感，在运行速度 >2.0m/s 的高速电梯中常采用滚动导靴。

滚动导靴由滚轮、弹簧、靴座、轮臂等组成，如图 6-26 所示。

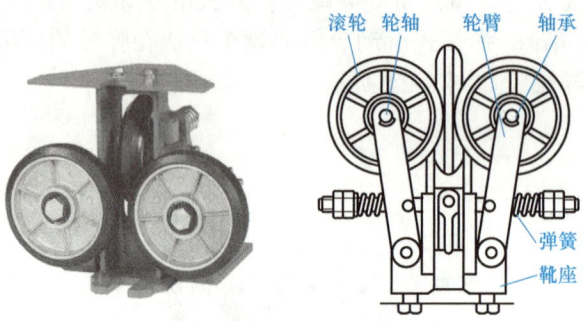

图 6-26 滚动导靴

滚动导靴以三个滚轮代替了滑动导靴的三个工作面，三个滚轮在弹簧力的作用下，压贴在导轨的三个工作面上，电梯运行时，滚轮在导轨面上滚动。

滚动导靴以滚动摩擦代替了滑动摩擦，大大减少了摩擦损耗，减少了能量损耗；同时还在导轨的三个工作面方向实现了弹性支承，从而对横向力和纵向力都具有良好的缓冲作用，并能在三个方向上自动补偿导轨的各种几何形状误差及安装偏差。滚动导靴的这些优点，使其在高速电梯上得到了广泛应用。

滚动导靴的滚轮常用硬质橡胶或聚氨酯材料制成，为了提高其与导轨的摩擦力和减少噪声，常在轮圈上制出花纹。滚轮对导轨的压力，其意义与滑动导靴相同，初压力的大小可以通过调节弹簧的被压缩量加以调整。

滚动导靴不允许在导轨工作面上加润滑油，否则会使滚轮打滑，无法工作；滚轮转动应灵活、平稳、可靠，当发现滚轮橡胶有脱层、剥离等现象时必须更换。

对于重载高速电梯，为了提高导靴的承载能力，有时也采用六个滚轮的滚动导靴。滚动导靴必须在干燥的不加润滑的导轨上工作，因此不存在油污染，减少了发生火灾的危险。为了降低运行噪声,减少运行中的摩擦阻力,宜采用尽量大的滚轮直径。一般当额定速度为5m/s时,轿厢的导靴滚轮直径至少为250mm,对重导靴滚轮至少为150mm;当额定速度为2.5m/s时,轿厢和对重的导靴滚轮直径至少分别为150mm和75mm。

6.4 电梯导轨支架

6.4.1 导轨支架概述

电梯导轨支架是用作支承和固定导轨用的构件,被安装在井道壁或横梁上。它是通过导轨压板固定电梯导轨的,并承受来自导轨横向、纵向和垂直方向的力,如图6-27和图6-28所示。一般导轨支架由两片组成,一片通过膨胀螺栓与墙面固定,另一片通过压板和导轨固定,两片支架之间通过螺栓连接,如图6-29和图6-30所示。

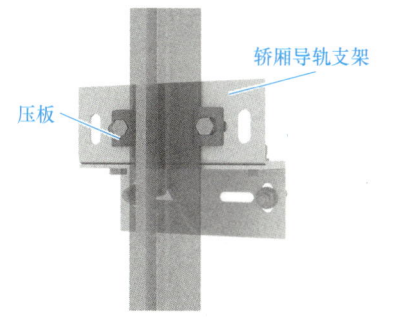

图6-27 轿厢导轨支架

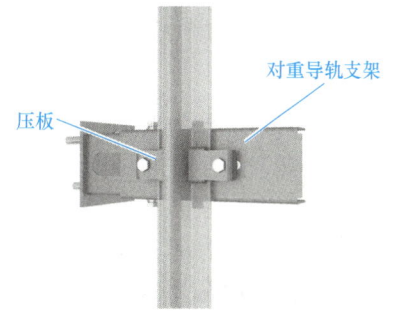

图6-28 对重导轨支架

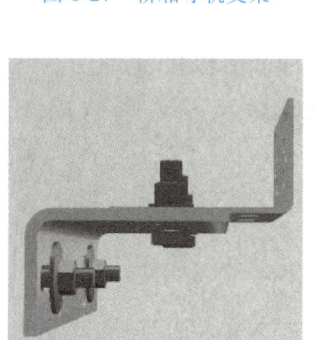

图6-29 导轨支架

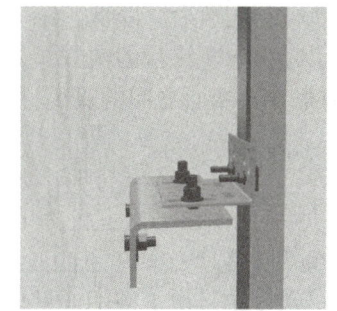

图6-30 导轨支架固定导轨

6.4.2 导轨支架的基本技术要求

导轨通过导轨支架固定在井道上,如图6-31和图6-32所示,首先通过膨胀螺栓在墙上固定好导轨支架,再通过压板将导轨固定在导轨支架上。电梯导轨的安装精度直接决定了电梯运行的平稳性,为保障电梯运行的平稳度和导轨固定的可靠性,每根导轨至少应有两个导轨支架,其间距不大于 2.5m,导轨支架水平度不大于 1.5%。

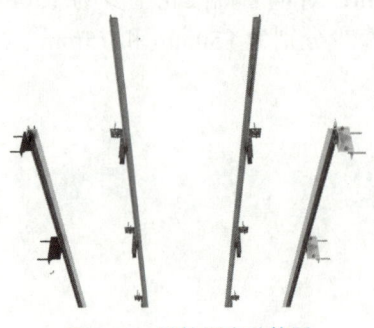

图 6-31　导轨固定总体图

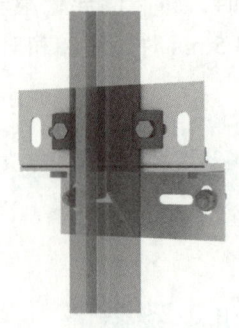

图 6-32　导轨支架细节图

6.5　本章习题

一、判断题

1. 电梯导向系统分为轿厢导向和对重导向两大部分。　　　　　　　　(　　)
2. 副导轨支架属于轿厢导向部分。　　　　　　　　　　　　　　　　(　　)
3. 对于设有安全钳的对重导轨必须用实心导轨。　　　　　　　　　　(　　)
4. 对重的顶部和底部各安装有两个导靴。　　　　　　　　　　　　　(　　)
5. 滚动导靴可用在高速梯上。　　　　　　　　　　　　　　　　　　(　　)
6. 橡胶式滑动导靴属于刚性滑动导靴。　　　　　　　　　　　　　　(　　)
7. 油杯安装在导靴上方。　　　　　　　　　　　　　　　　　　　　(　　)
8. 导轨得到润滑后,降低了滚动导靴靴衬和导轨之间的磨损和噪声。　(　　)
9. 为了减少导轨拼接的次数,导轨的长度做得越长越好。　　　　　　(　　)
10. 两根导轨侧面之间的距离称为导轨轨距。　　　　　　　　　　　　(　　)

二、填空题

1. 电梯导向系统由_____导向和_____导向两大部分组成。
2. 轿厢导向部分主要由_____、_____、_____组成。
3. 固定式导靴只用于额定速度低于_____m/s 的轿厢或对重。
4. 每根导轨至少应有_____个导轨支架。
5. 电梯导轨应有良好的垂直度,每列导轨工作面(包括侧面与顶面)对安装基准线每 5m 的偏差均应不大于下列数值:轿厢导轨和设有安全钳的对重导轨为_____mm。

三、多选题

1. 下列属于导向系统的是(　　)。
   A. 导靴　　　　　　　B. 导轨　　　　　　　C. 安全钳　　　　　　D. 导轨支架

2. 关于导轨下列说法正确的有（　　）。
A. 常见的导轨为 3m 或 5m 一根
B. 两根导轨用导轨连接板进行连接
C. 导轨的垂直度必须符合国家标准
D. 空心导轨不能当副导轨
3. 关于滚动导靴说法正确的是（　　）。
A. 滚动导靴和导轨之间要加润滑油
B. 滚动导靴轴承处需要加润滑油
C. 滚动导靴可以用在中速梯上
D. 对重侧不能使用滚动导靴
4. 下列结构属于滚动导靴的有（　　）。
A. 滚轮　　　　　B. 轮轴　　　　　C. 弹簧　　　　　D. 轴承
5. 以下属于对重导向部分的是（　　）。
A. 对重导轨　　　B. 对重导靴　　　C. 对重侧钢丝绳　　　D. 对重支架

四、简答题

1. 请简述导向系统的作用。
2. 请简要说出导靴的分类。
3. 请简述导轨的作用。

第 7 章 电梯门系统

电梯门系统

【学习目标】

1) 了解门系统的基本组成及工作原理。
2) 了解层门和轿门的类型。
3) 了解层门和轿门的基本技术要求。
4) 了解门系统的联动工作装置及工作原理。
5) 能根据门系统工作原理和各部件的技术要求分析门系统在工作过程中可能产生的安全隐患、故障并及时提出解决方案。

7.1 电梯门系统概述

电梯门系统的组成：主要由轿门（轿厢门，如图 7-1 所示）、层门（厅门，如图 7-2 所示）与开门、关门等系统及其附属的零部件组成。

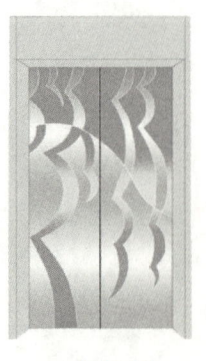
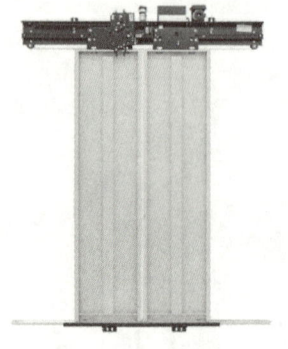

轿门

a) 轿门正面 b) 轿门反面

图 7-1 电梯轿门

第 7 章 电梯门系统

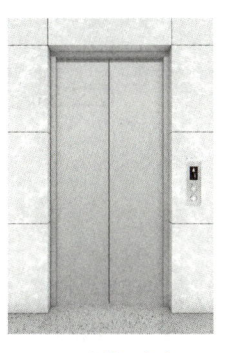

a) 层门正面　　　　　　　　b) 层门反面

图 7-2　电梯层门（厅门）

电梯门系统的功能：电梯门系统可将电梯的轿厢和井道上供人员进出的开口进行封闭，防止乘客和物品坠入井道或与井道相撞，避免乘客或货物未能完全进入轿厢而被运动的轿厢剪切等危险的发生，是电梯的重要安全保护设施之一。

7.1.1　电梯层门和轿门的相互关系

层门是设置在层站入口的封闭门，当轿厢不在该层门开锁区域时，层门保持锁闭；此时如果强行开启层门，层门上装设的机械——电气联锁门锁会切断电梯控制电路，使轿厢停驶。层门的开启，必须是当轿厢进入该层站开锁区域，轿门与层门相重叠时，随轿门驱动而开启和关闭。所以，轿门为主动门，层门为被动门，只有轿门、层门完全关闭后，电梯才能运行。

为了将轿门的运动传递给层门，轿门上一般设有开门联动装置，通过该装置与层门门锁配合，使轿门带动层门开关。

为了防止电梯在关门时将人夹住，在轿门上常设有关门安全装置（防夹保护装置），当轿门关闭过程中遇到阻碍时，会立即反向运动，将门打开，直至阻碍消除后再完成关闭。

7.1.2　电梯层门和轿门的类型

为了方便乘客和货物进出层门和轿厢，门的形式和结构都应满足进出方便，且结构简单、构造科学等要求。

电梯门主要有两类，即滑动门和旋转门，目前行业普遍采用的是滑动门。滑动门按其开门方向又可分为中分门、旁开门和直分门三种。层门必须和轿门是同一类型的。

1. 中分门

如图 7-3 所示，中分门由中间分开。开门时，左右门扇以相同的速度向两侧滑动；关门时，则以相同的速度向中间合拢。常见的有两扇中分式和四扇中分式。四扇中分式用于开门宽度较大的电梯，此时单侧两个门扇的运动方式与两扇旁开门相同。

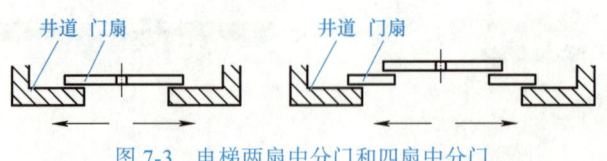 

图 7-3　电梯两扇中分门和四扇中分门

2. 旁开门

如图 7-4 所示,旁开门由一侧向另一侧推开或由一侧向另一侧合拢。按照门扇的数量,常见的有单扇旁开门、双扇旁开门和三扇旁开门。当旁开门为双扇时,两个门扇在开门和关门时各自的行程不相同,但运动的时间却必须相同,因此双扇门的速度有快慢之分。速度快的称为快门,反之称为慢门,所以双扇旁开门又称为双速门。由于双速门在打开后是折叠在一起的,因而又称为双折门。

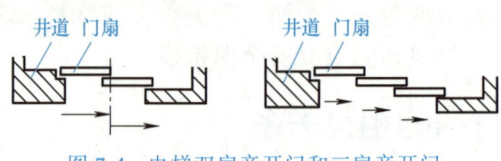 

图 7-4　电梯双扇旁开门和三扇旁开门

3. 直分门

如图 7-5 所示,直分门由下向上推开,又称闸门式门。按门扇的数量,直分门可分为单扇、双扇和三扇等。与旁开门同理,双扇门称为双速门,三扇门称为三速门。直分门的门扇不占用井道的宽度和轿厢的宽度,能使电梯具有最大的开门宽度,用在杂物梯和大吨位的货梯上。

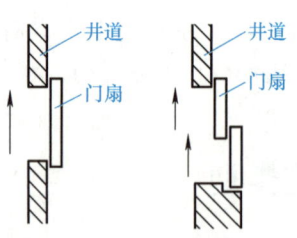 

图 7-5　电梯单扇直分门和双扇直分门侧面视图

7.1.3　电梯层门和轿门的使用技术要求

层门和轿门是电梯的重要安全保护装置和重要组成部分,因此在结构和安全使用方面有一定的要求:

1)层门必须是无孔的,当门关闭后,门扇之间或门扇与立柱、门楣和地坎之间的间隙应尽可能小,对于乘客电梯,此间隙不超过 6mm;对于载货电梯,此间隙不得大于 8mm,由于磨损原因,此间隙允许达到 10mm(如果有凹进部分,上述间隙应从凹底处测量)。

2) 为了使门在使用过程中不发生变形，门及门框架应用金属制造。

3) 层门和轿门的最小净高度为 2m，层门净入口宽度在任一侧不能超过轿厢净入口宽度 0.05m。

4) 每个层站进口、轿厢入口应装设一个具有足够强度的地坎，以承受进入轿厢的载荷作用。各层站地坎前面应有少许坡度，以防止候梯大厅洗刷、洒水时，水流入井道。

5) 水平滑动门的顶部和底部都应设有导向装置，垂直滑动门两边都应设置导向装置；在运行中应避免脱轨、卡住或在行程终端时越位。

6) 手动开启的层门、轿门，使用人员在开门前，应能知道轿厢的位置，为此应安装透明的窥视窗或设置一个发光的"轿厢在此"标示牌。

7) 层门、轿门及其门锁应具有这样的机械强度：当门在锁住位置时，用 300N 的力垂直作用在该门扇的任何一个面的任何位置上，且均匀分布在 $5cm^2$ 的圆形或方形面积上时，应无永久变形，弹性变形不大于 15mm，经过这种试验后，门的安全功能不受影响。在水平滑动门和折叠门主动门扇的开启方向，以 150N 的人力（不用工具）施加在一个最不利的点上时，门扇之间或门扇与立柱、门楣和地坎的间隙可以超过 6mm，但旁开门不得超过 30mm，中分门总和不得超过 45mm。

8) 如果采用玻璃门，除玻璃必须采用符合 GB/T 7588.1—2020 规定的强化夹层玻璃外，要求玻璃门的固定件在玻璃下沉时不会使玻璃滑出。

9) 电梯正常运行时，层门和轿门应不能打开，它们之中若有一个被打开时，电梯应不能起动或停止运行，因此层门和轿门必须设置电气联锁装置（门锁开关），轿厢只有在层门及轿门有效地锁紧在关门位置，锁紧元件啮合至少为 7mm 时，才能起动。

10) 层门和轿门及其四周的设计应尽可能减少夹住人、衣服或其他物体的现象，门的表面不得有超过 3mm 的任何凹进和凸出，若有则这些凹进和凸出部分边缘应在开门方向上倒角。

11) 自动门在层门或轿门关闭过程中，如果有人穿过门口而被撞击或即将被撞击时，一个灵敏的保护装置必须自动地使门重新开启，即必须装设防夹保护装置。

12) 当电梯因任何原因停在靠近层站的地方时，为允许乘客离开轿厢，在轿厢停住并切断开门机电源的情况下，应能从层站处用手开启或部分开启轿门。如果层门与轿门联动，从轿厢内用手开启或部分开启轿门以及与其相连接的层门；上述要求至少能够在开锁区域中用不大于 300N 的力施行；额定速度大于 1m/s 的电梯在运行中，开启轿门的力应大于 50N（在开锁区域中无此限制）。

7.2 电梯轿门结构

7.2.1 电梯轿门的安装位置及功能

电梯轿门设置安装在轿厢入口处，如图 7-6 所示。

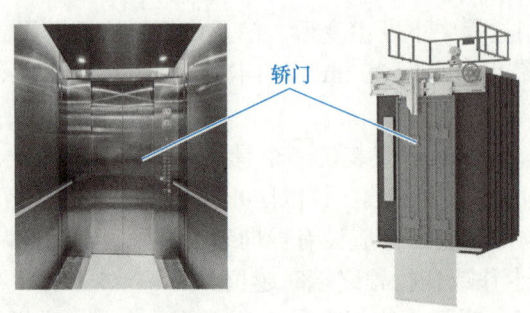

图 7-6 电梯轿门安装位置

由轿厢顶部的开关门机构驱动而开闭进而控制轿厢入口,同时通过门刀和门碰轮带动层门开闭。

轿门是随同轿厢一起运行的门,乘客在轿厢内部只能见到轿门,供乘客和货物进出。简易电梯用手工操作开闭的称为手动门。当前一般的电梯都装有自动开、关门机构,称为自动门。

7.2.2 电梯轿门系统结构

如图 7-7 所示,电梯的轿门系统主要由安装有轿门驱动电动机的轿门门头、轿门门扇(板)和轿门地坎组成。

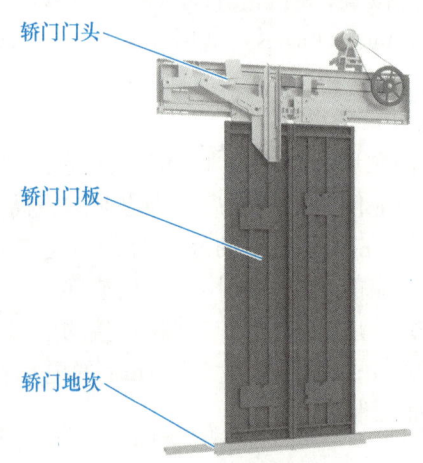

图 7-7 电梯轿门系统总体结构

1. 轿门门头

轿门门头的结构较为复杂,由多个小部件组成,如图 7-8 所示,其上轿门驱动电动机(简称门机)、门机控制器为轿门的开关门运行提供动力;门刀则为轿门运行带动厅门实现轿门和厅门联动提供机构保障,轿门门锁可确保电梯在轿门闭合后方可运行;多个部件的配合,共同实现了轿门功能。常见的轿门门头主要部件介绍见表 7-1。

第 7 章 电梯门系统

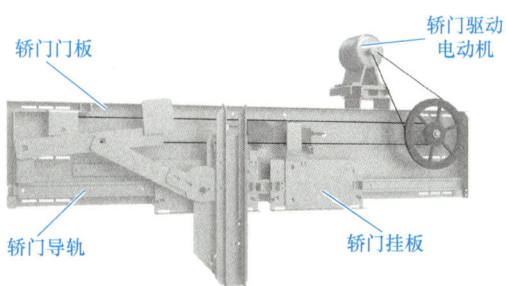

图 7-8 电梯轿门门头基本结构

表 7-1 轿门门头主要部件介绍

名称	外观	说明
轿门门头		1.安装于轿顶上 2.其上有导轨，电梯门扇可借助轿门挂板在其导轨上开关门滑动 3.作为电梯轿门门头小部件的安装底座
门机控制器		接收电梯控制器发出的开关门信号驱动门机开关门
门机		门机控制器供电后，驱动门机同步带运转，带动轿门门扇启闭
轿门挂板	右轿门挂板 左轿门挂板	轿门挂轮悬挂在轿门导轨上，轿门挂板下悬挂轿门门板，门机驱动轿门挂板可带动轿门门板开关门

95

📘 电梯结构与原理

(续)

名称	外观		说明
门刀	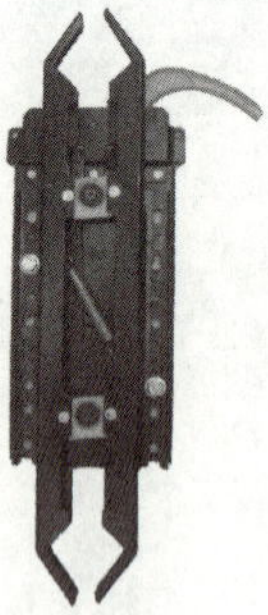 同步门刀 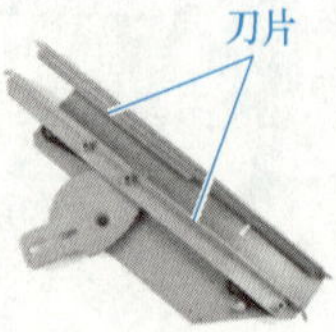	异步门刀（刀片）	1. 门刀一共有两块刀片，安装在轿门挂板或轿门门板上，可随轿门门板运行 2. 门刀活动时若两块刀片均可动作的为同步门刀，仅一片进行夹持动作的是异步门刀 3. 门刀夹持厅门上的门碰轮可带动厅门联动开关门
门机同步带及带轮			轿门挂板通过带夹安装在同步带的上下两侧，门机驱动带轮使同步带转动的同时驱动轿门挂板带动门扇开关门
轿门挂轮和偏心轮	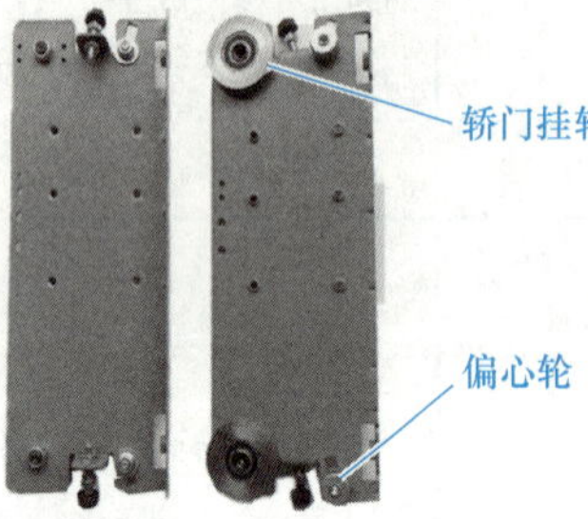  轿门挂轮 	偏心轮	1. 轿门挂轮和偏心轮都安装在轿门挂板上 2. 轿门挂板通过轿门挂轮在轿门导轨上滑动 3. 偏心轮安装于轿门导轨的下方，和轿门挂轮一起将轿门导轨夹持，可避免轿门挂板从轿门导轨上脱落
开关门限位缓冲螺栓			1. 电梯轿门开门到最大时可启动限位，防止轿门挂板脱轨 2. 电梯关门到位时，通过螺栓上的橡胶缓冲，可避免门板剧烈撞击
轿门电气开关			当轿门关闭时，轿门挂板上的撞弓触发此轿门电气开关闭合，其主要作用是验证电梯轿门是否闭合，电梯只有轿门闭合后才可运行

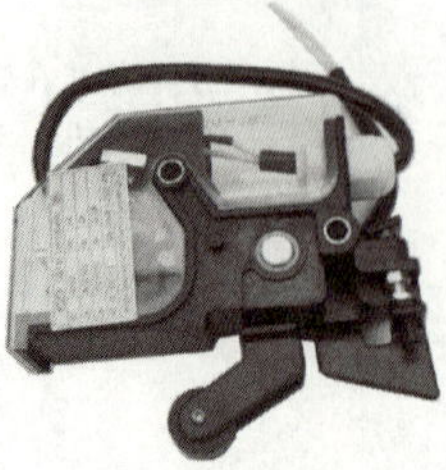

2. 轿门门板、轿门滑块、轿门地坎

（1）轿门门板　轿门门板也称为轿门门扇，一般用 1～1.5mm 厚的钢板制造，中间辅以加强筋；轿门门板上端通过螺栓和轿门挂板连接，如图 7-9 所示，下端装有多个轿门滑块，轿门滑块在轿门地坎槽内滑动，因此轿门门板在轿门滑块的作用下只能水平滑动；有时为了加强门扇的隔音效果和提高减振作用，在轿门门板的背面涂设一层阻尼材料。

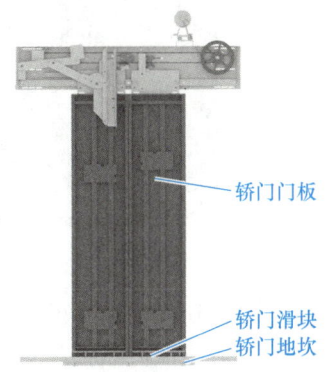

图 7-9　电梯轿门门板、轿门滑块、轿门地坎

（2）轿门滑块和轿门地坎　轿门地坎和轿门滑块是轿门的辅助导向组件，如图 7-10 所示，与轿门导轨和轿门滑轮配合，使门的上、下两端均受导向和限位。轿门在运动时，轿门滑块顺着轿门地坎槽滑动。

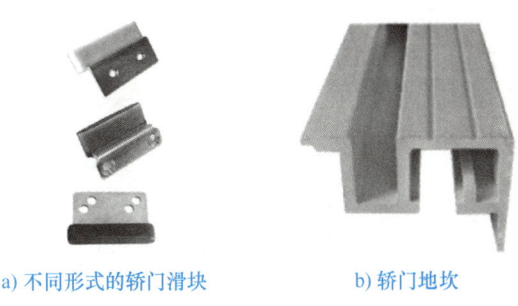

a）不同形式的轿门滑块　　　　b）轿门地坎

图 7-10　电梯轿门滑块和轿门地坎

轿门地坎安装在轿门口，轿门地坎一般采用铝型材料制成，轿门滑块一般用尼龙制造，在正常情况下，轿门滑块与轿门地坎槽的侧面和底部均有间隙。

7.3　电梯层门（厅门）结构

7.3.1　电梯层门（厅门）的安装位置及功能

电梯层门又称为厅门，安装在候梯大厅电梯入口处，如图 7-11 所示。

电梯结构与原理

图 7-11　电梯层门及其在井道中的安装位置

电梯层门是乘客在进入电梯前首先看到或接触到的部分，电梯有多少个层站就会有多少个层门；当轿厢离开层站时，层门必须保证可靠锁闭，防止人员或其他物品坠入井道。

层门是电梯很重要的一个安全设施，根据不完全统计，电梯发生的人身伤亡事故中约有 70% 是由于层门的故障或使用不当等引起的，层门的安全开启与有效锁闭是保障电梯使用者安全的首要条件。

7.3.2　电梯层门系统结构

如图 7-12 所示，电梯层门系统由层门门头（上坎）、门板和层门地坎装置三大部分组成。层门系统和轿门系统结构类似，主要区别是层门门头（上坎）。

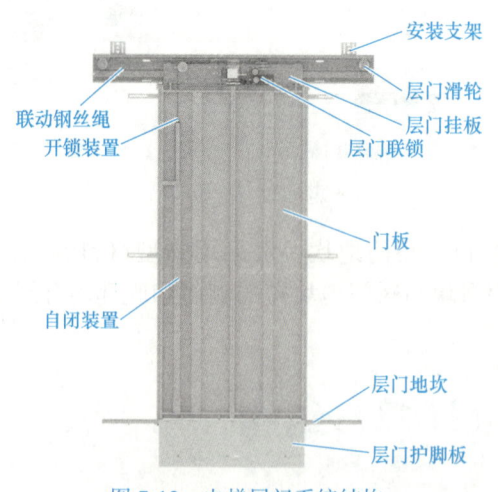

图 7-12　电梯层门系统结构

1. 层门门头（上坎）

在门系统中，轿门是被电动机驱动的门，所以轿门为主动门，而电梯层门是由轿门带动的，所以电梯层门为被动门，如图 7-13 所示。其主要区别是，轿门系统门头上有驱动

第 7 章　电梯门系统

控制器、门机和可驱动厅门运行的门刀,而层门上有和门刀配合的门锁碰轮、层门机械联锁(带开锁装置)和自闭装置。因层门门头和轿门门头上诸多部件类似,此处不做赘述,电梯层门主要不同部件见表 7-2。

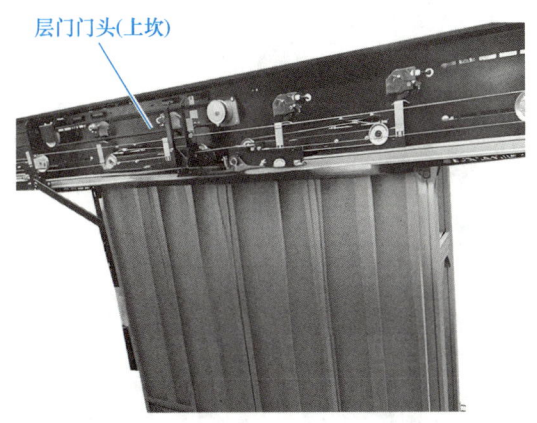

图 7-13　电梯层门门头(上坎)

表 7-2　电梯层门主要不同部件

名称	外观		说明
层门联动钢丝绳			1. 安装于层门门头板上 2. 通过两个层门滑轮形成闭环,层门挂板安装于钢丝绳上,可实现层门挂板联动
层门钢丝绳滑轮			1. 安装于电梯层门门头板上 2. 钢丝绳通过其形成闭环,可辅助钢丝绳转动
自闭装置	层门自闭重锤	层门自闭弹簧	电梯层门在打开后,在不依靠任何人力作用下可依靠自闭重锤的重力或弹簧的拉力自动闭合

(续)

名称		外观	说明
层门联锁			锁钩和锁舌分别安装于层门的两块挂板上,当电梯层门闭合时,锁钩和锁舌啮合,同时门锁电气开关闭合,电梯方可运行。层门联锁在井道外必须用钥匙开启,在井道内不用钥匙也可开启
电梯开锁装置	三角锁	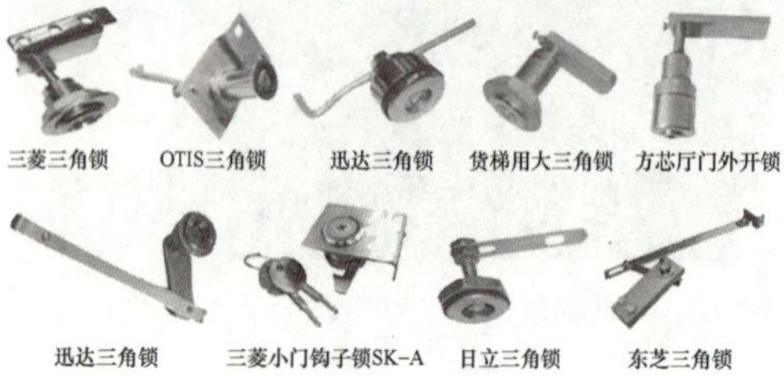 三菱三角锁　OTIS三角锁　迅达三角锁　货梯用大三角锁　方芯厅门外开锁 迅达三角锁　三菱小门钩子锁SK-A　日立三角锁　东芝三角锁	1. 电梯开锁装置由三角锁和开锁顶杆组成 2. 三角锁和开门顶杆均安装在层门门板上,因此层门门板比轿门门板多一个三角开锁孔 3. 三角钥匙在转动的过程中可驱动开锁顶杆将电梯层门联锁锁钩顶起,使锁钩和锁舌解除啮合,层门锁被打开
	开锁顶杆		

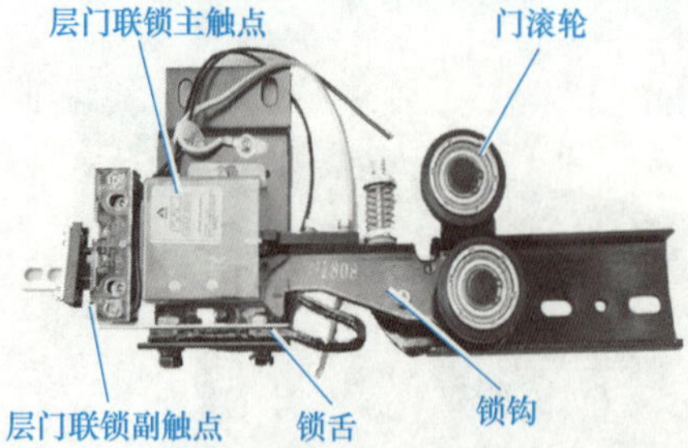

2. 门立柱、门楣、门套

为确保电梯层门安装时和井道厅门开口有效地贴合,做到美观大方,层门在层站侧通常会安装门立柱、门楣和门套,如图7-14所示。

电梯在安装完成后要将未封闭的门洞采用水泥等材料以门立柱、门楣为基准进行封闭,封闭完成后,再贴各种装饰材料或采用不锈钢做成美观大方的门套,如图7-15所示。

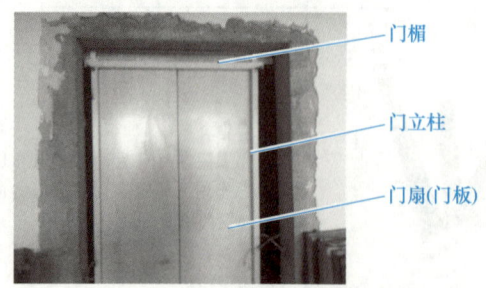

图7-14　层门装修封闭前的电梯层门正面

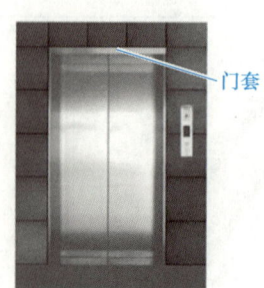

图7-15　层门装修封闭后的电梯层门正面

7.4 电梯门系统的联动

7.4.1 电梯门锁装置

为了保证电梯运行时,电梯的层门和轿门处于闭合状态,电梯门系统在层门和轿门处都设置了门联锁,确保电梯层门和轿门处于锁闭状态,门联锁上设置有电气触点,分别可以验证层门和轿门的闭合状态,仅有电梯层门和轿门都锁闭时,轿厢才能运行。

1. 电梯层门门联锁结构

如图 7-16 所示,电梯层门门联锁分为机械锁部分和电气触点部分。具体介绍见表 7-3。

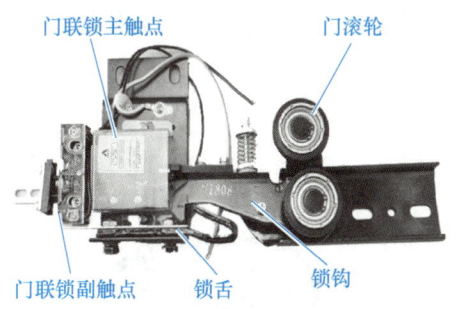

图 7-16 电梯层门门联锁结构

表 7-3 电梯层门门联锁基本介绍

电梯层门门联锁	机械锁	锁钩	安装于层门挂板上,当电梯关门时,锁钩和锁舌啮合钩住,电梯层门锁死
		锁舌	
		门碰轮	电梯轿厢到站后,门刀可夹持门碰轮开锁,并驱动电梯层门开关运行
	电气触点	主触点	安装在层门门头板上或层门挂板上,触点的闭合可验证层门门板是否闭合
		副触点	

2. 电梯层门门联锁的开启

电梯层门门联锁的开启方式有两种,一种是在井道内,安装在轿门上的门刀夹持门碰轮使锁钩和锁舌脱离啮合,层门解除锁紧状态,如图 7-17 所示;另外一种是在井道外,利用三角钥匙驱动开锁顶杆顶起锁钩或三角锁旋转钢丝绳来拉起锁钩,使机械锁脱离啮合而开锁。

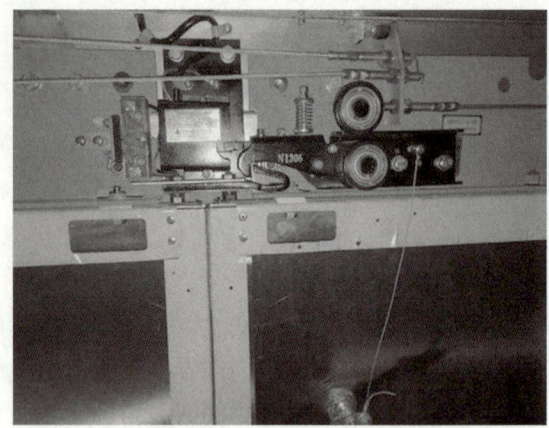

层门联锁——门刀夹持开锁　　层门联锁——三角钥匙开锁

图 7-17　钢丝绳拉动开锁的电梯层门门联锁装置

3. 电梯轿门门锁

电梯轿门门锁并不是电梯的必选部件，因此，以前生产的电梯中许多轿门均不具备轿门门锁，近年来，为了防止电梯困人后轿内人员在无专业救援常识的条件下自救，轿门逐渐装设轿门门锁。

电梯轿门电气开关是轿门的必选安装项，如图 7-18 所示，其主要安装在轿门门头板或轿门挂板上。

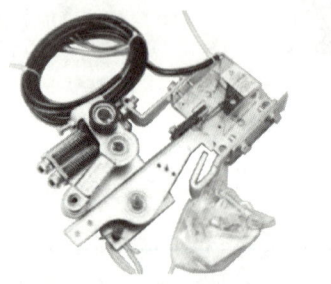

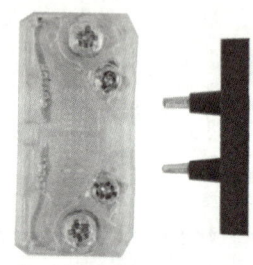

图 7-18　电梯轿门门锁及不同类型的轿门门锁电气开关

电梯轿门门锁和电气开关因各品牌的设计理念不同而略有差异，但原理和作用基本一致，轿门门锁的主要作用是在电梯轿厢运行期间保持轿门处于锁闭状态，防止轿内人员违规开启轿门，仅在电梯轿厢在层站开锁区域才可手动打开轿门。轿门电气开关和层门电气开关作用相同，电气开关仅在轿门闭合后方可闭合，因此，轿门电气开关可验证轿门的闭合情况，电梯只有在层门和轿门完全闭合的前提下方可运行。

4. 电梯门锁电气回路工作原理

如图 7-19 所示，电梯的每一个层门和轿门上都安装有一个电气开关，将这些开关通过电路串联起来，给门锁继电器供电，当所有的门闭合时，电气开关均闭合，门锁继电器得电后向电梯的控制器发出信号，电梯控制器在验证所有的门闭合后方可允许电梯运行；反之，正常运行的电梯，若有一扇门被非正常开启，电梯控制器控制电梯停运。

第 7 章 电梯门系统

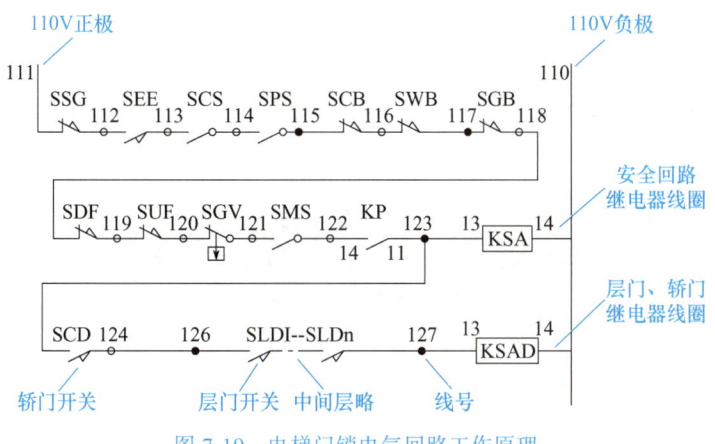

图 7-19 电梯门锁电气回路工作原理

7.4.2 电梯层门、轿门的典型联动开启和关闭

1. 典型电梯轿厢开关门传动机构

电梯轿厢开关门的工作原理：如图 7-20 所示，电梯轿门两扇门扇通过传动带夹板安装在传动带的上下方，变频电动机在电梯控制器的控制下通过带轮减速机构驱动传动带运转，从而控制电梯轿门开启和闭合。在开启和闭合的过程中，速度开关在触发后分别控制轿门运行速度，开门极限开关控制门扇的开启和闭合位置如图 7-21 所示。

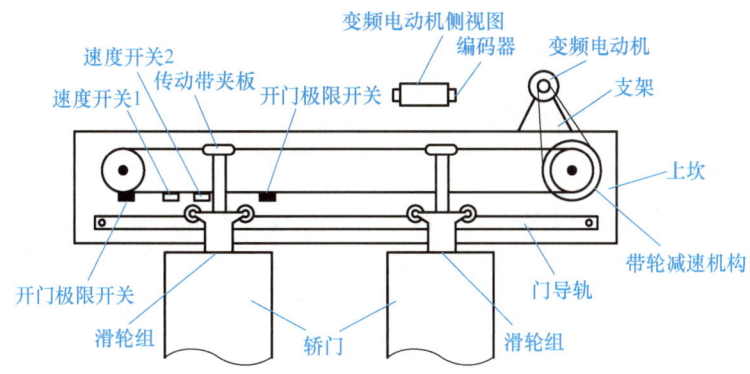

图 7-20 典型电梯轿厢开关门传动机构

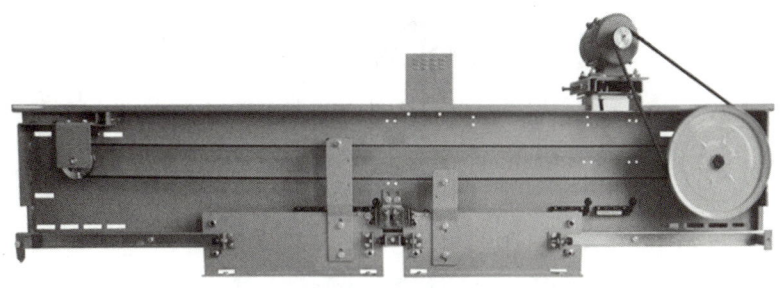

图 7-21 典型电梯轿门开关传动机构实物

2. 电梯轿门和层门的联动

（1）电梯轿门和层门联动的典型装置　电梯轿门和层门的联动主要依靠安装在轿门挂板上的门刀装置（图7-22）和层门挂板上的门锁碰轮（图7-23）配合完成。

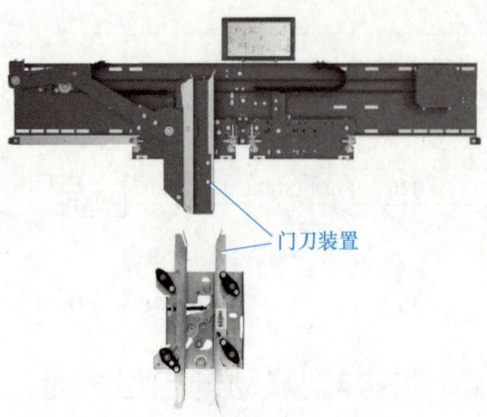

图7-22　安装在电梯轿门挂板上的门刀装置

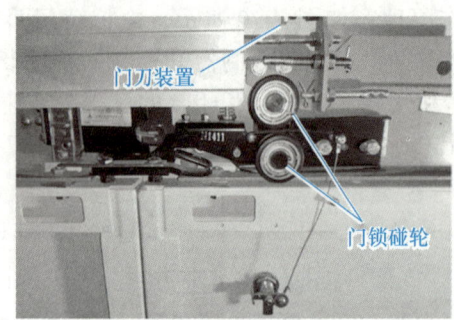

图7-23　安装在层门挂板上的门锁碰轮

（2）典型电梯轿门和层门的联动过程　当轿厢没有停靠层站时，层门起到防止人员坠落井道的保护，所以每一个层门均在井道内侧上部安装有门锁，如图7-24所示，门锁上带有验证层门锁紧和闭合的电气开关，在层站外候梯的乘客在没有开锁钥匙的前提下是无法打开闭合的层门的。

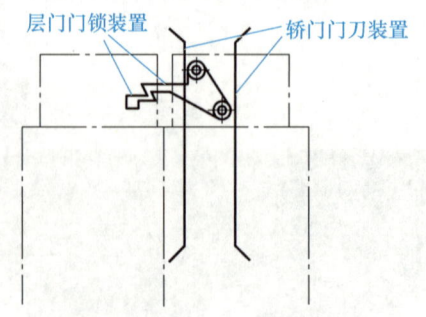

图7-24　电梯门刀和门锁碰轮啮合装置示意图

第 7 章　电梯门系统

　　当轿厢上下运行平层抵达层站后，如图 7-25 所示，安装在轿门挂板上的门刀会和安装在层门挂板上的门锁碰轮啮合，当安装在轿门门头上坎上的门机驱动电梯轿门挂板开关门时，门刀合刀夹持门碰轮，实现层门开锁并带动层门开启或关闭。

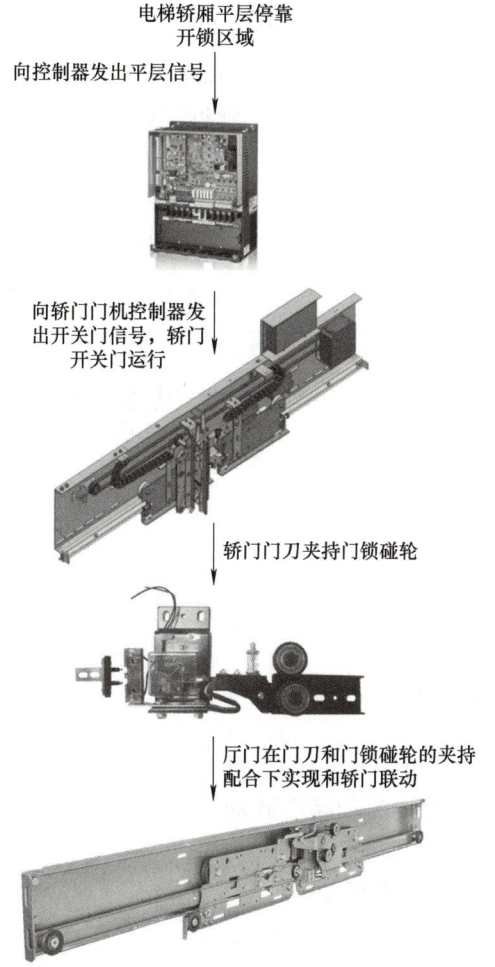

图 7-25　电梯门刀和门锁碰轮啮合实现联动的工作过程

7.5　本章习题

一、判断题

1. 电梯的层门上方各装一个驱动电梯开关门的门机。　　　　　　　　　　（　　）
2. 层门闭合而轿门未闭合，电梯可以运行。　　　　　　　　　　　　　　（　　）
3. 门刀上有刀片，两片刀片可联动的为同步门刀。　　　　　　　　　　　（　　）

电梯结构与原理

4. 夹持电梯厅门上的门锁碰轮的装置是电梯门挂板。（   ）
5. 层门必须配置自闭装置。（   ）
6. 层门联动钢丝绳是电梯厅门联动的传动装置。（   ）
7. 电梯轿门锁可防止轿内人员违规开启轿厢。（   ）
8. 发出开关门信号的装置是电梯的控制器。（   ）
9. 电梯必须平层停靠开锁区域才会控制电梯自动开关门。（   ）
10. 运行中的电梯被打开厅门后，电梯会就近平层开门。（   ）

二、填空题

1. 层门主要用来封闭_____，轿门主要用来封闭_____。
2. 电梯轿门和层门联动的装置有_____、_____。
3. 常见的电梯滑动门形式有_____、_____和_____三种。
4. 轿门滑块的作用是_____、_____。
5. 电梯在安装完成后要将未封闭的门洞采用水泥等材料以_____、_____为基准进行封闭。

三、多选题

1. 下列说法正确的是（   ）。
   A. 层门的主要作用是封闭井道开口   B. 轿门的主要作用是封闭轿厢
   C. 层门是主动门   D. 层门的驱动电动机安装在轿门门头上
2. 电梯开关门时，说法正确的是（   ）。
   A. 门机驱动轿门
   B. 门机驱动厅门
   C. 门刀夹持门锁碰轮实现层门和轿门联动
   D. 层门首先开启，带动轿门运行
3. 层门和轿门的技术要求正确的是（   ）。
   A. 层门必须是无孔的
   B. 门扇和门立柱之间的间隙，对于乘客电梯，此间隙一般不超过6mm
   C. 层门净高度可以是2.2m
   D. 层门门口应设置地坎
4. 可以安装在轿门挂板上的部件有（   ）。
   A. 轿门挂轮   B. 偏心轮   C. 轿门电气触点   D. 门刀
5. 参与电梯门系统自动开关门运行的工作装置有（   ）。
   A. 控制器   B. 门刀   C. 厅门开锁装置   D. 门锁碰轮

四、简答题

1. 请描述轿门门扇的一般结构。
2. 请简要描述层门的作用。
3. 请描述层门和轿门的相互关系。

第 8 章
电梯电力拖动系统

电梯电力拖动系统

【学习目标】

1）了解电梯电力拖动系统的基本组成及工作原理。
2）了解电梯电力拖动系统的分类。
3）知晓变频器、编码器的工作原理及种类。
4）知晓 VVVF 电力拖动系统的工作原理。
5）能根据电力拖动系统的工作原理及作用进行电梯的运行过程分析，明确电梯运行过程中可能产生的故障并提出合理的解决方案。

8.1 电梯电力拖动系统概述

8.1.1 电梯电力拖动系统的组成及作用

电梯电力拖动系统由曳引电动机、电动机调速装置、速度反馈装置、供电系统组成，如图 8-1 所示。

电梯电力拖动系统为电梯运行提供动力，主要对电梯实行速度控制，在电梯电气控制系统的控制下，对电动机进行精准控制，完成轿厢的上下、起动、加速运行、匀速运行、减速运行、平层停车等，它决定着电梯的运行速度、舒适感、平层精度等。

电梯的 2 个独立的拖动系统：
1）曳引电动机拖动系统，驱动轿厢的上下运动。
2）门机拖动系统，驱动电梯门机的运动，实现电梯的轿门及层门的开启与关闭。

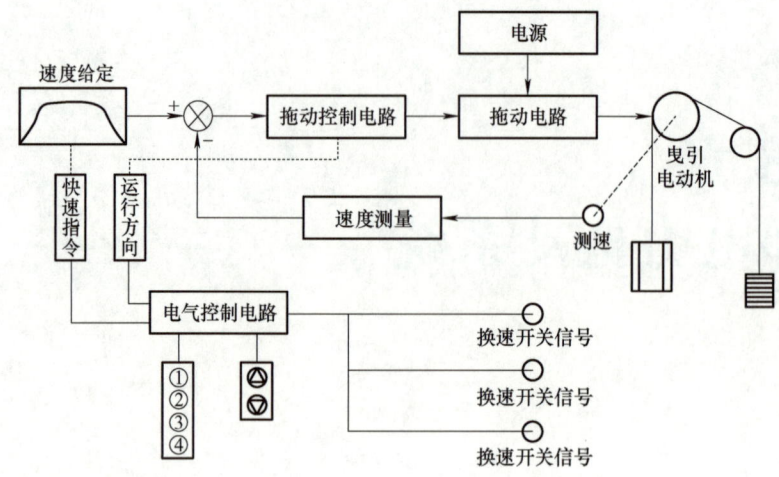

图 8-1 电梯电力拖动系统的组成及作用示意图

8.1.2 电梯电力拖动系统的分类及特点

电梯电力拖动系统按照电源形式可分为直流拖动系统和交流拖动系统。

1. 直流拖动系统

（1）由发电机组构成的晶闸管励磁发电机－电动机驱动系统　这种系统通过调节发电机的励磁来改变直流电动机的输入电压，以此调节电动机的转速。这种系统结构复杂、耗电量大、维修麻烦、效率很低，已被淘汰。

（2）晶闸管直接供电的晶闸管－电动机系统　这种系统采用晶闸管把交流电直接整流、滤波、稳压，变成可控的直流电供给直流电动机，以此调节电动机的转速。这种系统省去了发电机组，结构紧凑，但需要大功率半导体器件的支持。

直流拖动系统具有调速性能好、调速范围大的特点，因此，电梯具有速度平稳、起动和制动控制容易实现、平层准确度高、舒适感好等优点，多用于速度较高的电梯。

2. 交流拖动系统

由于交流感应电动机转速 n 的计算公式为

$$n = \frac{60f}{p}(1-s)$$

因此，交流电动机调速实现途径为：①改变极对数 p；②改变电源的频率 f；③改变转差率 s。

根据调速方式的不同，交流拖动系统分为以下三类：

（1）交流变极调速电力拖动系统（改变极对数调速）　如图 8-2 所示，这种系统采用双速或多速电动机做动力，需要调速时改变电动机极对数（类似汽车换挡），使用接触器直接控制电动机，起、制动时在回路中串接电阻或电抗器，限制电流改善运行冲击。这种系统大多采用开环方式控制，电路比较简单、成本低廉、维修方便，但电梯的舒适感和平层精度不佳，一般用于 1.0m/s 以下的低速电梯，20 世纪 90 年代后逐渐被淘汰。

（2）交流调压（ACVV）调速电力拖动系统（改变转差率调速）　如图 8-3 所示，这种系统采用双速或带有涡流制动器的电动机，高速绕组电动运行，低速绕组或涡流制动器直流制动，晶闸管闭环或半闭环控制，有较好的运行舒适感，平层精度比较高，优于交流变极调速电梯，适用于中速电梯。但其能耗较大、电动机发热量较高，所以电动机配有温度保护装置。随着变频技术的出现，其属于淘汰性产品。

图 8-2　改变极对数调速的曳引机

图 8-3　交流调压调速曳引电动机（带强制风冷）

（3）交流变频变压（VVVF）调速电力拖动系统（改变电源频率调速）　这种系统采用单速电动机作为动力，使用电力半导体元件供电，对供电电压和频率进行调节，改变电动机转速（属于无级调速）。其调速性能可达到直流电动机的水平，运行舒适感好、平层精度高、可提供能量反馈装置、节能环保，是发展的必然。随着变频器的大量应用，其造价逐渐降低。

交流变频变压调速电力拖动系统适用于各种高速电梯，在高速电梯上优势更明显，是当前较为理想的电力拖动系统，已经逐渐淘汰其他电梯电力拖动系统，成为当前市场的主流。电梯电力拖动系统的分类见表 8-1。

表 8-1　电梯电力拖动系统的分类

电力拖动系统	特点	备注
交流变极调速系统	交流感应电动机要获得两种或三种的转速，由于其转速与其极对数成反比，因此变速的最简单方法只要改变电动机定子绕组的极对数就可改变电动机的同步转速。这种系统大多采用开环方式控制，电路比较简单，造价较低，但由于乘坐舒适感较差，这种系统一般只用于额定速度不大于 1m/s 的电梯	目前已经被淘汰
交流调压（ACVV）调速系统	这种系统采用晶闸管闭路调速，其制动减速可采用涡流制动、能耗制动、反接制动等方式，使得所控制的电梯乘坐舒适感好，平层准确度高，明显优于交流双速拖动系统，多用于速度为 2m/s 的电梯	部分存量电梯使用，基本被淘汰
交流变频变压（VVVF）调速系统	变频调速通过改变交流感应电动机供电电源的频率而调节电动机的同步转速，也就是改变施加于电动机进线端的电压和电源频率来调节电动机转速。目前，VVVF 控制技术得到了迅速发展，利用这种系统的电梯速度可达 20m/s，其调速性能已经达到直流电动机的水平，具有节能、效率高、驱动控制设备体积小、质量小和乘坐舒适感好等优点	当前已经取代其他电力拖动系统，成为电梯的主流电力拖动系统
直流拖动系统	直流电动机具有调速性能好、调速范围大的特点，因此这种系统具有速度快、舒适感好、平层精度高的优点，常用于高速电梯。但是相对于交流变频变压调速系统来说，其节能性差，使用成本较高	由于 VVVF 技术的发展，逐渐被交流变频变压调速系统取代

8.2 电梯的速度曲线

8.2.1 电梯的速度曲线概述

电梯在运行时，对其拖动系统来说，伴随着频繁的起动加速和制动减速过程，首先要考虑的是运行效率，即运行速度；其次，电梯是垂直升降的运输设备，与乘坐水平方向运动的交通工具相比，乘客对电梯运行速度的变化显得更为敏感，因此，电梯的拖动系统要综合考虑电梯的运行速度和速度变化率，研究电梯的理想速度曲线，并合理选择速度曲线。

8.2.2 常见的速度曲线

下面对几种常见的速度曲线进行分析。

1. 三角形速度曲线

如图 8-4 所示，电梯从停止状态开始以加速度起动加速，当匀加速到最大运行速度时，再以匀减速运行，直到零速停靠。

最大速度为

$$v_m = a_m t_m = \frac{1}{2} a_m T$$

三角形速度曲线的加速度不是平滑变化而是发生突变的，其加速度变化率的瞬间为无穷大，会使乘客产生不适感。

2. 梯形速度曲线

如图 8-5 所示，电梯以加速度起动加速，当匀加速运动到 t_{a1} 时，达到最大运行速度，再以匀速运行到 t_{a2}，然后再以匀减速运行，直到零速停靠。

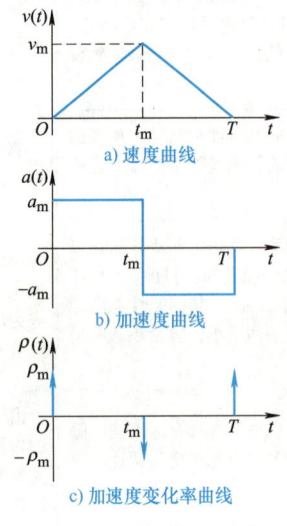

图 8-4 三角形速度曲线

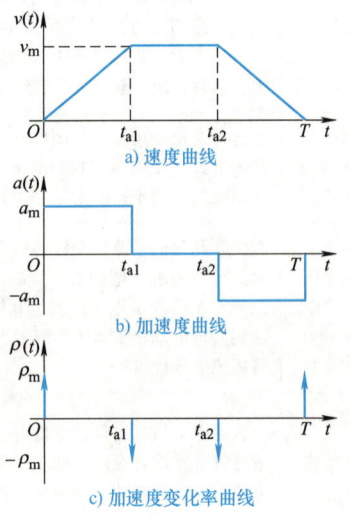

图 8-5 梯形速度曲线

加速度变化率在加、减速过程的开始时和结束时趋向无穷大,而在其余时间均为零。

电梯以梯形速度曲线运行时,它的加速度不是平滑变化而是阶跃突变的,在突变时其加速度变化率会瞬时变为无穷大,会使乘客产生不适感。

与三角形速度曲线相比,当运行距离一定时,梯形速度曲线的运行效率降低,但是舒适度有所提高。

3. 抛物线－直线形速度曲线

1)变加速运行抛物线段,加速度由零逐渐线性增大。
2)加速度达到最大值,此后进入匀加速运行段。
3)加速度的变化开始减小,变减速。
4)匀速运行段。
5)制动减速段,其运行过程与起动加速段对称。由起动加速到制动减速停车,总时间为 T。

如图 8-6 所示,抛物线－直线形速度曲线的特点如下:

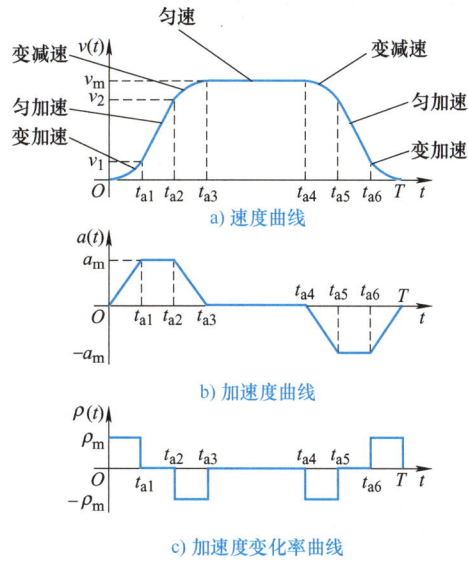

图 8-6 抛物线－直线形速度曲线

1)加速度曲线为梯形曲线。
2)加速度变化率没有出现瞬时变为无穷大的情况。

与前两种速度曲线相比,电梯以抛物线－直线形速度曲线的给定速度运行时,具有较好的舒适性。

当运行距离、最大运行速度、最大加速度和加速度变化率一定时,加速度变化率越大,则运行时间就越小。

在一定范围内增加最大加速度,也会使运行时间减小;且最大运行速度越大,则最大加速度对运行时间的影响越大。

对于高速电梯,适当增加最大加速度和加速度变化率值,对高速运行效率有利,但是必须考虑满足舒适感的要求。因此,在电梯运行时,最大加速度和加速度变化率不应超过规定的最大极限值。

抛物线－直线形速度曲线只要控制好最大加速度和加速度变化率，就是一种理想的速度曲线。

4. 抛物线形速度曲线

如图 8-7 所示，对于抛物线形速度曲线，当最大速度值较大时，其加速度最大值也必然增大。

抛物线形速度曲线克服了梯形速度曲线的缺点，光滑度好，无拐点，改善了电梯运行的舒适感，但在高速和超高速电梯的运行中，若起、制动速度曲线仅为抛物线形，则运行效率太低。

抛物线形速度曲线因其起动和减速时运行效率较低，不适合在高速和超高速电梯中使用。

5. 正弦速度曲线

如图 8-8 所示，在变加速运行段，加速度变化率不再是恒值，使乘坐舒适感得到改善。正弦速度曲线也是一种理想的速度给定曲线。

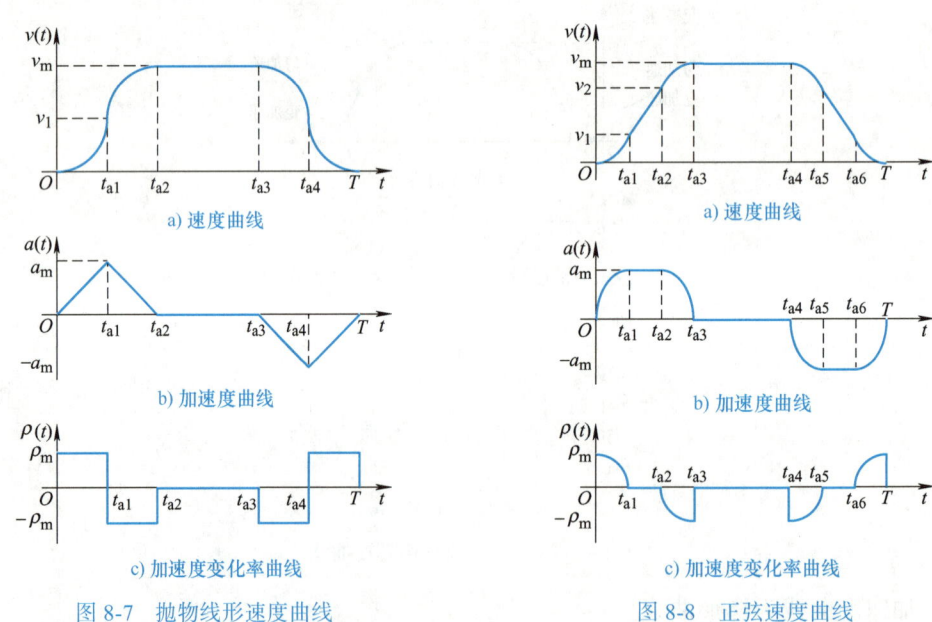

图 8-7　抛物线形速度曲线　　　　图 8-8　正弦速度曲线

8.3　电梯交流变频变压调速电力拖动系统

8.3.1　交流变频变压调速工作原理

由于电梯的其他电力拖动系统随着变频调速技术的出现逐渐被淘汰，此处不再进行介绍，现对当前主流的交流变频变压（VVVF）调速电力拖动系统的工作原理进行简要介绍。

由式（8-1）可知，若均匀改变交流感应电动机定子供电频率 f，则可平滑地改变电动机的同步转速。

为了保持调速时电动机的最大转矩不变，需要维持磁通恒定，要求定子供电电压要做相应调节。

对于电动机的变频器一般都要求兼有调压和调频两种功能。变频变压调速就是通过改变交流感应电动机供电电源的频率而调节电动机的同步转速，使转速实现无级调节。

VVVF 调速范围较大，是交流电动机较合理的调速方法。

通过改变施加于电动机进线端的电压和电源频率来调节电动机的转速，使用变频器进行调速的电梯称为 VVVF 型电梯。

8.3.2 交流变频变压调速系统的基本组成

VVVF 驱动控制系统由三个单元组成，如图 8-9 所示。

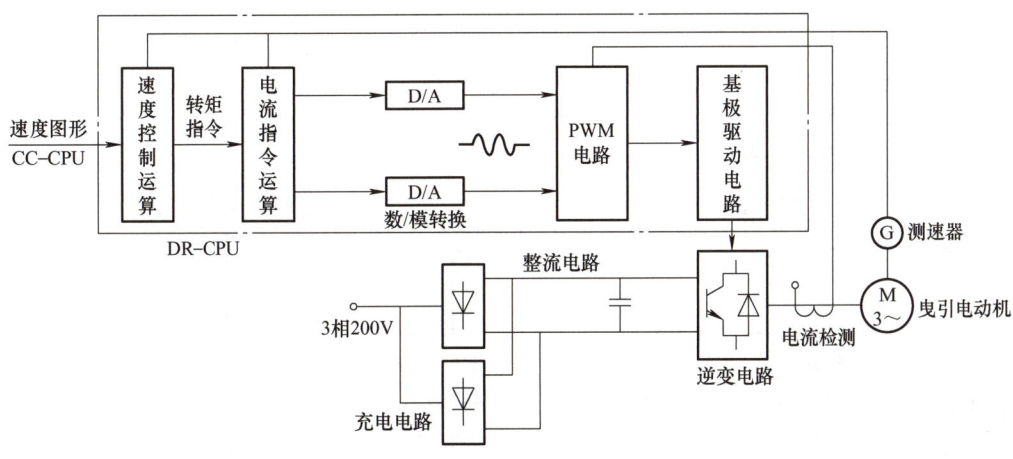

图 8-9 VVVF 驱动控制系统

第一单元：根据来自速度控制运算部分的转矩指令信号，对应供给电动机的电流进行运算，产生电流指令运算信号。

第二单元：将经数/模转换后的电流指令和实际流向电动机的电流进行比较，从而控制主回路转换器的 PWM（脉冲宽度调制）电路。

第三单元：将来自 PWM 电路的指令电流供给电动机的主回路控制部分。

VVVF 驱动主回路如图 8-10 所示，其构成部分：①将三相交流电变换成直流的整流器部分；②平滑直流电压的电解电容器；③电动机制动时，再生发电的处理装置以及将直流转变成交流的大功率逆变器部分。

如图 8-11 所示，当电梯减速时以及电梯在较重的负荷下（如空载上行或重载下行）运行时，电动机将有再生电能返回逆变器，然后用电阻将其消耗——电阻耗能式再生电处理装置。

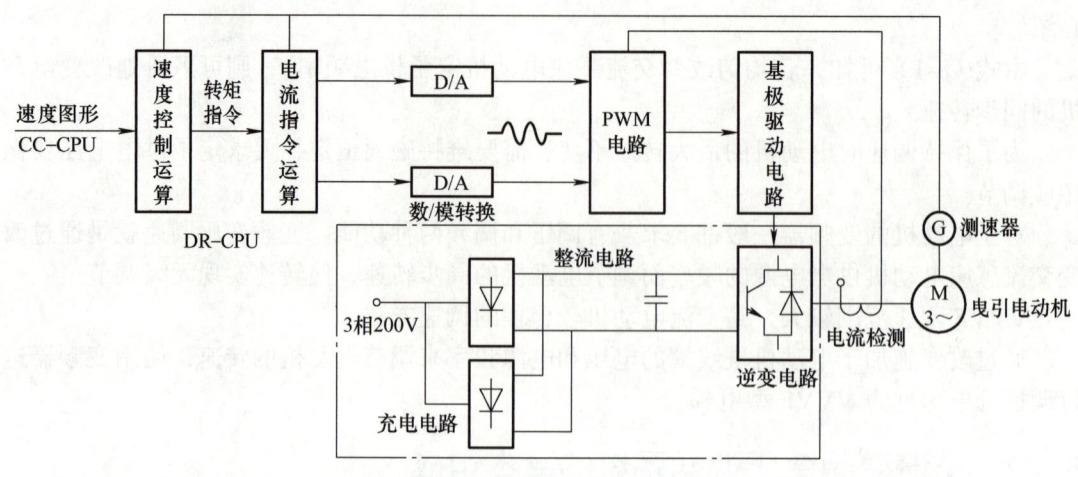

图 8-10 VVVF 驱动主回路

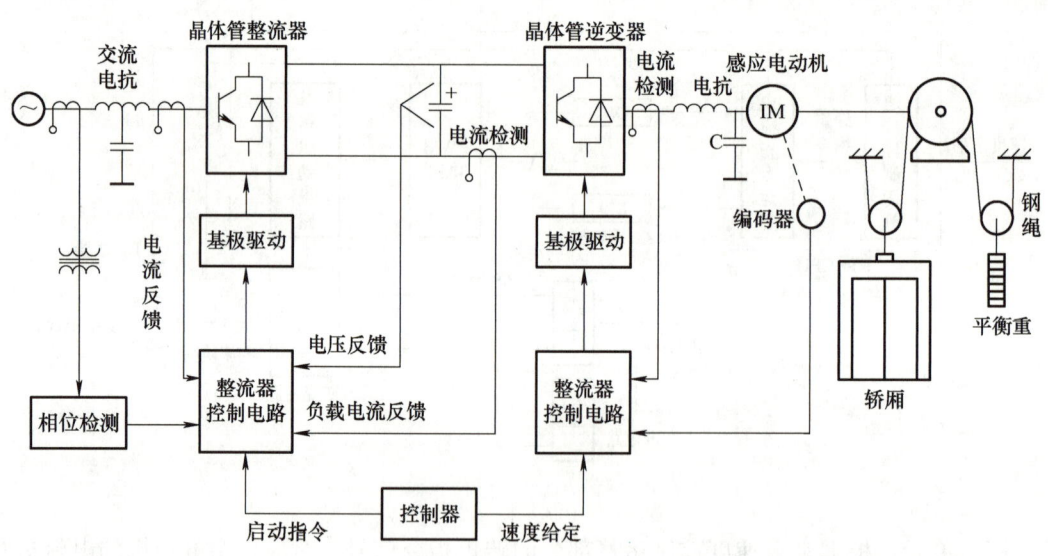

图 8-11 高速电梯用的 VVVF 控制装置原理图

如图 8-12 所示,三相交流电压晶体管整流器及输入侧的交流电抗器变换成直流电压,晶体管逆变器再将它变换成可变压变频的三相交流电压,供电给驱动用感应电动机。整流器和逆变器均采用高压大容量的大功率晶体管模块,由于采用正弦波输出脉冲宽度调制(SPWM),输入电流和输出电流均为正弦波。

图中 ASR 为自动速度调节器,ACR 为自动电流调节器,TA 为电流转换器,L1、L2 为电抗器。

实际使用的逆变器能控制满量程,电动机的转矩脉动动量包括了 1Hz 或 1Hz 以下的频率范围,使电梯乘坐舒适,平层精度好。

为了减小电动机的电磁噪声,大功率变换器还需用高频载波器控制。

第 8 章 电梯电力拖动系统

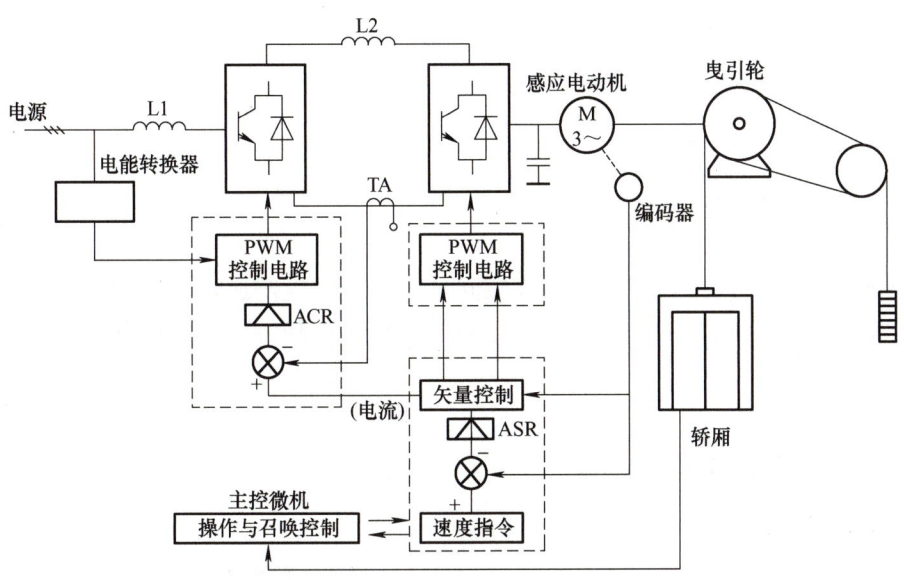

图 8-12 有逆变器及矢量系统的高速 VVVF 型电梯拖动系统原理图

8.3.3 采用 VVVF 调速系统电梯的运行工作原理

如图 8-13 所示，电梯的电气控制系统（通常为电梯的控制微机）通过向电梯的变频变压系统（通常为变频器的控制单元）发送速度、方向信号，变频变压调速系统（通常为变频器的驱动单元）根据信号改变输入的三相交流动力电源的电压及频率后输出给电动机使用，控制电动机的运行方向和速度，从而控制电梯轿厢的运行方向及运行速度。同时，速度测量装置（通常为旋转编码器）及时监测电动机的运行方向、速度和旋转角度，向电梯的拖动控制处理器发出电动机运行状态反馈信号，电梯的拖动控制处理器对反馈信号进行处理，及时调整电动机的运行状态。

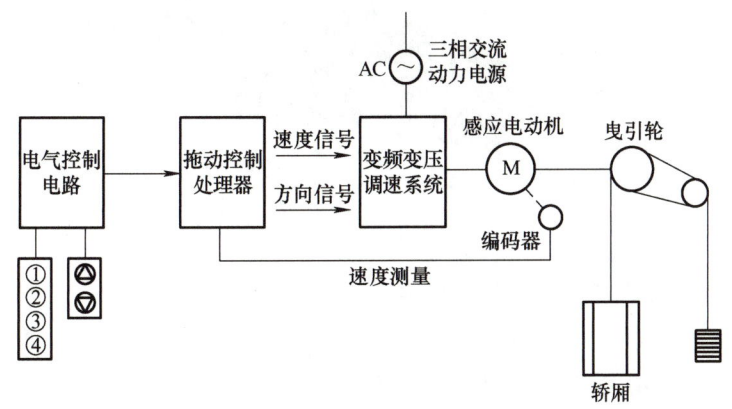

图 8-13 采用 VVVF 调速系统电梯的运行工作原理图

8.4　VVVF 调速系统的主要部件

8.4.1　驱动曳引电动机

随着永磁同步电动机的产业化，永磁同步电动机的生产成本越来越低，当前，电梯行业以永磁同步电动机作为动力电动机已经是一种主流趋势。此处重点介绍永磁同步电动机。

1. 曳引电动机结构

1）外转子结构如图 8-14 所示。

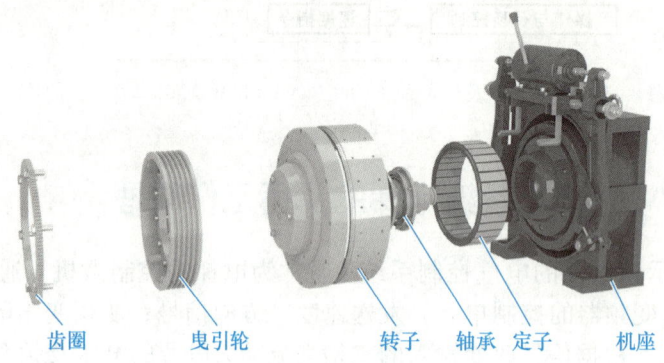

图 8-14　典型的外转子结构驱动电动机

2）内转子结构如图 8-15 所示。

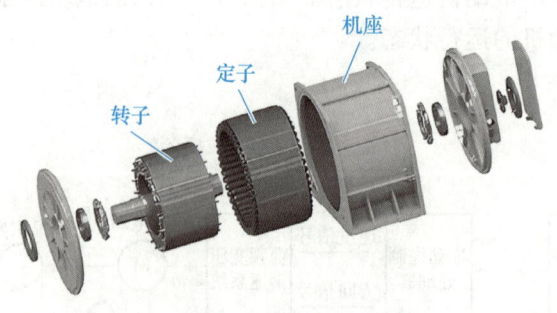

图 8-15　典型的内转子结构驱动电动机

2. 永磁同步曳引电动机的结构及工作原理

永磁同步曳引电动机一般由机座、定子、转子三大部分组成，装置永磁体的为转子，绕组部分为定子。电梯用永磁同步曳引电动机多数为外转子结构。

永磁同步电动机的定子为三相对称绕组，转子上有钕铁硼稀土永磁体，经变频器输出的三相正弦波交流电压进入定子绕组后产生对称的三相正弦波电流，并在气隙中产生旋转磁场,这个磁场与已充磁的磁极作用,驱动转子与旋转磁场同步旋转并力图使定子、转子磁场轴线对齐。

3. 永磁同步曳引电动机的优点

1)结构简单、运行可靠,电动机转子不需要励磁,省去了线圈或笼型绕组,简化了结构,实现了无刷、减少了故障、维修方便简单。

2)高效率、节能。其传动效率高,可达94%～96%,满载起动电流减少一半,所以节能效果明显。据实际使用后测试,其可节能30%以上,同时轻载电流小,只相当于感应电动机的10%左右。

3)调速范围宽,可达1∶1000甚至更宽（感应电动机只有1∶100）,调速精度高,大大提高了电梯的运行品质。

4)能在额定转速内保持恒转矩,提高了电梯的运行稳定性,可以做到给定速度曲线与运动曲线重合,特别是电动机在低频、低压、低速时可提供足够的转矩,避免电梯在起动缓速过程发生抖动,有效改善了电梯制动过程的舒适感。

5)电动机满载起动运行时电流不超过额定电流的1.5倍,配置的变频器无须提高功率配置,降低了变频器的成本。

6)永磁同步电动机的反电动势可以设计成正弦波,实现了低损耗、低振动、低噪声,符合环保的要求。

7)采用永磁同步电动机作为曳引电动机的电梯,若因制动器失效而发生电梯轿厢和对重处于自由状态时,由于永磁同步电动机的结构及永磁体的作用,使轿厢或对重可能发生的溜车速度大大降低,引发的事故损失也相对减小。

8.4.2 变频器

1. 变频器认知

电梯电力拖动系统的核心作用是对电梯曳引电动机进行调速,当前VVVF调速系统的主要方式是改变输入曳引电动机的电源频率进行调速,而改变电源频率的设备就是变频器,如图8-16所示。随着相关技术的发展,电梯用变频器已与电梯专用控制器高度集成一体化了,简称一体化控制器。

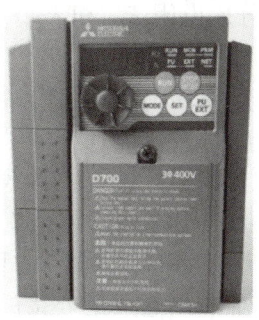
a) 独立变频器

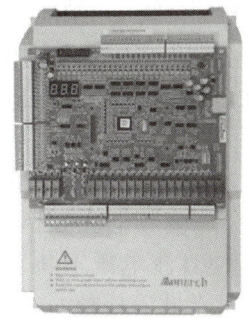
b) 一体化控制器

图 8-16 不同类型的变频器

2. 变频器的种类

（1）交－交型变频器　其输入是交流，输出也是交流，将工频交流电直接转换成频率、电压均可控制的交流电，又称直接变频器。由于电梯基本不使用此种变频器，此处不赘述。

（2）交－直－交型变频器　其输入是交流电，变成直流电再变成另外一种频率的交流电输出，将工频交流电通过整流变成直流电，然后再把直流电变成频率、电压均可控的交流电，又称为间接变频器。

3. 交－直－交型变频器的主电路

下面对在电梯上使用比较广泛的交－直－交型变频器进行介绍，其主电路如图 8-17 所示。

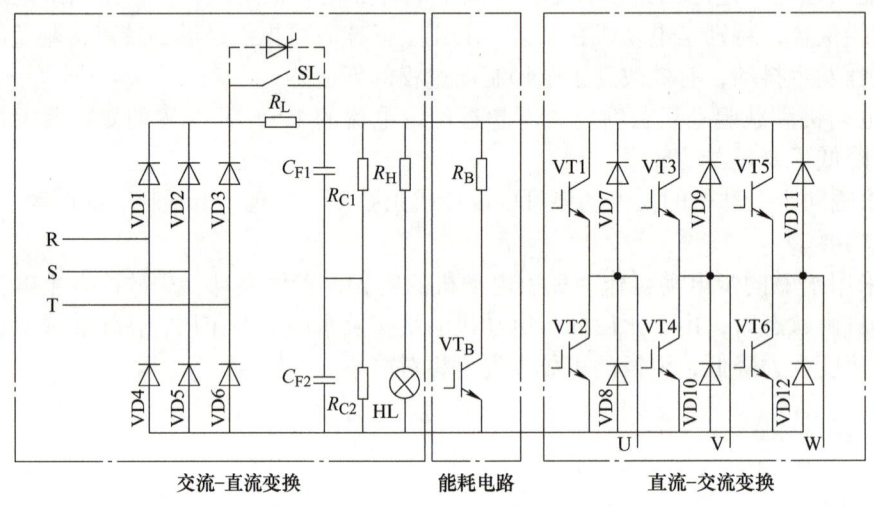

图 8-17　交－直－交型变频器的主电路

（1）交流－直流变换部分　VD1～VD6 组成三相整流桥，将交流变换为直流。滤波电容器 C_{F1} 和 C_{F2} 的作用是滤除全波整流后的电压纹波及负载变化引起的电压波动，使直流电压保持平衡。因为受电容量和耐压的限制，滤波电路通常由若干个电容器并联成一组，又由两个电容器组串联而成（如图 8-17 中的 C_{F1} 和 C_{F2}）。由于两组电容特性不可能完全相同，在每组电容组上并联一个阻值相等的分压电阻 R_{C1} 和 R_{C2}。变频器刚合闸瞬间冲击电流比较大，在合闸后的一段时间内用 R_L 限制冲击电流，将电容 C_F 的充电电流限制在一定范围内。开关 SL 的作用是当 C_F 充电到一定电压，SL 闭合，将 R_L 短路。一些变频器使用晶闸管代替（如图 8-17 中虚线所示）。电源指示灯 HL 除作为变频器通电指示外，还作为变频器断电后，变频器是否有电的指示（灯灭后才能进行拆线等操作）。

（2）能耗电路部分　变频器在频率下降的过程中将处于再生制动状态，回馈的电能将储存在电容 C_F 中，使直流电压不断上升，甚至达到十分危险的程度。制动电阻 R_B 的作用就是将这部分回馈能量消耗掉。一些变频器中此电阻是外接的，都有外接端子（如 DB+、DB-）。制动单元 V_B 由 GTR（电力晶体管）或 IGBT（绝缘栅双极型晶体管）及其驱动电路构成。其作用是为放电电流 I_B 流经 R_B 提供通路。

(3) 直流－交流变换部分　逆变管 VT1～VT6 组成逆变桥，把 VD1～VD6 整流的直流电逆变为交流电。这是变频器的核心部分。续流二极管 VD7～VD12 的作用是：电动机是感性负载，其电流中有无功分量，为无功电流返回直流电源提供"通道"；频率下降，电动机处于再生制动状态时，再生电流通过 VD7～VD12 整流后返回给直流电路；VT1～VT6 逆变过程中，同一桥臂的两个逆变管不停地处于导通和截止状态。在这个换相过程中，也需要 VD7～VD12 提供通路。

4. 变频器的作用

如图 8-18 所示，变频器的基本作用是在电气控制系统的速度信号作用下，改变输入电动机的三相电的电压及频率（图 8-19），从而改变电动机的转速。

现在的变频器还可以根据控制系统给定的运行方向信号控制电动机的运转方向。例如：当给予高速信号时，电梯快速运行，当给予低速信号时，电梯慢速运行；当给予正转信号时，电梯上行，当给予反转信号时，电梯下行。

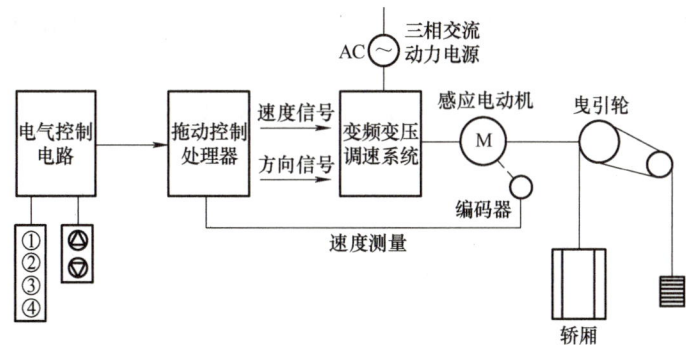

图 8-18　变频器在 VVVF 调速系统中的作用

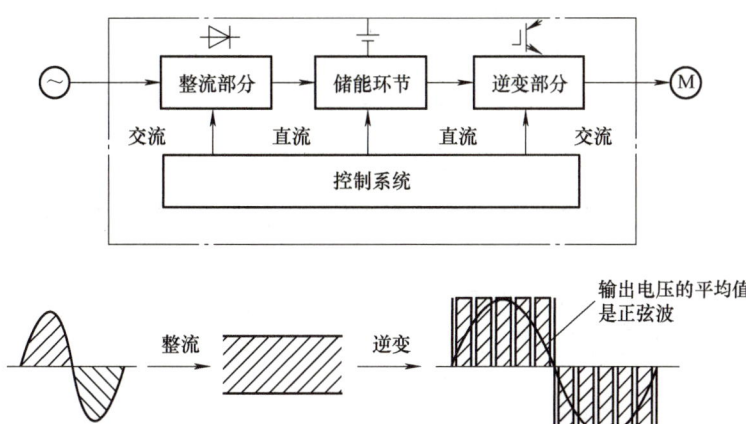

图 8-19　变频器改变三相电供电电压及频率示意图

5. 变频器的保护功能

（1）过电流保护功能

1）过电流的原因。

① 外部故障引起的过电流，如电动机堵转、变频器输出侧短路等。

② 运行过电流，如加速或减速时间过短引起的过电流等。

③ 变频器自身故障引起的过电流。

2）变频器对过电流的处理。变频器将首先根据电流上升的"陡度"来判断是否出现短路或接地，如果是，则立即跳闸；如果不是短路，而属于运行过电流，首先进行自处理，在自处理不能使电流下降的情况下，则跳闸。自处理方法：当电流超过设定值时，变频器首先将工作频率适当降低，到电流低于设定值时，工作频率再逐渐恢复。

（2）过载保护功能　过载保护功能是保护电动机过载的。从根本上说，对电动机进行过载保护的目的，是使电动机不因过热而烧坏。因此，进行过载保护的主要依据是电动机的温升不应超过其额定值。

1）发热保护的反时限特性。电动机的热保护功能应该具有反时限特性，即电动机的运行电流越大，保护动作的时间越短。

2）温升与频率的关系。电动机在低频运行时，若没有外部强迫通风，散热情况将变差。

3）变频器中的电子热保护功能。电子热保护功能的主要特点有：

① 具有反时限特性。

② 在不同的运行频率下有不同的保护曲线，频率越低，允许连续运行的时间越短。

（3）电压保护功能

1）过电压的原因和保护。

① 电源过电压。当电源过电压时，可利用变频器的"自动电压调整"功能，使输出的平均电压维持恒定。但电压太高，电动机侧电压脉冲的幅值过高，对电动机绕组的绝缘不利，必须跳闸，进行保护。

② 降速过电压。即降速过快引起的过电压，变频器将首先进行自处理，如果自处理后电压仍偏高，则跳闸。

2）欠电压的原因及保护。发生欠电压的原因大致有以下几种情况：

① 电源电压过低或缺相。

② 变频器的整流桥损坏。

③ 变频器整流后的限流电阻未切除电路。这是由于和限流电阻并联的晶闸管或继电器发生故障所致。

对于电源欠电压，如果运行频率低于 50Hz，变频器可在一定范围内通过"自动电压调整"功能调整其输出电压。对于其他几种情况，变频器必须跳闸，进行保护。

（4）其他保护功能

1）模块的过热保护。因为逆变模块累计损耗功率较大，是主要的发热器件，因此变频器内部最需要进行过热保护的部件就是逆变模块，变频器内设置了温度检测环节，当温度超过一定值，变频器将跳闸。

2）软件的自检保护。由于变频器软件系统的运算错误有可能导致十分严重的后果，因此变频器对自身的软件具有完善的自检系统，一旦软件运算出错，将立即跳闸。

3）接收外部故障信号的保护。变频器的输入控制端中，有 1～2 个专门接收外部故障信号的端子，拖动系统中任何需要保护的信号，都可以接到该端子上。变频器在接收到外部故障信号时，将立即跳闸，进行保护。

8.4.3 旋转编码器

电梯曳引机在运行过程中，为了确保控制系统对电梯曳引机进行有效控制，电梯必须有相应的装置对电梯曳引机的速度、运行方向、旋转角度进行监控，目前，多数电梯采用的这一监控（反馈）装置就是旋转编码器。

1. 典型旋转编码器

典型旋转编码器如图 8-20 所示。

a) 海德汉1387编码器　　　　b) 编码器的内部结构

图 8-20　典型旋转编码器

2. 旋转编码器的工作原理

旋转编码器的基本组成包括发光管、光电传感器、刻度盘等，如图 8-21 所示。

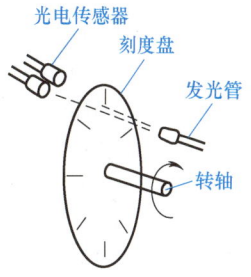

图 8-21　旋转编码器的基本组成

发光管：接通外围电源后，可发光。

光电传感器：控制信号发生电路，当发光管的光线照射到光电传感器上时，可导通信号发生电路，两个光电传感器可控制两个信号发生电路。

刻度盘：也称为码盘，其上均匀刻有定量圆周小孔，刻度盘转轴可安装在电动机转轴上，随电动机一起旋转，当发光管的光线透过刻度盘上的刻度孔照射到光电传感器上时，光电传感器控制的信号发生电路即可发出信号。

如图 8-22 所示，编码器的编码盘（刻度盘）安装在电动机转轴上，随电动机转轴一起旋转，发光元件可透过编码盘上的刻度孔照射在两个感光元件（光敏元件）上，感光元件控制电路发出如图 8-22 所示的两路脉冲信号，分别为 A 相和 B 相信号，将这两相信号输入控制器的计数器中，控制器通过读取计数器的数量，即可计算电动机旋转的角度；控制器采集并计算计数器的计数速度，便可计算电动机的旋转速度；电动机的旋转方向不同，则 A 相和 B 相信号产生的顺序不同，控制器可通过比较这两相信号的时序关系来确定码盘的旋转方向，即电动机的方向。因此，旋转编码器用于电梯上有如下作用：

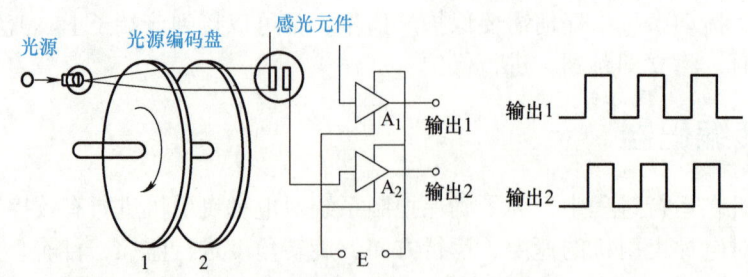

图 8-22　旋转编码器的工作原理示意图

1) 检测曳引机的转速——轿厢运行速度。
2) 检测曳引机的旋转角度——轿厢的位置。
3) 检测曳引机的转向——轿厢上下运行方向。

3. 旋转编码器种类

（1）按码盘的刻孔方式不同分类

1) 增量型：就是每转过单位角度就发出一个脉冲信号（也有发出正余弦信号，然后对其进行细分，斩波出频率更高的脉冲），通常为 A 相、B 相、Z 相输出，A 相、B 相为相互延迟 1/4 周期的脉冲输出，根据延迟关系可以区别正反转，而且通过取 A 相、B 相的上升沿和下降沿可以进行 2 或 4 倍频；Z 相为单圈脉冲，即每圈发出一个脉冲。

2) 绝对值型：就是对应一圈，每个基准的角度发出一个唯一与该角度对应二进制的数值，通过外部计圈器件可以进行多个位置的记录和测量。

（2）按信号的输出类型分类　可分为电压输出、集电极开路输出、推拉互补输出和长线驱动输出。

（3）按编码器机械安装形式分类

1) 有轴型：有轴型又可分为夹紧法兰型、同步法兰型和伺服安装型等。
2) 轴套型：轴套型又可分为半空型、全空型和大口径型等。

（4）按编码器工作原理分类　可分为光电式、磁电式和触点电刷式。

8.4.4　电梯的供电系统

1. 常见的供电方式

常见的供电方式有三相三线制、三相四线制、三相五线制、单相三线制，如图 8-23 所示。电梯所采用的是三相五线制，即 TN-S 供电系统。

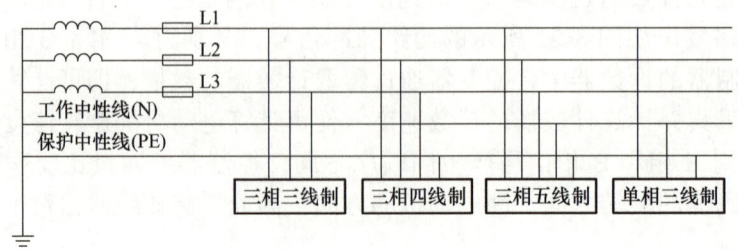

图 8-23　常见的供电方式

2. 电梯供电系统

TN-S 供电系统如图 8-24 所示，电源的中性点接地，负载设备的外露可导电部分通过保护线连接到此接地点的低压配电系统。"T"表示电源中性点直接接地，"N"表示电气设备外壳接零，"S"表示中性线 N 和保护线 PE 分开设置。

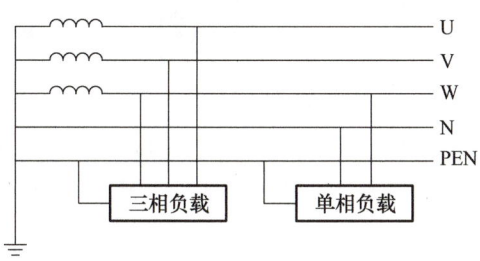

图 8-24　TN-S 供电系统

TN-S 供电系统的中性线 N 和保护线 PE 是分开设置的，所有设备的外壳只与公共的 PE 线相连。在 TN-S 供电系统中，中性线的作用仅仅是用来通过单相负载的电流和三相不平衡电流，所以将其称为工作中性线；对人体触电起保护作用的是 PE 线，所以将其称为保护中性线。

由于工作中性线和保护中性线作用不同，功能各异，所以自电源中性点之后，工作中性线和保护中性线之间以及对地之间均需加以绝缘。

TN-S 供电系统的优点如下：

1）一旦中性线断开，只影响用电设备的正常工作，不会导致在断线点后的设备外壳上出现危险电压。

2）即使负载电流在中性线上产生较大的电位差，与 PE 线相连的设备外壳上仍能保持零电位，不会出现危险电压。

3）由于 PE 线在正常情况下没有电流通过，因此在用电设备之间不会产生电磁干扰。

3. 保护地线的作用

1）提供设备与接地体之间的低阻抗连接，由此也降低了人身遭受电击伤害的风险。

2）给接地故障电流提供返回电源的低阻抗通路，使熔断器或断路器得以动作。

4. 电梯供电的基本要求

1）电梯应使用独立的三相五线制电源，由配电间到达电梯机房。

2）电源的稳定性高，输出参数的波动范围不超过 ±7%。

3）照明电源与动力电源分开的电梯的主电源箱如图 8-25 所示。紧急情况下，使用后备电池进行紧急照明和通话。

4）每台电梯都应装设一个能切断该台电梯电路的主开关，开关容量应稍大于所有电路的总容量，并具有切断正常情况下最大电流的能力。开关具有稳定的断开和闭合位置，在断开位置能锁住。

5）各台电梯配电柜必须有与曳引机、控制柜对应的明显标识。

电梯结构与原理

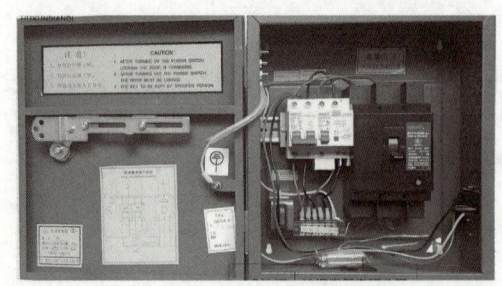

图 8-25　照明电源与动力电源分开的电梯主电源箱

6）主开关不能切断照明电路、通风、报警、插座，相应开关应装设在主开关附近。

7）漏电保护开关不能应用在变频调速电梯中，否则开关易发生错误动作。

8.5　本章习题

一、判断题

1. 电梯的速度曲线对电梯运行的舒适感没有影响，仅影响平层精度。（　　）
2. 电梯的电力拖动系统主要用来对电梯实行速度控制。（　　）
3. 对于高速电梯，适当增加最大加速度，会使运行时间减少。（　　）
4. 为了保证电动机调速时电动机的最大转矩不变，要求供电电压调频的同时必须进行调压。（　　）
5. 电动机有两种工作状态，即拖动状态和制动状态。（　　）
6. 抛物线形速度曲线不适合在低速电梯中使用。（　　）
7. 随着VVVF拖动技术的出现，电梯的直流拖动系统基本上被淘汰。（　　）
8. 直流拖动系统的最大问题是结构复杂、能耗大。（　　）
9. 电梯曳引电动机仅采用外转子结构。（　　）
10. 旋转编码器可以检测电动机的速度。（　　）

二、填空题

1. 电梯的电力拖动系统由_____、_____、_____、_____组成。
2. 电梯的两个独立拖动系统是_____、_____。
3. 电力拖动系统按照电源形式可分为_____和_____拖动系统。
4. 交流电动机调试的实现途径有_____、_____、_____。
5. 变频器按照电源转换形式分为_____、_____两种。

三、多选题

1. 电力拖动系统影响（　　）。
   A. 电梯的舒适感　　B. 平层精度　　C. 最高运行速度　　D. 以上都不影响

2. 较为理想的电梯速度曲线是（　　）。
　A. 三角形速度曲线　　　　　　　　　B. 梯形速度曲线
　C. 正弦速度曲线　　　　　　　　　　D. 抛物线－直线形速度曲线
3. 电梯的电力拖动系统分为（　　）。
　A. 直流电力拖动系统　　　　　　　　B. 交流变极调速电力拖动系统
　C. 交流变压电力拖动系统　　　　　　D. 交流变频变压电力拖动系统
4. 旋转编码器的主要作用是（　　）。
　A. 检测电动机的速度　　　　　　　　B. 检测电动机的运转方向
　C. 检测电动机的旋转角度　　　　　　D. 检测电动机的温度
5. 电动机的主要组成部件是（　　）。
　A. 定子　　　　　　B. 机座　　　　　C. 转子　　　　　D. 盘车轮

四、简答题

1. 请简述变频器的作用。
2. 当变频器驱动的电动机过电流时，变频器将如何处理？
3. 请简述保护地线的作用。

第 9 章
电梯电气控制系统

电梯电气控制系统

【学习目标】

1) 了解电梯电气控制系统的主要组成及作用。
2) 了解现代电梯的控制方式。
3) 知晓电梯的常见功能。
4) 知晓电梯的运行条件,并判断影响电梯运行的故障因素。
5) 理解电梯电气控制系统主要部件的工作原理并能合理分析常见故障。
6) 能根据电梯电气控制系统的工作原理及作用进行电梯的运行分析,逐步判断电梯运行控制过程中可能产生的故障并提出合理的解决方案。

9.1 电梯电气控制系统概述

9.1.1 电梯电气控制系统的组成及作用

1. 电梯电气控制系统的组成

电梯电气控制系统主要由逻辑控制装置、操纵装置、平层装置和位置显示装置及随行电缆、接线盒等其他分散安装在电梯各部位的电气零部件组成。

1) 逻辑控制装置是根据电梯的运行逻辑功能的要求来控制电梯的运行的,它通常设置在机房中。
2) 操纵装置包括轿厢内的按钮箱、层门门口的召唤按钮箱、轿顶和机房的检修盒,用来操纵电梯的运行。
3) 平层装置用于发出平层控制信号,使电梯轿厢准确平层的控制装置。
4) 位置显示装置用来显示电梯轿厢所在楼层位置(通常与运行方向指示装置一起)。

轿内、厅外或机房设置位置显示装置,箭头显示电梯的运行方向。

2. 电梯电气控制系统的作用

如图 9-1 所示,电梯电气控制系统主要以逻辑控制器件(电梯微机控制器)为中心,通过接收并处理电梯运行逻辑控制装置外围的各类施控信号,实现对两大独立电力拖动系统(曳引电动机拖动系统和门机拖动系统)的精准控制。该系统可有效调控电梯曳引系统的起停、加减速、及运行方向,同时实现门机系统的开关门动作,进而保障电梯的自动运行。此外该系统还负责对电梯的指层显示、层站召唤、轿厢内指令、安全保护指令进行信号处理,完成电梯的操控、运行状态显示等功能。

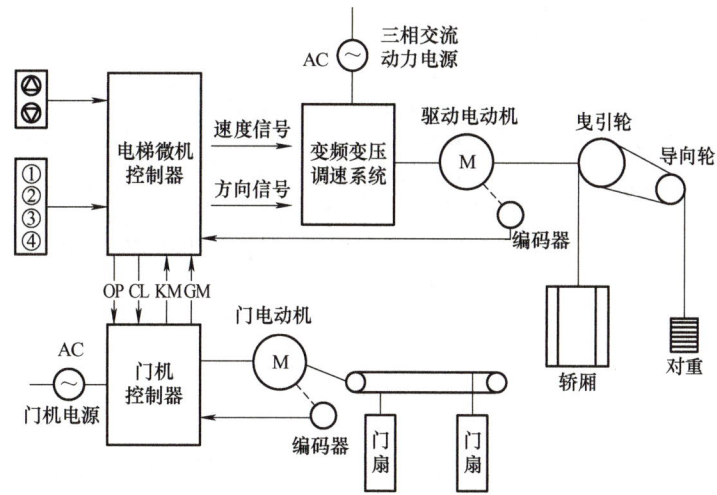

图 9-1 电梯电气控制系统示意图

9.1.2 电梯电气控制系统的分类

1. 按电梯电气控制的实现方法分类

1)继电器电梯控制。
2)半导体逻辑控制系统控制。
3)可编程序控制器(PLC)控制。
4)微机控制。
5)多微机控制。

随着电梯技术的发展,继电器、半导体逻辑控制系统、可编程序控制器(PLC)等控制方式逐步被淘汰,当前电梯的主流控制多采用微机、多微机控制方式,如图 9-2 所示。

2. 按控制方法分类

1)轿内手柄开关控制:司机控制轿内操纵箱的手柄开关控制电梯运行。
2)轿内按钮开关控制:司机控制轿内操纵箱的按钮控制电梯运行。
3)轿内按钮开关控制:乘梯人员控制外召唤箱或轿内操纵箱的按钮。
4)轿外按钮开关控制:乘梯人员控制层门外操纵箱的按钮。

电梯结构与原理

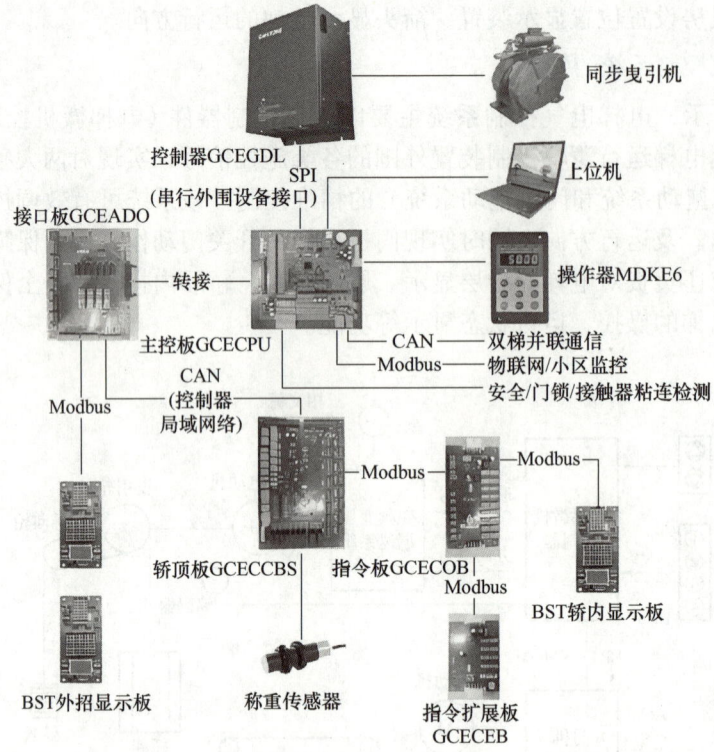

图 9-2 默纳克电梯多微机控制系统示意图

5）信号控制：将层门外召唤箱发出的外指令信号、轿内操纵箱发出的内指令信号和其他专用信号等加以综合分析判断后，由专职司机控制电梯运行。

6）集选控制：将层门外召唤箱发出的外指令信号、轿内操纵箱发出的内指令信号和其他专用信号等加以综合分析判断后，由司机或乘梯人员控制电梯。

7）并联控制：两台电梯共用厅外召唤信号，两台电梯控制系统交换信息，调配和确定两台电梯的起动、向上或向下运行。

8）群控电梯：对集中排列的多台电梯，共用厅外的召唤信号，由微机按规定顺序自动调配，确定其运行状态。

3. 按电梯的用途分类

1）载货梯电气控制系统：常采用轿内手柄开关控制和轿内按钮开关控制。

2）杂物梯电气控制系统：其运送对象主要是图书、饭菜、杂物等货品，这类电梯不能用于运送乘客，因此控制电梯上下运行的操纵箱不能设置在轿内，只能在厅外控制电梯的上下运行，常采用轿外按钮开关控制。

3）乘客或病床梯电气控制系统：装在多层站、客流量大的宾馆、医院、饭店、写字楼和住宅楼里，常采用信号控制、集选控制、并联控制群控方式。

4. 按驱动系统的类别和控制方式分类

1）交流双速变极调速拖动、轿内手柄开关控制。

2）交流双速、轿内按钮开关控制。

3）交流双速、轿外按钮开关控制。
4）交流双速、信号控制。
5）交流双速、集选控制。
6）交流调压调速拖动、集选控制。
7）直流电动机拖动、集选控制。
8）交流调频调压调速拖动、集选控制。
9）交流调频调压调速拖动、并联/群控控制。
10）永磁同步电动机拖动、集选控制/并联/群控控制。

5. 按运行管理方式分类

1）有专职司机（有司机）控制系统：轿内手柄开关控制电梯的电气控制系统、轿内按钮开关控制电梯的电气控制系统、信号控制电梯的电气控制系统都是需要专职司机进行控制的。

2）无专职司机（无司机）控制系统：轿内按钮开关控制电梯的电气控制系统、轿外按钮开关控制电梯的电气控制系统、群控电梯的电气控制系统，都是不需要专职司机进行控制。

3）有/无专职司机（有/无司机）控制系统：集选控制电梯轿内操纵箱上设有有司机、无司机、检修等3个工作状态的钥匙开关，司机可以根据承载任务的忙、闲以及出现故障的情况，用专用钥匙扭动钥匙开关调节其控制模式，选择不同的任务和状态。

9.1.3 电梯电气控制系统的基本要求

不同类型电梯的控制线路虽有所不同，但对控制系统的基本要求是相同的，根据电梯的运行特点，对电梯控制系统有如下要求：

1）安全可靠。
2）能自动平层且平层准确。
3）噪声小，振动小，起、制动平稳，乘坐舒适。
4）控制线路简单，维修方便。
5）自动化程度高，便于维护。
6）有完善的闭锁和保护系统。
7）输送效率高，经济性能好。

9.2 电梯常见电气控制功能

9.2.1 电梯的基本控制功能

1）轿内指令功能：由司机或乘梯人员在轿内控制电梯的运行方向和到达任一层站。
2）厅外呼梯功能：由乘梯人员在厅外呼唤电梯前往该层执行运送任务。

3）减速平层功能：当电梯到达目的层站前的某一位置时，能自动触发减速程序，实现精准平层停靠。

4）选层、定向功能：当电梯接收到若干个轿内、厅外指令时，能根据电梯目前的状态选择最合理的运行方向及停靠层站。

5）指示功能：能在各层厅站及轿内指示电梯当前所处位置，能在某按钮信号被响应时，消去其记忆。

6）保护功能：当电梯出现异常情况如超速、断绳、越限、运行中开门、过载等现象时，控制电梯停车或不能开动。

7）检修功能：电梯应设置检修开关、检修主令元件，便于检修人员在机房、轿顶或轿内独立控制电梯以检修方式运行。

除上述基本功能外，不同类型电梯的逻辑控制系统还有一些特殊功能，如直驶、消防、顺向截梯等。

9.2.2 电梯的控制功能分类

现在各大品牌电梯的控制功能一般分为标准功能、选配功能和非标功能三大类。

标准功能：指电梯产品的基本控制功能，是电梯系统本身固有的功能，不需要特别选择或说明，也不需要另外追加费用。

选配功能：指电梯产品可供客户选择的控制功能，需要按选择的控制功能的不同而追加费用。

非标功能：指电梯产品中根据客户的需要，而进行特殊的、非标准设计的选择功能，需要追加费用。

9.2.3 电梯常见基本控制功能

1. 常规运行相关功能（见表 9-1）

表 9-1 电梯常规运行相关功能

功能名称	功能描述
全集选运行功能	自动运行或司机状态，电梯在运行过程中，响应轿内召唤的同时，自动响应厅外召唤按钮信号，任何服务层的乘客，都可通过登记上下按钮信号召唤电梯
服务楼层	标准机支持 40 层服务。通过非标改制可向上扩展更多服务楼层
开门时间设定功能	系统自动判别召唤开门、指令开门、保护开门、延时开门等不同的状态，按照设定时间进行不同的开门保持时间
开门保持延时功能	在自动运行状态下，在轿厢内按开门保持延时按钮，电梯延时关门，方便货物运输等需求
门服务层设置	系统可根据需要分别选择每个门所需要服务的楼层
关门按钮提前关门	自动运行状态，处于开门保持时，可以通过关门按钮提前关门，提高效率
楼层显示设置	系统允许每一层使用数字以及字母的任意排列组合显示，方便特殊状况使用
光幕信号自诊断	在关门过程中，当门的中间有异物阻挡时，光幕保护动作，电梯转为开门。但光幕保护在消防操作时不起作用

（续）

功能名称	功能描述
辅操纵箱功能	在有主操纵箱的同时，还可选配辅操纵箱。辅操纵箱和主操纵箱的操作功能相同
前后门独立控制功能	当轿厢有两个门时，可根据用户的具体需求实现对两个门的自动控制
重复关门功能	电梯持续关门一定时间后，若门锁尚未闭合，则电梯自动开门，然后重复关门
指令独立功能	当配置主、辅操纵箱时，可以配置辅操纵箱为后门指令或是残障指令输入。自动运行时，系统对主、辅操纵箱上的指令区分响应，独立控制门的开关
语音报站功能	电梯运行过程中自动向乘客播报运行方向及即将到达的层站等信息
自动平层免调试	系统通过楼层脉冲计数、上下平层反馈双重信号处理方法，自动准确平层，真正实现了平层免调试
加速段截车响应	系统允许在电梯加速过程中截车，自动响应相应的服务楼层指令
下集选控制运行功能	在自动状态或司机状态，电梯在运行过程中，在响应轿内指令信号的同时，只响应厅外下召唤按钮信号
空闲返基站功能	在自动运行状态下，当超过设定时间仍无内部指令和层站召唤时，电梯自动返回设定的泊梯基站等候乘客
换站停靠功能	如果电梯在持续开门超过开门保护时间后，开门到位信号仍然无效，电梯就会变成关门状态，并在门关闭后，自动登记下一个层站运行，并提示门异常故障
强迫关门功能	当开通强迫关门功能后，由于光幕或安全触板动作使电梯超过设定时间无法关门时，电梯会进入强迫关门状态，慢速关门，并发出提示音
误指令删除功能	针对轿内呼梯，乘客可以采用连续按动指令按钮两次的方法来取消错登记的指令
服务层设置功能	系统可根据需要灵活选择关闭或激活某个或多个电梯服务楼层
独立运行	电梯不接受外界召唤，手动关门。群控时脱离群控系统独立运行
司机操作运行	进入司机操作，电梯相应的运行操作由司机控制完成
低速自救功能	当电梯处于非检修状态下，且未停在平层区，此时只要符合运行的安全要求，电梯将自动以慢速运行至平层区，然后开门
门控制选择功能	系统根据使用的门机种类的区别，可以灵活设置开门到位、关门到位之后是否持续输出指令的模式
轿厢到站钟	电梯按照乘客的要求到达目的楼层后，从轿顶板发出提示信号
厅外到站预报灯	电梯即将到达目的楼层时，会输出厅外到站预报灯
厅外到站钟	电梯即将到达目的楼层时，会输出厅外到站钟
按钮粘连检查	系统可以识别出厅外召唤按钮的粘连情况，自动去除该粘连的召唤，避免电梯由于外召唤按钮的粘连情况而无法关门运行
起动转矩自动补偿	电梯在运行前，自动根据轿厢当前载重的情况，进行起动补偿，达到平滑起动效果，提高电梯舒适感
直接停靠	以距离为原则，自动运算生成运行曲线，没有爬行，直接停靠平层位置
最佳曲线自动生成	以距离为原则，自动运算出最适合人机功能原理的速度曲线，没有个数的限制，而且不受低楼层的限制
暂停服务输出功能	当电梯无法响应厅外召唤时，相应端子会输出暂停服务信号
运行次数记录	自动运行状态下，电梯可自动记录电梯运行的次数
运行时间记录	电梯可自动记录电梯累计工作小时、累计工作天数等状态

(续)

功能名称	功能描述
门锁异常自动开门	在开关门的过程中,当检测到门锁回路异常时,自动重新开关门,并在设定的开关门次数后,提示故障信息
VIP 服务功能	优先直驶 VIP 目的楼层,为特殊人士提供贵宾服务
残障服务功能	当电梯平层待梯时,如果该楼层有残疾人操纵箱的指令登记,则电梯开门保持时间增加;同样,如果有残疾人操纵箱的开门指令后开门,则开门保持时间也增加
满载直驶	自动运行状态下,当轿内满载时,电梯不响应经过的厅外召唤。但是,厅外召唤仍然可以登记,并在下一次运行时服务(单梯),或是由其他梯服务(并联/群控)
超载保护功能	当电梯内载重量超过额定载重量时(超载条件:超过额定载重量的110%时,进入超载状态),电梯报警,不关门,停止运行
故障数据记录	系统能自动地记录发生故障时的详细信息,提高维保的效率

2. 检修相关基本功能(见表 9-2)

表 9-2　检修相关基本功能

功能名称	功能描述
操纵箱调试	调试人员可通过手持操作器在轿厢内连接系统,调试电梯,提高调试效率
井道自学习功能	系统在首次自动运行前,需要对井道的参数进行自学习。电梯从最低层以检修速度运行到最高层,在运行过程中自动记录井道中的所有位置信号
检修运行	电梯进入检修状态,系统取消自动运行以及自动门的操作,按上(下)行按钮可使电梯以检修速度点动运行
紧急电动运行	电梯进入紧急电动运行状态,系统取消自动运行以及自动门的操作,按上(下)行按钮可使电梯以紧急电动速度点动运行
电动机参数调谐系统	系统可以通过简单的参数设置,在带载和不带载的情况下完成电动机相关控制参数的学习
楼层位置智能校正	电梯每次运行到端站位置,系统自动根据第一级强迫减速开关检查和修正轿厢的位置信息,同时配合强迫减速系统彻底消除冲顶和蹲底故障
检修双段速功能	为了兼顾检修时速度高、运行控制精度不准和速度低、运行时间过长两方面因素,系统实现了检修双段速曲线功能,大大提高了检修操作时的运行效率
测试运行	测试运行包括新电梯的疲劳测试运行、内召楼层测试、外召楼层测试、禁止外召响应、禁止开关门、屏蔽端站限位开关、屏蔽超载信号等

3. 消防与安全基本功能(见表 9-3)

表 9-3　消防与安全基本功能

功能名称	功能描述
消防迫降功能	接收到消防信号以后,电梯不再响应召唤指令,返回消防基站,停梯待命
消防员运行	进入消防员运行模式,没有自动开关门动作,只能通过开关门按钮、点动操作(可选)开关门。这时电梯只响应轿内指令,且每次只能登记一个指令
保安层功能	启用保安层功能,保安层在 22:00～06:00 时间段内有效,电梯每次运行会先运行到保安层,停层开门,然后再运行到目的楼层,提高安全性

(续)

功能名称	功能描述
锁梯功能	自动运行状态下,当锁梯开关动作或设定的锁梯时间到,电梯响应完所有召唤后,返回锁梯基站,停止电梯自动运行,关闭轿厢内照明与风扇
飞车禁止功能	电梯实时检测电梯运行的状态,若出现超速现象,立即停止运行,制动电梯
基站校验	当系统检测到位置异常后,逐层运行至端站校验确认,确保系统安全可靠性

4. 节能基本功能(见表9-4)

表9-4 节能基本功能

功能名称	功能描述
轿厢节能功能	系统可以支持在轿厢开门保持和关门到位的状态下,经过预定时间后,自动关闭轿内照明风扇,实现节能
夜间到站钟取消功能	当开通该功能后,在设定的时间范围内,电梯将取消到站钟提示功能

5. 并梯运行及其他基本功能(见表9-5)

表9-5 并梯运行及其他基本功能

功能名称	功能描述
并联/群控运行	支持两台电梯并联/群控运行,可选择多种调度算法,满足客户的不同需求
分散待梯	并联/群控时,各台电梯分别停在不同的楼层待梯
退出并联/群控	在群控系统中,当某台电梯的退出群控开关信号有效或在退出群控时间内时,该台电梯会退出群控独立运行,不影响群控系统的正常运行
并联/群控自动脱离	在并联/群控系统中,当某台电梯因故无法及时响应指令召唤时,该台电梯自动脱离群控系统,独立运行,不影响群控系统的正常运行
防捣乱	系统自动判别轿内乘客数量与轿内登记指令,如果登记了过多的轿内指令,则系统认为属于捣乱状态,取消所有的轿内指令,需要重新登记正确的轿内指令
停车在非门区提示功能	当电梯因故停靠在非门区时,系统能自动提示
满载指示功能	满载时外召显示满载状态,电梯直驶轿内召唤楼层

9.2.4 电梯常见选配功能

电梯常见选配功能见表9-6。

表9-6 电梯常见选配功能

功能名称	功能描述
提前开门功能	电梯自动运行情况下,停车过程中速度小于0.25m/s,并且在门区信号有效的情况下,通过封门接触器短接门锁信号,然后提前开门,从而使电梯效率达到最高

(续)

功能名称	功能描述
微动平层功能	电梯停靠在层站，由于载重变化，会造成平层波动，地坎不平，给人员和货物进出带来不便，这时系统允许在开着门的状态下以再平层速度运行到平层位置
停电救援功能	对配有应急电源的电梯，停电时系统启用应急电源进行低速自救
手机调试功能	在主控板外接 WiFi 模块，与智能手机连接。可通过手机调试软件完成电梯调试、参数下载与上传
小区监控功能	可以将控制系统与装在监控室的终端相连，通过 NEMS 调试软件，查看电梯的楼层位置、运行方向、故障状态等情况
IC 卡功能	乘客必须持卡才能到达需授权才能进入的楼层
无机房监控功能	可通过监控板显示井道内电梯的运行状态，并可实现井道外调试和烧录功能

9.3 电梯运行条件及过程

9.3.1 电梯运行的必要条件

电梯作为特种设备，需要安全地输送乘客或货物，为确保电梯能够安全可靠地运行，任何控制形式的电梯均需满足以下必要条件。

1) 电梯的轿门和各层站的电梯层门全部闭合。为确保电梯轿厢能够在封闭的井道中保持轿门封闭的状态不受外界干扰地安全运行，必须把电梯的轿门和各个层站的电梯层门全部关闭好，电梯的电气控制系统需要通过轿门和层门门联锁信号来验证判断各层门及轿门的关闭状态（电梯的门联锁电气电路导通），只有所有的层门和轿门全部关闭好，电梯才能起动运行。

2) 必须有确定的电梯运行方向（上行或下行）。通过电梯的内外呼登记按钮给予电梯的运行指令，确定电梯轿厢需要停靠的层站。

3) 电梯系统的所有机械及电气安全保护系统有效而可靠。电梯电气控制系统需要验证由设置在电梯各安全或核心部件上的安全回路开关组成的安全回路信号，来判断电梯机械及电气安全保护系统是否有效，只有在安全回路正常的情况下才能起动运行。

9.3.2 电梯自动运行过程

1. 司机控制的电梯运行过程

1) 接通电梯的总电源、控制电源、照明电源。

2）打开基站的层门和轿门。

3）司机进入轿厢内，闭合轿厢内的操作箱上与运行有关的开关，并打开轿内照明。

4）根据轿内乘客要去的楼层或在轿厢内无乘客时根据某个楼层的厅外召唤信号，司机选择操作箱上相应的一个楼层或几个楼层数的指令按钮。

5）系统根据司机的选择自动确定电梯的运行方向。

6）司机按起动开车按钮。

7）电梯自动关门。

8）电梯自动起动，分级加速至匀速运行。

9）电梯在接近目的楼层时，井道内换速开关自动发出减速信号。

10）电梯自动分级减速制动。

11）到达目的层站，电梯自动平层停车。

12）自动开门，让乘客出入电梯轿厢。

13）司机再次按起动开车按钮，重复7）～10）的步骤。

如果此时轿厢内无乘客，也没有其他楼层的厅外召唤信号，司机没有选定的指令信号，那么，电梯无运行方向；如果此后某个楼层有厅外召唤信号，则重复上述4）～10）的过程。

2. 无司机控制的电梯自动运行过程

如图9-3所示，正常情况下，电梯无人使用时关着门停于基站。当其他层出现厅外召唤信号时，电梯自动起动运行，其后的过程与有司机信号控制时的一样。

运行登记

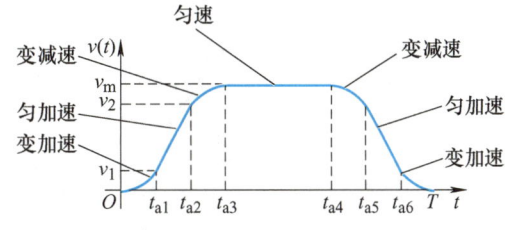
控制系统自动生成速度曲线自动运行：
启动运行、自动运行、减速运行、自动平层

自动开门

图9-3　电梯自动运行示意图

但当在某一方向运行过程中，在未到达目的楼层的前方出现与电梯运行方向相一致的顺方向厅外呼梯信号时，电梯也可以应答停车，把某层厅外乘客捎走，即顺向截车。

电梯到达目的层站，停车开门，经一定延时后自动关门。当电梯停靠楼层有乘客需要乘梯时，只要按下该层厅外任何一个方向的召唤按钮就能使关闭的电梯门自动打开，乘客进入轿厢内即可自行操作电梯运行。

如果乘客没有选择目的层站指令按钮，则经延时后电梯自动关门，待门完全关闭后，就有可能被其他层的召唤信号所呼叫而自动定向运行，而这一运行方向很可能与进入轿厢乘客欲去的方向相反，因此，进入轿厢内的乘客应在电梯自动关闭好门之前按下要去楼层的指令按钮。

9.4 电梯电气控制系统的主要部件和装置

9.4.1 电梯逻辑控制装置

1. 电梯逻辑控制装置的认知

逻辑控制装置(电梯控制器)主要集中于电气控制柜中,其主要作用是完成对电力拖动系统的控制,实现对电梯功能的控制。目前,多数电梯公司将电梯变频器和电梯控制器集成制作,形成了电梯一体化控制器,如图9-4所示。

图 9-4 电梯一体化控制器

2. 电梯逻辑控制装置的作用

如图9-5所示,电梯逻辑控制装置的主要作用是接收各类操纵信号和自动控制信号,进行程序计算处理,向电梯电力拖动系统发送速度、方向信号,以及向电梯的其他电气部件发送功能信号,实现电梯的自动运行和其他各类功能。电梯的逻辑控制主要包括轿内指令、厅外召唤信号、定向选层、起动运行、平层、指层、开关门、安全保护以及其他功能(如检修、消防、照明)的逻辑控制。

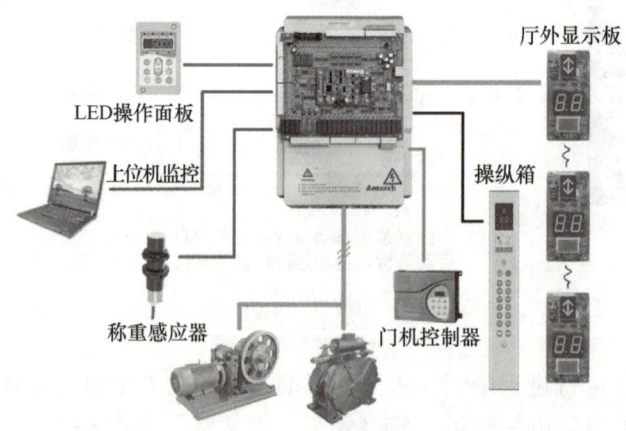

图 9-5 NICE1000 电梯一体化控制器的工作示意图

9.4.2 电梯操纵装置

电梯操纵装置的主要作用是乘客(用户)可通过操纵装置向电梯的逻辑控制装置发出控制信号,从而操纵电梯运行。

电梯操纵装置包括轿内操纵按钮箱、厅外召唤按钮箱和检修运行控制盒。

1. 轿内操纵按钮箱

如图 9-6 所示，轿内操纵按钮箱设置在电梯轿厢内靠门的轿壁上，在其操纵盘面上装有与电梯运行功能有关的按钮和开关。

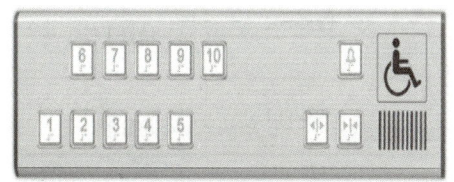 

图 9-6 轿内操纵按钮及轿内操纵按钮箱

2. 厅外召唤按钮箱

如图 9-7 所示，厅外召唤按钮箱安装在电梯厅门的门口一侧，通常中间层站设置上、下两个召唤按钮，顶端层站设置一个下召唤按钮，下端层站设置一个上召唤按钮。

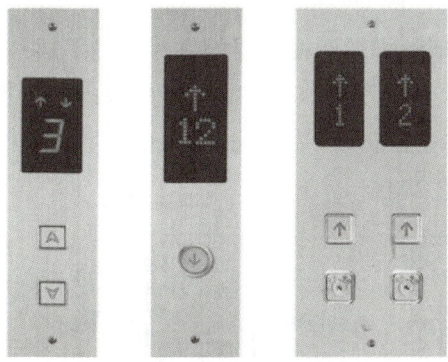

图 9-7 厅外召唤按钮箱

3. 检修运行控制盒

如图 9-8 所示，电梯常在机房控制柜、轿厢内与轿顶设有电梯检修运行控制盒，盒内一般有检修开关、急停按钮以及慢上、慢下按钮。

 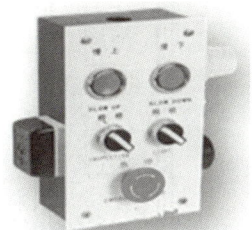 

图 9-8 机房控制柜、轿顶、轿厢内的检修运行控制盒

轿顶检修运行控制盒还装有电源插座、照明灯及其开关等。

如图 9-9 所示，以电梯检修运行为例，当轿顶检修按钮动作后，同时按下公共按钮和上行按钮，检修电路中的电信号即可输入电梯逻辑控制装置，电梯运行。

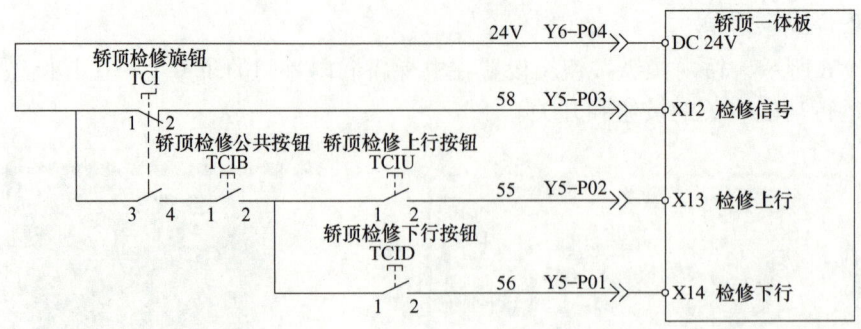

图 9-9 轿顶检修控制运行电气原理图

9.4.3 电梯的平层装置

1. 认识平层装置

平层是指轿厢在接近某一楼层的停靠站时，使轿厢地坎与层门地坎达到同一平面的操作。

如图 9-10 所示，为保证电梯轿厢在各层停靠时准确平层，通常在轿顶设置平层装置，由平层装置发出平层控制信号，控制系统控制电梯自动停靠实现平层。

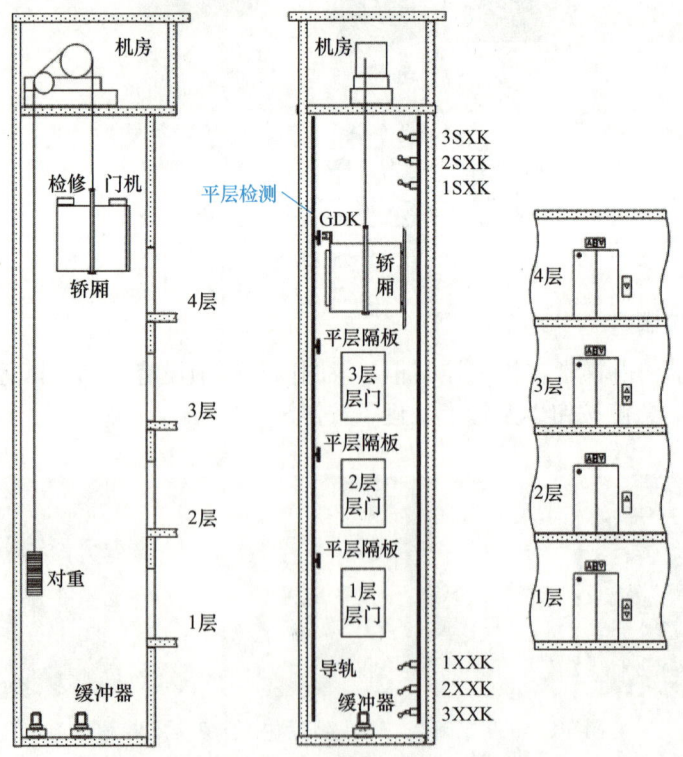

图 9-10 平层装置及其工作原理示意图

平层装置是发出平层控制信号，使电梯轿厢准确平层的控制装置，如图 9-11 所示。

图 9-11　平层装置及其安装位置示意图

2. 其他类型的平层感应器

电梯光电式和烟杆式平层感应器如图 9-12 所示。

图 9-12　电梯光电式和烟杆式平层感应器

3. 电梯平层装置工作原理

如图 9-13 所示,为了能精确控制轿厢平层,电梯轿厢顶部安装了上、下两个平层感应器,电梯井道内每个层站位置均安装一个隔磁板,在电梯上行、下行过程中,隔磁板将插入平层感应器内,触发平层感应器向电梯的逻辑控制装置发出控制信号,控制电梯平层。下面以电梯上行平层过程为例介绍其具体平层过程。

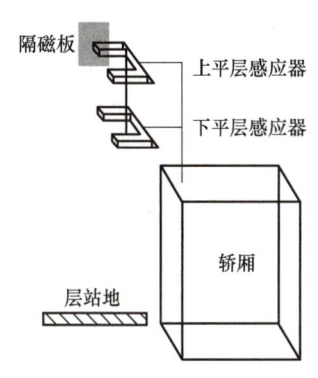

电梯在运行过程中,旋转编码器会一直监测电梯轿厢的位置,并向电梯控制器发出位置信号,当电梯上行至层站附近时,电梯提前减速上行,当电梯继续上行时,固定

图 9-13　电梯平层过程工作示意图

在井道内的隔磁板首先插入上平层感应器,上平层感应器被触发后向电梯控制器发出信号,电梯控制器控制电梯继续减速上行,当隔磁板插入下平层感应器后,下平层感应器被触发后向电梯控制器发出信号,电梯控制器控制电梯停止,此时轿厢和层站地坎平齐,平层结束。

由上行平层过程可知,电梯的隔磁板安装高度影响电梯的平层精度。

9.4.4　电梯的显示装置

1. 认识电梯的显示装置

位置显示装置用来显示电梯轿厢所在楼层位置和电梯的运行方向,也称为楼层显示器。

电梯经过一个楼层时,会有相应的位置信号传递到控制系统,电梯控制系统根据这个位置信号转换成显示内容传到每个显示装置。

在轿厢、每个楼层的厅门或者机房等处设置位置显示装置,显示目前电梯所在的楼层,以箭头形式显示电梯目前的运行方向。

2. 电梯系统获得指层信息的方法

1）通过机械选层器获得。机械选层器是一种机械或电气驱动的装置,可通过模拟电梯轿厢运行状态,及时向控制系统发出所需要的信号,如图 9-14 所示,用于控制系统确定运行方向、加速、减速、平层、停止、取消呼梯信号、门操作、位置显示等。

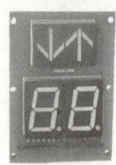  

图 9-14 电梯楼层显示装置

2）通过装在井道中的楼层传感器获得。电梯运行时,当安装在轿厢上的隔板插入某层的楼层传感器凹槽时,楼层传感器发出一个开关信号,指示相应的楼层。

3）通过微机选层器获得。微机与 PLC 控制的电梯,通过对旋转编码器或光电开关的脉冲计数,可以计算出电梯的运行距离,结合楼层数据,就可获得电梯所在的位置信号。

3. 两种常见电梯楼层显示的工作原理

如图 9-15 所示,电梯在运行过程中,电梯控制器通过机械选层器、井道中的楼层传感器、旋转编码器或光电开关的脉冲计数获取电梯轿厢的位置信息。控制系统根据电梯轿厢的位置信息,通过控制楼层位置信号线 A、B、C 的电平组合,驱动电梯楼层显示装置同步显示轿厢所在楼层。例如当电梯控制系统检测到轿厢在 3 楼时,控制系统控制 A、B 信号线发出信号,此时,电梯楼层显示装置将会统一显示"3"。

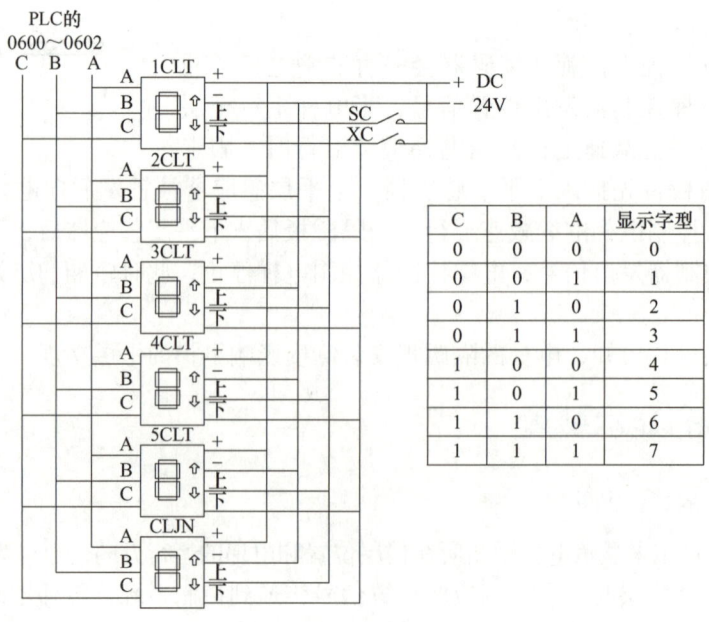

C	B	A	显示字型
0	0	0	
0	0	1	1
0	1	0	2
0	1	1	3
1	0	0	4
1	0	1	5
1	1	0	6
1	1	1	7

图 9-15 低楼层电梯显示工作原理示意图

如图 9-16 所示，电梯在运行过程中，电梯控制器获取电梯轿厢位置信息后，通过 CAN 总线通信向电梯楼层显示装置发送信号，控制楼层显示装置显示电梯轿厢的当前位置。

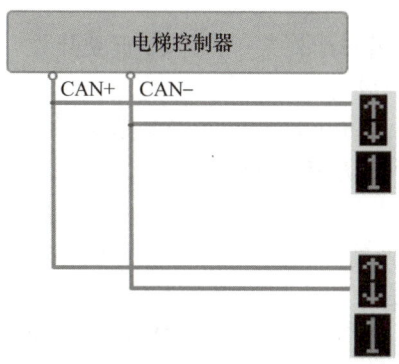

图 9-16　采用 CAN 总线通信的高楼层电梯显示工作原理示意图

9.5　本章习题

一、判断题

1. 电梯的逻辑控制装置可以综合处理各类控制信号。　　　　　　　　　　（　　）
2. 当前电梯的主流控制采用微机、多微机控制技术。　　　　　　　　　　（　　）
3. 轿厢内的按钮箱也是电梯的操纵装置之一。　　　　　　　　　　　　　（　　）
4. 检修功能是电梯的选配功能。　　　　　　　　　　　　　　　　　　　（　　）
5. 电梯变频器和控制板组合在一起为电梯一体化控制器。　　　　　　　　（　　）
6. 电梯的显示装置安装在轿顶，维修人员可通过其准确知晓电梯的位置。　（　　）
7. 电梯的主要逻辑控制装置设置在轿顶。　　　　　　　　　　　　　　　（　　）
8. 轿内指令的登记最终由逻辑控制装置来处理。　　　　　　　　　　　　（　　）
9. 电梯在无司机状态时可延时自动关门。　　　　　　　　　　　　　　　（　　）
10. 电梯的平层感应器应该在每一个楼层井道内都装设一个。　　　　　　（　　）

二、填空题

1. 电梯电气控制系统主要由_____、_____、_____、_____等组成。
2. 电梯操纵装置主要由_____、_____、_____三部分组成。
3. 当前电梯的主流控制采用_____、_____控制技术。
4. 现在各大品牌电梯的控制功能一般分为_____、_____、_____三大类。
5. 电梯常在_____、_____、_____三个位置设置检修装置。

三、多选题

1. 平层装置包括（　　）。
A. 平层感应器　　　B. 隔磁板　　　C. 轿顶操纵箱　　　D. 以上都不是
2. 轿厢内操纵箱一般有（　　）。
A. 司机开关　　　B. 照明开关　　　C. 直驶开关　　　D. 轿内急停
3. 电梯的基站召唤箱一般设有（　　）。
A. 呼梯按钮　　　B. 消防开关　　　C. 锁梯开关　　　D. 厅门急停
4. 电梯轿厢上行时，下列说法正确的是（　　）。
A. 下平层感应器先触发　　　　　　B. 上平层感应器先触发
C. 上、下平层感应器一起触发　　　D. 让电梯平层停止的是下平层感应器
5. 属于电梯基本功能的是（　　）。
A. 检修功能　　　　　　　　　　　B. 顺向截梯功能
C. 平层停靠时自动开门　　　　　　D. 消防运行功能

四、简答题

1. 请简述电梯系统获得指层信息的方法。
2. 请以电梯上行为例，简述电梯平层的工作过程。
3. 请解释全集选运行功能。

第 10 章 电梯安全保护系统

电梯安全保护系统

【学习目标】

1）了解电梯安全保护系统的主要组成及作用。
2）了解电梯超速保护、防越程保护、门入口保护等各类安全保护工作机制。
3）认识电梯困人救援的主要装置。
4）知晓电梯安全保护装置之间的配合关系。
5）了解电梯各类保护装置的基本要求。
6）能根据电梯各类保护装置的工作原理和技术要求分析电梯安全保护系统故障导致电梯无法正常工作的原因并提出合理的解决方案。

10.1 电梯安全保护系统概述

电梯是高层建筑物不可缺少的垂直运输工具，长时期、频繁地载人（或载货）在空间上下运行，必须有足够的安全性。为了确保在运行中的安全，电梯在设计时设置了多种机械安全装置和电气安全装置，这些装置共同组成了电梯安全保护系统。

现代电梯都设有完善的安全保护系统，以防止任何不安全的情况发生。

10.1.1 电梯可能发生的事故隐患和故障

1. 轿厢失控、超速运行

当曳引机电磁制动器失灵，减速器中的轮齿、轴等关键部件断裂，以及曳引绳在曳引轮绳槽中严重打滑等情况发生时，正常的制动手段已无法使电梯停止运动，此时轿厢失去控制超速运行，进而导致事故的发生，如图 10-1 所示。

图 10-1 电梯失控运行产生事故

2. 终端越位

终端越位是指由于平层控制电路出现故障，轿厢运行到顶层端站或底层端站时，未停车而继续运行或超出正常的平层位置。

3. 冲顶或蹲底

当上终端限位装置失灵等导致轿厢或对重冲向井道顶部时，称为冲顶；当下终端限位装置失灵或电梯失控导致电梯轿厢或对重跌落井道底坑时，称为蹲底，如图 10-2 所示。

图 10-2 电梯冲顶和蹲底造成事故

4. 不安全运行

限速器失灵、层门或轿门不能关闭或关闭不严时电梯运行、轿厢超载运行、曳引电动机在缺相、错相等状态下运行等均属于不安全运行状态。

5. 非正常停止

控制电路出现故障、安全钳误动作、制动器误动作或电梯停电等，都会使运行中的电梯突然停止。

6. 关门障碍

当电梯轿门在关闭过程中受到人或物体的阻碍时，门保护装置将触发动作，导致轿门无法关闭，如图 10-3 所示。

图 10-3　电梯关门造成事故

10.1.2　电梯安全保护系统的基本组成

1）超速失控保护装置：限速器、安全钳等其他形式的防超速装置。

2）防越程运行装置：端站保护装置、缓冲器。

3）电梯井道、轿厢未封闭运行保护装置：厅门门锁与轿门电气联锁装置、轿厢意外移动保护装置。

4）门入口安全保护装置：层门和轿门设置门光电装置、门电子检测装置、门安全触板、小功率开关门机等。

5）电梯不安全运行防止系统：轿厢超载装置、安全回路开关等。

6）电气安全保护装置：曳引机单次超时运行保护装置、接地保护装置、供电系统短路、错相和断相保护装置、电动机的过电流和过载保护装置、安全电压要求、绝缘耐压要求等。

7）其他保护装置：防止层门处被挤压、撞击、坠落、剪切的保护装置、防止人员被运动部件伤害的保护装置等。

8）电梯困人救援装置：报警和通信装置、曳引机紧急手动操作装置、层门和轿门的手动开锁装置。

电梯安全保护系统中设置的安全保护装置，一般由机械安全装置和电气安全装置两大部分组成。但是有一些机械安全装置往往也需要电气方面的配合和联锁装置才能完成其动作和可靠的效果。

10.1.3　电梯常见危险的安全保护动作关系

电梯常见危险的安全保护动作关系示意图如图 10-4 所示。

电梯结构与原理

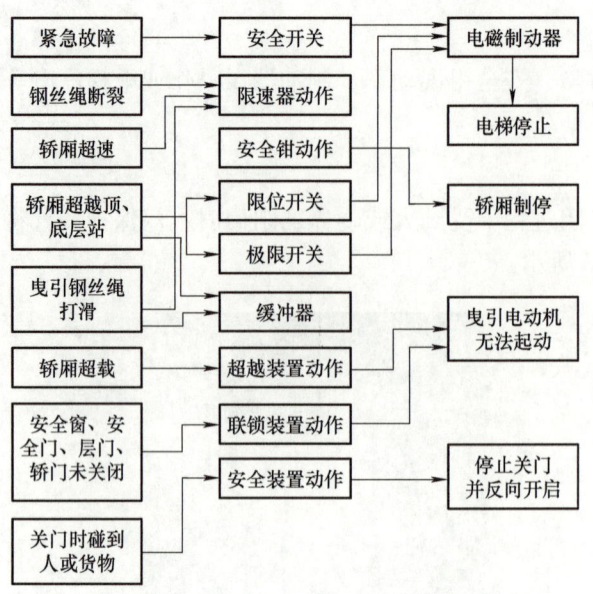

图 10-4 电梯常见危险的安全保护动作关系示意图

10.2 电梯超速失控保护

10.2.1 电梯超速失控的原因

正常运行的轿厢，一般发生电梯超速坠落事故的可能性很小，然而事故一旦发生，将极其危险，因此，在不能排除超速坠梯的可能性时，必须采取有效措施进行保护。当前，常见的电梯轿厢或对重超速坠落的 5 种原因如下：

1）曳引钢丝绳因各种原因全部断裂，如图 10-5 所示。

图 10-5 电梯曳引钢丝绳断裂造成事故

2）蜗轮、蜗杆的轮齿、轴等关键部件断裂。

3）曳引钢丝绳摩擦绳槽严重磨损，造成当量摩擦系数急剧下降，平衡失调且轿厢超载,则曳引钢丝绳和曳引轮打滑。

4)轿厢超载严重,平衡失调,制动器失灵。

5)因某些特殊原因,例如,平衡对重偏轻、轿厢自重偏轻,造成曳引钢丝绳对曳引轮压力严重减少,致使轿厢侧或对重侧平衡失调,使曳引钢丝绳在曳引轮上打滑。

只要发生以上状况之一,就可能发生轿厢(或对重)急速坠落的严重事故。

10.2.2 电梯的速度标准

电梯在运行过程中,当其达到行程中段匀速运行时,其实际运行速度会受当前外在运行条件的影响,实际运行速度和额定速度之间存在一定的偏差,如电梯满载下行时,其实际运行速度可能会比额定速度偏高,而电梯满载上行时,实际运行速度可能会比额定速度偏低。

国家标准规定,电梯的实际运行速度(行程中段匀速运行时测得的速度)不得大于额定速度的105%,宜不小于额定速度的92%。因此,电梯速度在额定速度的92%～105%之间均属正常,只有当电梯速度超过额定速度的105%时,才可判定为电梯超速。

10.2.3 限速器

电梯作为服务人类的特种设备,面对任何一种重大风险,均要采取多种措施,进行多重防护,将风险概率降至最低。当前,电梯超速保护系统的主要部件是限速器、安全钳和夹绳器等。电梯在运行过程中,当轿厢发生超速甚至坠落的危险状况且其他安全保护装置均未起作用时,由限速器和安全钳提供最后的失控保护。

1. 限速器的结构认知

不同类型的电梯限速器如图 10-6 所示。

双向限速器

单向限速器

无机房限速器

双向限速器

图 10-6 不同类型的电梯限速器

2. 限速器的工作原理及作用

如图 10-7 所示,限速器一般安装在电梯机房中,是电梯安全运行中最为重要的安全装置之一,它随时监测控制着电梯的运行速度,当出现超速(速度至少等于电梯额定速度的105%)情况时,能及时发出信号,继而产生机械动作,切断控制电路或驱动安全钳(夹绳器)将轿厢强制制停或减速。需要注意的是,限速器是指令发出者并非执行者。

电梯结构与原理

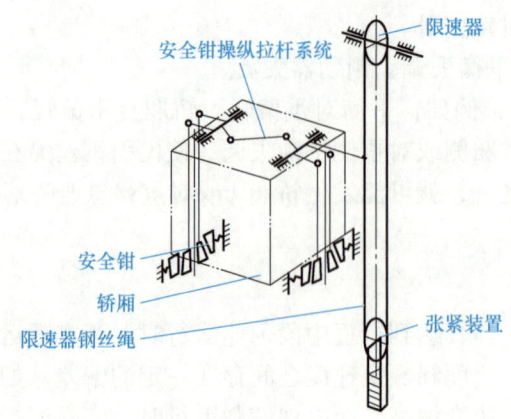

图 10-7　限速器工作示意图

3. 限速器电气开关

限速器中要求装设一个电气开关，如图 10-8 所示。此开关的作用是在轿厢超速后首先被触发，切断曳引机电源并通过制动器对轿厢实施制动；如果断电未控制住速度，则触发安全钳制动，如图 10-9 所示。

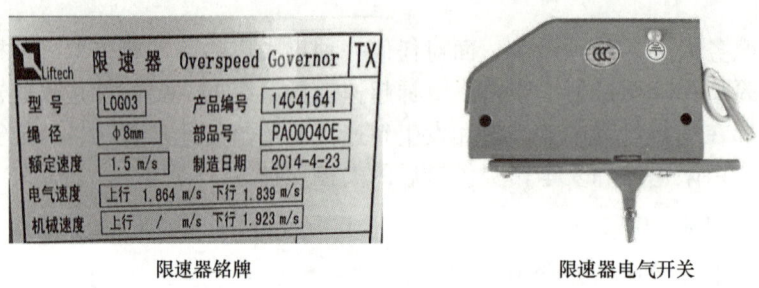

图 10-8　限速器铭牌及电气开关

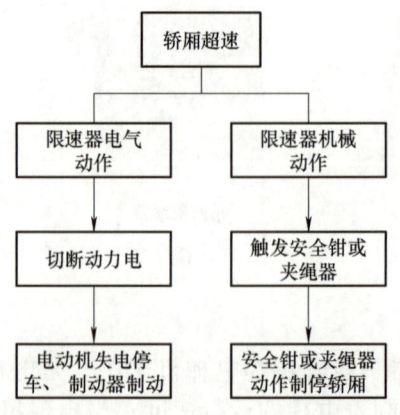

图 10-9　限速器动作流程

对于额定速度大于 1m/s 的电梯，限速器电气开关的动作速度为轿厢运行速度达到限速器动作速度之前（约是限速器动作速度的 90%～95%），对于速度小于 1m/s 的电梯，其超速开关最迟在限速器达到动作速度时起作用。

4. 限速器的分类

限速器的分类见表10-1。

表 10-1　限速器的分类

种类			适用速度	选用安全钳	使用特点
摆锤式	下摆杆凸轮棘爪式		1m/s 以下	瞬时式	结构简单、制造维护方便，缺乏可靠的夹绳装置，多用于低速电梯
	上摆杆凸轮棘爪式				
离心式	甩块式	刚性夹持式	1m/s 以下	瞬时式	夹持力不可调，工作时对曳引钢丝绳损伤较大
		弹性夹持式	1m/s 以上	渐进式	工作时对曳引钢丝绳损伤小，多用于快速梯
	甩球式（多为弹性夹持式）		各种速度	渐进式	结构简单可靠，反应灵敏，用于快、高速梯

（1）摆杆凸轮棘爪式限速器　限速器工作时，因其摆杆不断摆动而得名为摆锤式，又称为凸轮式，也称为惯性式。根据摆杆与凸轮的相对位置，可分为上摆杆凸轮棘爪式限速器和下摆杆凸轮棘爪式限速器，如图10-10和图10-11所示。

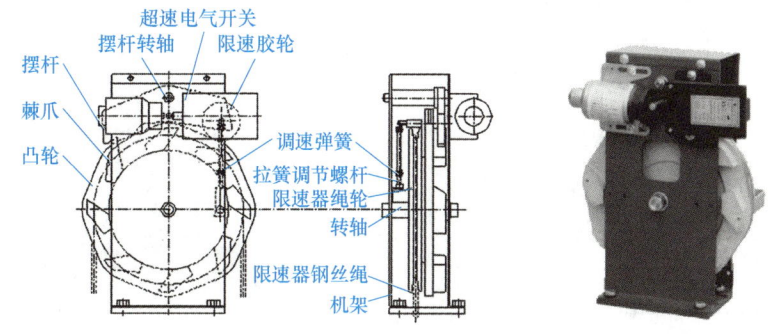

图 10-10　上摆杆凸轮棘爪式限速器

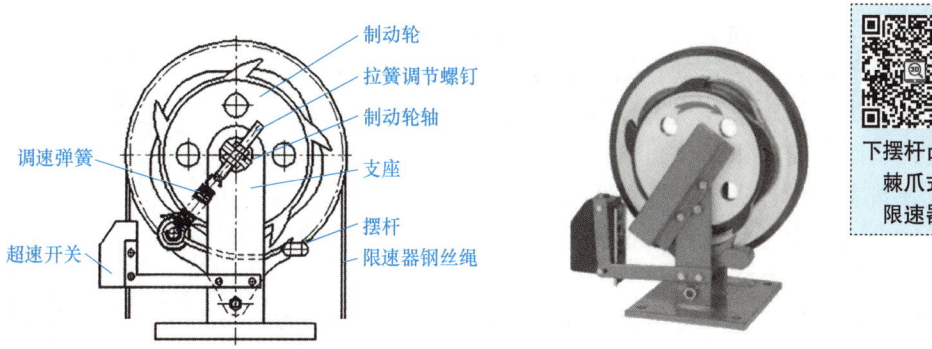

图 10-11　下摆杆凸轮棘爪式限速器

（2）甩块式限速器　甩块式限速器是利用旋转离心力随着转速变化而加大的原理来完成动作的。限速器绳轮转动时，离心力作用甩块产生远离回转中心的趋势，超速到限定值时，甩块触发超速安全开关，继而带动安全钳动作。

甩块式限速器根据动作时对曳引钢丝绳的夹持形式，分为刚性夹持式和弹性夹持式，如图 10-12 和图 10-13 所示。

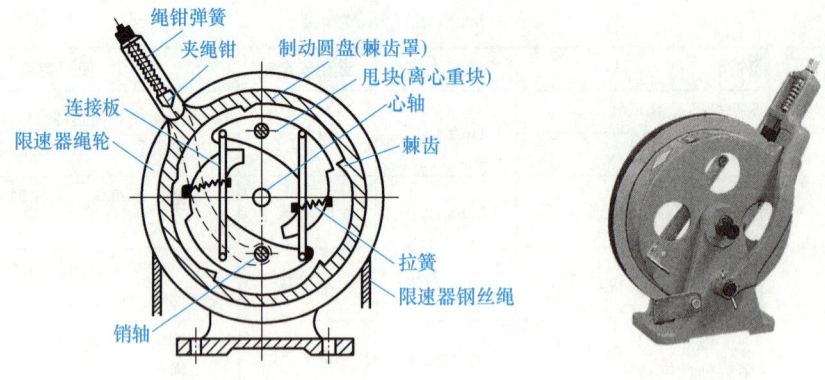

图 10-12 刚性夹持式甩块式限速器

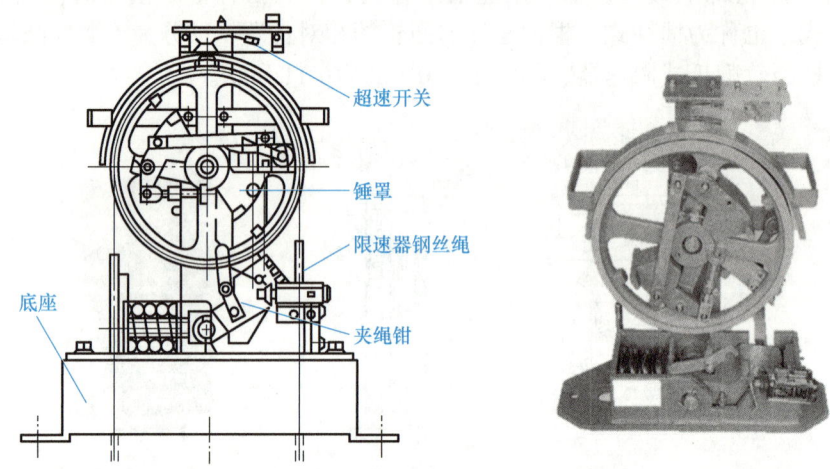

图 10-13 弹性夹持式甩块式限速器

（3）甩球式限速器 如图 10-14 所示，甩球随钢丝绳带动限速器绳轮水平转动，随着速度增加，甩球向上转动得越来越快，带动连杆机构推动卡爪动作，卡爪把钢丝绳卡住，从而使安全钳动作，将轿厢卡在导轨上。右侧卡爪通过弹簧实现弹性夹持，既能保证限速器钢丝绳卡死，又可带动电气安全开关动作。这种限速器适用于高速和快速电梯，但由于传动机构复杂、故障率高已经逐渐被淘汰。

（4）双向限速器 在电梯正常使用过程中，当载重量小于额定载荷的一半时，对重侧的重量将大于轿厢侧。此时一旦出现制动器失效或曳引机齿轮、轴等断裂导致的曳引轮不受制动器控制，或曳引轮绳槽严重磨损引发的曳引绳在绳槽内打滑等机械故障，均会导致轿厢冲顶事故的发生。

轿厢上行超速保护装置按其制停减速装置作用位置的不同，可分为作用于轿厢、对

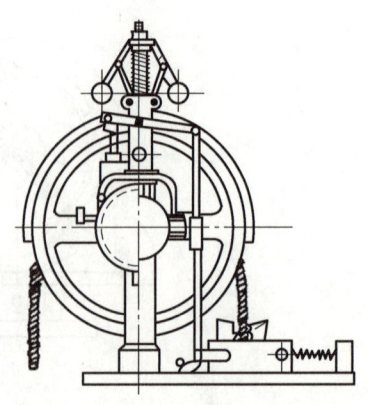

图 10-14 甩球式限速器

重、钢丝绳和曳引轮上等四种。常见有双向限速器－双向安全钳方式、双向限速器－曳引绳夹绳器、对重限速器－对重安全钳等，因此，电梯双向限速器是电梯上行超速的重要保护装置。其主要作用在于电梯上行超速时，切断控制电路和触发双向安全钳或夹绳器动作，制停轿厢。限速器电气装置如图 10-15 所示。

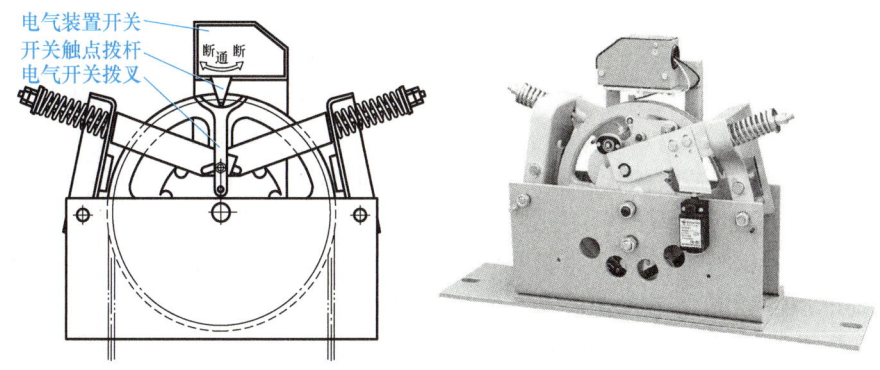

图 10-15　限速器电气装置

（5）无机房限速器（图 10-16）

1）安装位置：安装在井道的顶部。

2）限速器复位：必须先在控制柜转入紧急电动运行操作状态，然后通过限速器远程复位按钮进行故障复位。

3）无机房限速器动作测试：在紧急电动运行操作状态下，通过动作测试按钮进行限速器动作测试，限速器由吸合变为释放，再通过远程复位按钮可以将远程复位电磁阀恢复吸合状态。

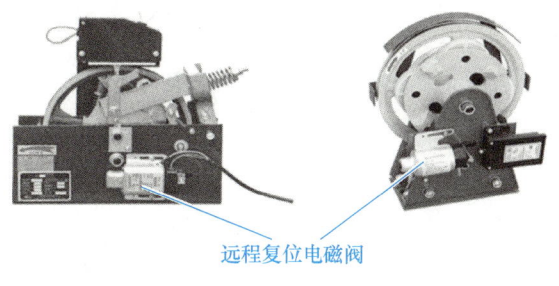

图 10-16　无机房限速器

5. 限速器的动作速度要求

电梯限速器是电梯轿厢速度的监控装置，选定动作速度必须和电梯的额定速度、选用安全钳相对应。选定动作速度过大，则电梯超速坠落时，限速器无法动作；选定动作速度过小，则限速器容易误动作，导致电梯无法运行。国家标准规定，电梯限速器的动作速度应不小于 115% 的额定速度，但应小于下列值：

1）块式瞬时式安全钳：0.8m/s。

2）不可脱落滚柱式瞬时式安全钳：1.0m/s。

3）额定速度小于或等于 1m/s 的渐进式安全钳：1.5m/s。

4）合速度大于 1m/s 的渐进式安全钳：$1.25v+0.25/v$（v 为电梯额定速度）。

对于载重量大、额定速度低的电梯，应专门设计限速器，并使用接近下限的动作速度，若对重也设有安全钳，则对重限速器的动作速度应大于轿厢限速器的动作速度，但不得超过 10%。

10.2.4 限速器钢丝绳的张紧装置

电梯限速器动作后，其主要通过限速器钢丝绳触发安全钳制停轿厢，限速器钢丝绳一端缠绕在限速器绳轮上，另一端必须缠绕在张紧轮上，才可保证限速器钢丝绳处于张紧状态，使钢丝绳在电梯超速时能提拉安全钳制停轿厢于导轨，如图 10-17 所示。

如图 10-18 所示，张紧装置由安装支架、张紧轮和配重等组成。它的作用是使钢丝绳张紧，防止限速器钢丝绳扭转和张紧装置摆动，保证钢丝绳与限速器之间有足够的摩擦力，以准确地反映轿厢的运行速度。张紧轮安装在张紧装置的支架轴上，可以灵活地转动，调整其配重的重量，可调整钢丝绳的张力。当限速器动作时，要求限速器钢丝绳的拉力应不小于安全钳起作用时所需力的两倍，且不小于 300N。为防止限速器钢丝绳断或过分伸长，张紧装置触地失效，张紧装置底部距底坑应有合适的高度。通常，低速电梯为 400±50mm；快速电梯为 550±50mm；高速电梯为 750±50mm。

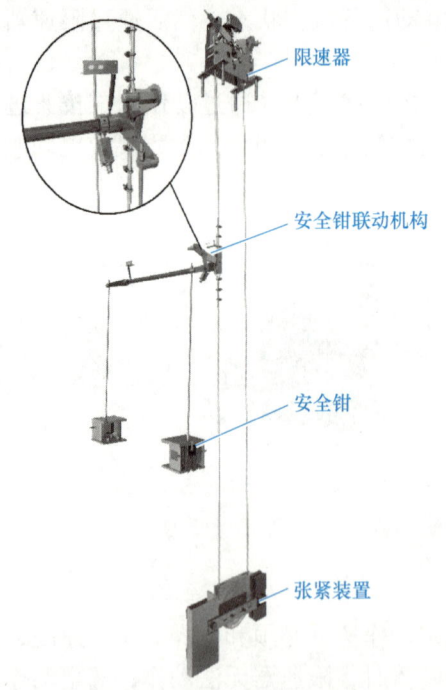

图 10-17 限速器钢丝绳的张紧装置

图 10-18 限速器钢丝绳的张紧装置组成

另外，张紧装置上设有断绳检测开关，当电梯限速器钢丝绳因长时间使用而过于伸长或钢丝绳断裂时，配重的重力将拉动张紧轮，带动摆臂下坠触发断绳检测开关，切断电梯控制电路使电梯停止运行，实现断绳保护功能。

10.2.5 安全钳

1. 安全钳的基本认知

安全钳样式如图 10-19 ～图 10-21 所示。

图 10-19　电梯不同类型的瞬时式安全钳

 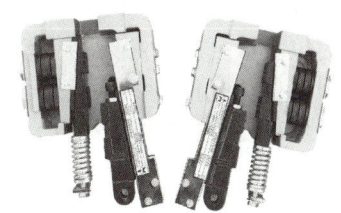 

图 10-20　渐进式安全钳

图 10-21　双向安全钳

如图 10-22 所示，安全钳多装于轿厢架底梁或立柱上，处于上下导靴之间，并保证安装牢固可靠；垂直拉杆装在轿厢架两侧立柱上，两侧拉杆间采用横拉杆连接，以保证同步动作。

如果轿厢和对重都需装置安全钳，其安全钳的动作应由各自的限速器来控制。

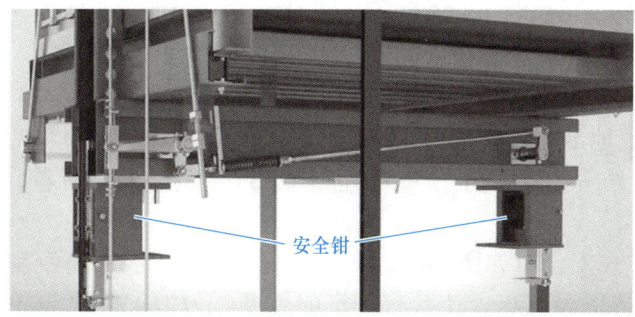

图 10-22　安装在轿厢底部的安全钳

2. 安全钳的工作原理及作用

如图 10-23 所示，电梯安全钳装置是在限速器的操纵下，当电梯出现超速、断绳等非常严重的故障后，将轿厢紧急制停并夹持在导轨上的一种安全装置。

电梯的安全钳安装于轿厢立柱的下方，钳座（导向楔块）固定不动，两个活动楔块分布于导轨两侧面，与导轨侧面的间隙距离为 2～3mm。当拉杆在限速器钢丝绳作用下向上提拉时，活动楔块在拉杆的提拉下沿着导向楔块的斜面向上滑动，两楔块之间的间隙逐渐减小从而夹持导轨，制停轿厢。

安全钳的作用：当电梯出现超速下坠时，提拉装置触发安全钳制停轿厢与导轨。

3. 安全钳的电气开关

为了防止电梯安全钳动作时电梯曳引机尚未断电，电梯在轿顶或者轿底设置有安全钳电气开关，如图 10-24 所示。当电梯安全钳提拉装置动作时，触发安全钳电气开关动作，切断控制电路，使曳引机断电停车。通常，安装于轿顶的安全钳电气开关为手动复位开关，其在安全钳提拉装置复位后必须由手动操纵才可复位接通电路；安装于轿底的安全钳电气开关通常采用可自动复位开关，当安全钳复位时，安装于轿底的安全钳电气开关随着提拉装置的复位而自动复位接通电路。

图 10-23　安全钳

图 10-24　安全钳的电气开关

4. 安全钳的分类及特点

电梯安全钳按照制动元件结构形式的不同可分为楔块型、偏心轮型和滚柱型三种；从制停减速度（制停距离）方面可分为瞬时式和渐进式两种。

（1）瞬时式安全钳　如图 10-25 所示，瞬时式安全钳也称为刚性急停型安全钳，它的承载结构是刚性的，动作时产生很大的制停力，使轿厢立即停止。

瞬时式安全钳的使用特点是制停距离短，轿厢承受冲击严重，在制停过程中楔块或其他形式的卡块将迅速地卡入导轨表面，从而使轿厢瞬间停止。

瞬时式安全钳只适用于额定速度不超过 0.63m/s 的电梯（有些国家规定为 0.75m/s 以下）。

1）楔块型瞬时式安全钳如图 10-26 所示。安全钳座一般用铸钢制成整体式结构，楔块用优质耐热钢制造，表面淬火使其有一定的硬度。为加大楔块与导轨工作面间的摩擦力，楔块工作面常制出齿状花纹。

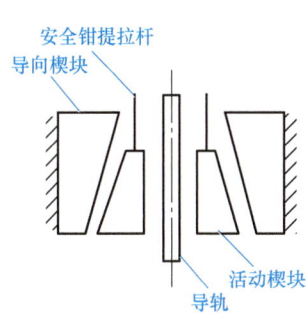

图 10-25 瞬时式安全钳

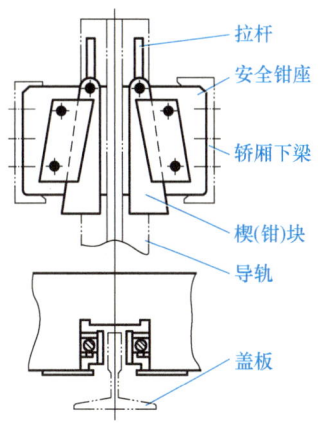

图 10-26 楔块型瞬时式安全钳

2）偏心块型瞬时式安全钳如图 10-27 所示。偏心块型瞬时式安全钳由两个硬化钢制成的带有半齿的偏心块组成，它有两根联动的偏心块连接轴，轴的两端用键与偏心块相连。当安全钳动作时，两个偏心块连接轴相对转动，并通过连杆使四个偏心块保持同步动作；偏心块的复位由一弹簧来实现，通常在偏心块上装有一根提拉杆；应用这种类型的安全钳，偏心块卡紧导轨的面积很小，接触面压力极大，动作时往往会使齿或导轨表面受到破坏。

3）滚柱型瞬时式安全钳如图 10-28 所示。当提拉杆提起时，淬硬的（表面硬度为 HRC40～45）滚花钢制滚柱在钳体楔形槽内向上滚动，当滚柱贴上导轨时，钳座就在钳体内做水平移动，这样就消除了另一侧的间隙；为了使两根导轨上的滚柱同时动作，两边的连杆用一根共用轴。滚柱型瞬时式安全钳常用在低速重载的货梯上。

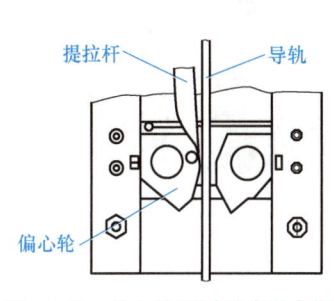

图 10-27 偏心块型瞬时式安全钳

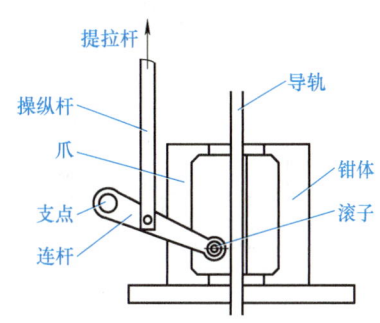

图 10-28 滚柱型瞬时式安全钳

（2）渐进式安全钳 如图 10-29～图 10-32 所示，渐进式安全钳又称为弹性滑移安全钳。它能将制动力控制在某一范围内。当轿厢制停时，允许轿厢保持一定的滑移距离，在这一过程中，制动力会逐渐增大或保持恒定值，从而确保制动减速度不会很大。

渐进式与瞬时式安全钳的根本区别在于制动开始后，其制动力并非固定。因渐进式安全钳增加了弹性元件，保证制动力有缓冲的余地，能在较长距离上制停轿厢，使制动减速度减小。渐进式安全钳的使用速度大于 0.63m/s。

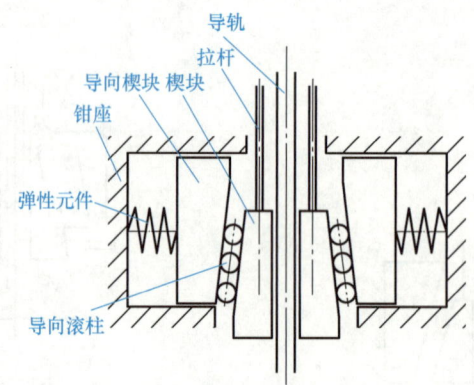

图 10-29 渐进式安全钳

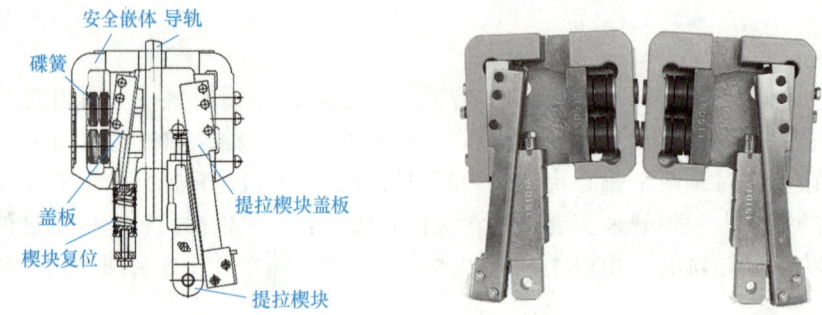

图 10-30 楔块型渐进式安全钳（碟簧）

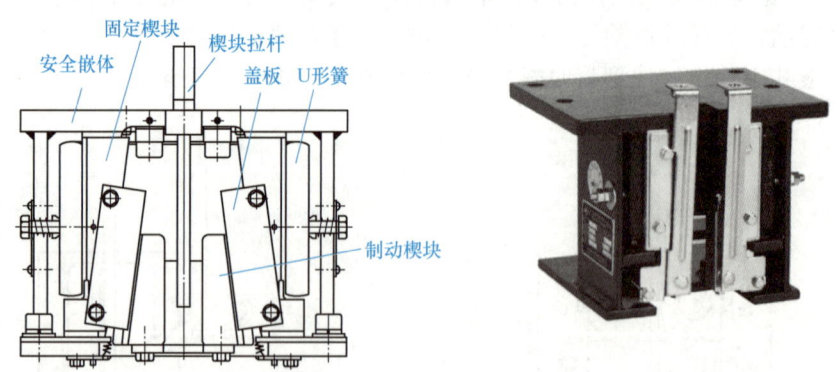

图 10-31 楔块型渐进式安全钳（U形板簧）

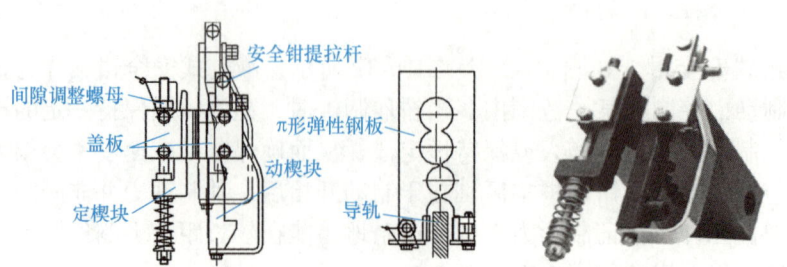

图 10-32 π形渐进式安全钳

5. 双向安全钳

GB/T 7588.1—2020 中指出必须对轿厢施行双向限速。双向安全钳与双向限速器相配合，构成了一种可靠的双向限速结构。

如图 10-33 所示，双向安全钳是一种将电梯双向超速保护装置集成于一体的安全钳，其上行制动力和下行制动力可以单独设置和调整，这种方式是当前电梯较为多用的方案。

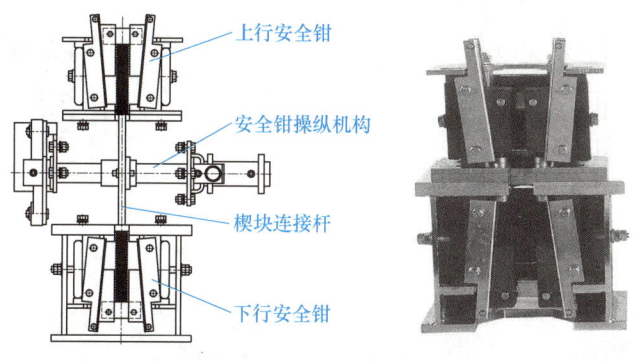

图 10-33　双向安全钳

6. 安全钳的使用要求

GB/T 7588.1—2020 中规定，滑移动作安全钳制动的平均减速度应在 $0.2g \sim 1g$ 之间，同时还有以下使用条件：

1）电梯额定速度大于 0.63m/s，轿厢应采用渐进式安全钳。若电梯额定速度小于或等于 0.63m/s，轿厢可采用瞬时式安全钳。

2）若轿厢装有数套安全钳，则它们应全部是渐进式的。

3）若额定速度大于 1m/s，则对重安全钳应是渐进式的，其他情况下，可以是瞬时式的。

4）轿厢和对重的安全钳的动作应由各自的限速器来控制。若额定速度小于或等于 1m/s，对重安全钳可借助悬挂机构的断裂或借助一根安全绳来动作。

5）不得采用电气、液压或气动操纵的装置来操纵安全钳。

10.2.6　夹绳器

1. 夹绳器的结构

GB/T 7588.1—2020 中规定，所有曳引驱动电梯上应装设上行超速保护装置，该装置应作用于轿厢、对重、钢丝绳系统（含曳引钢丝绳或补偿绳）、曳引轮位置上。

目前，在用电梯仍有很多采用钢丝绳制动方式，即采用夹绳器来实现上行超速保护。夹绳器结构如图 10-34 所示，夹绳器实物图如图 10-35 所示。

2. 夹绳器的安装位置

夹绳器直接制动曳引钢丝绳，如图 10-36 所示，夹绳器一般安装在曳引轮和导向轮间的曳引机机架上或导向轮下部，必须保证安装牢固可靠。

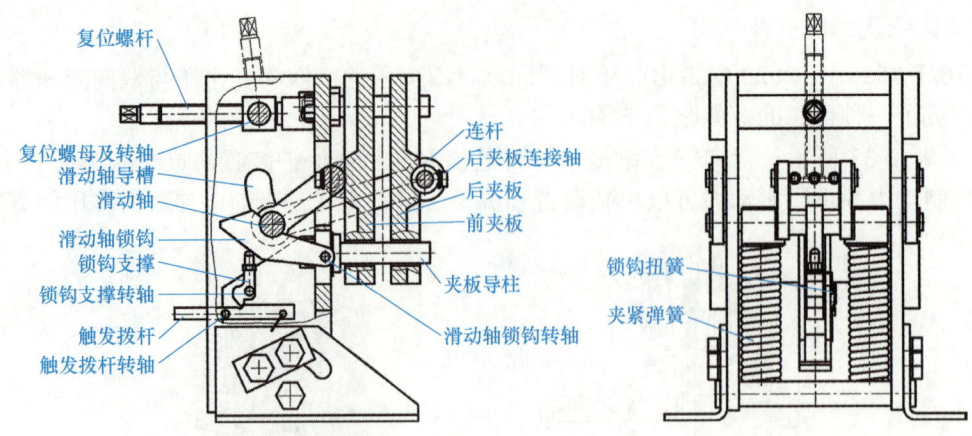

图 10-34 夹绳器结构

图 10-35 夹绳器实物图

图 10-36 夹绳器的安装位置

3. 夹绳器的原理及作用

根据夹绳器触发装置的不同，夹绳器又分为限速器机械式触发（闸线拉动，限速器动作机构直接带动提拉钢丝软轴使夹绳器动作）和电磁式触发（超速后限速器发出电信号，夹绳器压绳块动作，夹紧曳引钢丝绳实施制动）两种类型。

当电梯上行超速后，限速器触发夹绳器动作，前后夹绳板夹紧电梯曳引钢丝绳，强行制停轿厢。因此，其主要作用是用于电梯轿厢上行超速保护。

就目前使用效果来看，由于夹绳器动作是瞬时完成的，非常粗暴，冲击强烈，尤其是动作时对重常产生非常严重的跳动，动作后对夹绳块及曳引钢丝绳的损伤较大，夹绳器的使用寿命较短，因此存在较多争议，目前也正在探讨更合理有效的上行超速保护装置。

10.2.7 电梯超速系统检测

随着电梯技术的快速发展，智能化的电梯逻辑控制装置功能越来越强大，除了电梯限速器可对电梯速度进行超速控制以外，电梯的控制系统也具备了电梯速度的检测及监控功能。通过测速装置和控制系统内部软件的处理可精确地对电梯速度进行有效控制。

1. 过高速检测

电梯的速度监控装置会实时监测电梯的运行速度。如图10-37所示，当电梯从起动到停止过程中，某一时刻轿厢速度超过了预先设定的高速限值时，电梯控制器将控制电梯紧急停止。

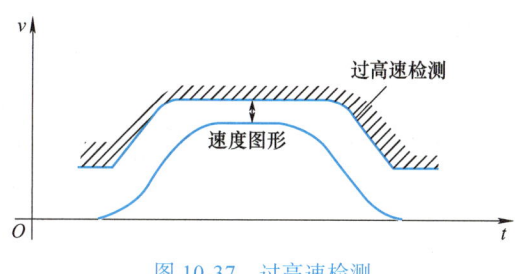

图10-37 过高速检测

2. 反馈速度图形异常检测

电梯控制系统可通过电梯测速装置监测电梯的速度曲线图形，通过系统处理后和给定的速度曲线图形进行比较，当控制系统认定反馈图形异常时，控制电梯紧急停止。

10.2.8 电梯超速保护

1. 下行超速后电梯的保护过程（图10-38）

2. 上行超速后电梯的保护过程

（1）电梯上行超速保护的方法　当前，电梯下行超速主要是采用限速器和安全钳进行保护，而电梯的上行超速保护的方式比较多，比较常见的有如下四种：

1）轿厢侧安装双向限速器和双向安全钳进行保护。
2）采用限速器和夹绳器进行保护。
3）对重侧安装限速器和安全钳进行保护。
4）限速器、有冗余制动力的制动器进行上行超速保护。

电梯上行超速带来的最严重后果是电梯冲顶，电梯轿厢冲顶前，对重将压在缓冲器上，此时电梯的曳引钢丝绳和曳引轮之间将出现打滑现象，所以，在顶层空间和对重缓冲距离符合电梯安全标准的前提下，轿厢很难发生冲顶事故。因此，越来越多的电梯直接采用限速器和制动器进行上行超速保护。

（2）电梯上行超速保护过程　以限速器和制动器上行超速保护方式为例的电梯上行超速保护过程如图10-39所示。

电梯结构与原理

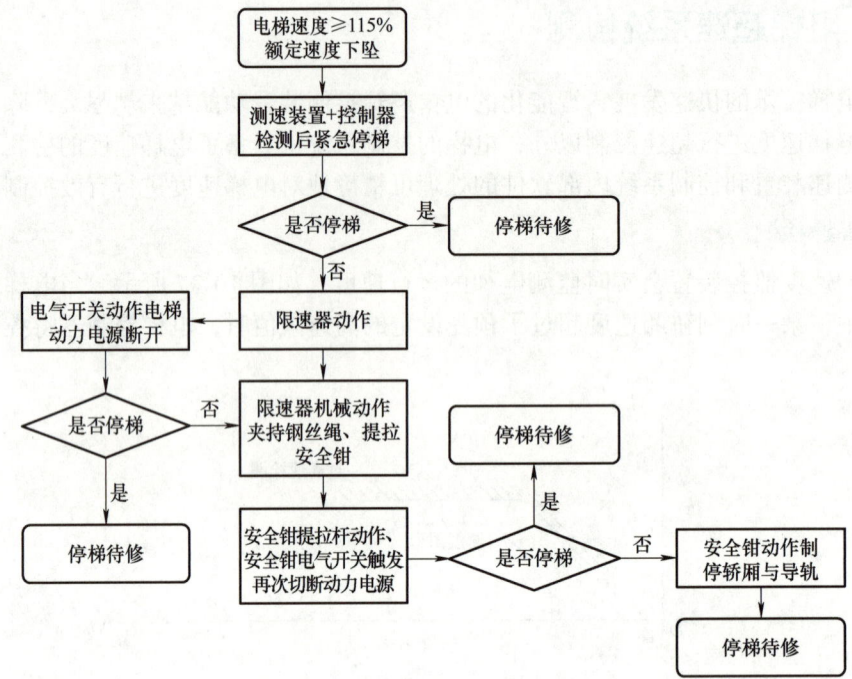

图 10-38 下行超速后电梯的保护过程

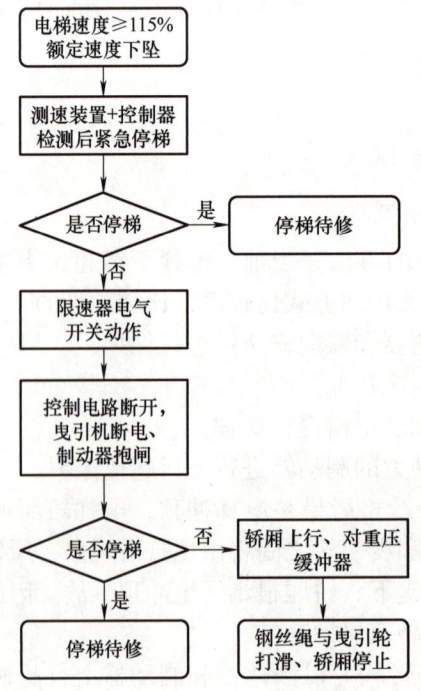

图 10-39 电梯的上行超速保护过程

10.3 防越程运行保护

正常运行的电梯在上、下两个端站之间的区间内运行,为防止电梯因控制方面的故障导致轿厢超越顶层或者底层端站继续运行,进而引发严重的后果和结构破坏,必须设置相应的保护装置,主要包括端站保护装置和缓冲器。

10.3.1 电梯防越程运行保护的主要部件

1. 端站保护装置

如图 10-40 所示,端站保护装置由上/下强迫减速开关、上/下限位开关、上/下极限开关组成。其中,上强迫减速、上限位、上极限开关为电梯上端站越程保护装置;下强迫减速、下限位、下极限开关为电梯下端站越程保护装置。

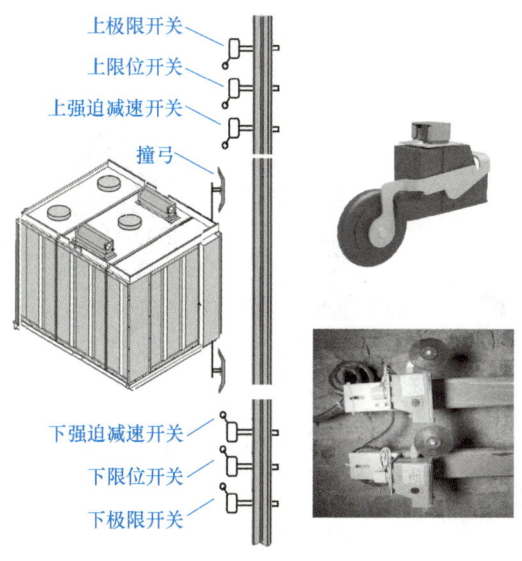

图 10-40 端站保护装置

(1) 强迫减速开关 强迫减速开关是电梯失控将造成冲顶或蹲底时的第一道防线。强迫减速开关由上、下两个开关组成,安装在井道的顶部和底部。

当电梯失控,轿厢已到达顶层或底层而不能减速停车时,装在轿厢上的碰板与强迫减速开关的碰轮相接触,向电梯控制器发出指令信号,迫使电梯减速停车。

为了降低电梯强迫减速时的舒适感,根据电梯的速度,可以设置多个强迫减速开关,实行分级减速。

(2) 端站限位开关 端站限位开关由上、下两个开关组成,分别安装在井道顶、底部,在强迫减速开关之后,是电梯失控的第二道防线。

当强迫减速开关未能使电梯减速停车,轿厢越出顶、底层位置后,轿厢上的撞板使上、下限位开关动作，向电梯控制器发出信号，电梯控制器控制曳引机断电并使制动器动作，迫使电梯无法向危险方向继续运行但可向安全方向运行。

目前，有部分品牌电梯采用程序或其他开关的替代方式来进行电梯越程限位控制。例如，部分电梯公司的电梯根据旋转编码器反映的电梯位置来进行限位，当电梯控制器监测到轿厢超越端站一定距离后，电梯控制器直接控制曳引机和制动器不工作停梯；还有部分电梯公司将平层感应作为限位装置，电梯在端站平层后，继续向上或者向下运行，电梯平层感应器脱离遮光（磁）板，电梯控制器控制电梯无法继续向危险方向运行。采用以上两种方式的电梯，均不在井道内独立安装限位开关。

（3）终端极限开关　终端极限开关由上、下两个开关组成，分别安装在井道顶、底部，在终端限位开关之后，是电梯失控的第三道防线。

当轿厢越出顶、底层位置后，上、下限位开关动作，电梯应停止运行，如果电梯此时未能停止，轿厢继续运行，在轿厢或对重压缓冲器前，轿厢撞板使极限开关动作，电梯控制回路断开，继而切断电梯动力回路，迫使曳引机失电停止。

2. 缓冲器

如图 10-41 所示，缓冲器是电梯冲顶或蹲底的最后一道安全装置，安装在井道底坑轿厢和对重的下方，能对失控的轿厢或对重起到缓冲作用。

（1）缓冲器的初步认知　不同类型的缓冲器如图 10-41 所示。

弹簧缓冲器

聚氨酯缓冲器

液压缓冲器

弹簧缓冲器

聚氨酯缓冲器

液压缓冲器

图 10-41　不同类型的缓冲器

（2）缓冲器的安装位置　如图 10-42 所示，缓冲器安装于电梯的轿厢和对重的下方，通常轿厢缓冲器为主缓冲器，对重缓冲器为副缓冲器。当电梯为重载电梯时，轿厢下装两个缓冲器。

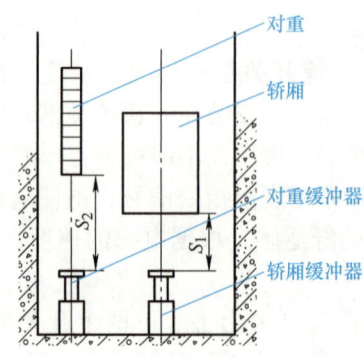

图 10-42　缓冲器的安装位置

（3）缓冲器的作用　缓冲器是一种吸收、消耗运动轿厢或对重的能量，使其减速停止，并对其提供最后一道安全保护的电梯安全装置。

缓冲器安装在井道底坑内，具有强承载冲击能力，缓冲器与地面垂直并正对轿厢（或对重）下侧的缓冲板。

（4）缓冲器的类型　缓冲器主要分为蓄能型缓冲器和耗能型缓冲器。蓄能型缓冲器主要有弹簧和聚氨酯两种，耗能型缓冲器主要指液压缓冲器。

1）弹簧缓冲器如图10-43所示。弹簧缓冲器由缓冲橡皮、缓冲头、缓冲弹簧和缓冲弹簧座等部分组成。当弹簧缓冲器受到撞击时，弹簧会发生变形，于是将轿厢或对重下落时产生的动能与势能转化为弹性变形能，使轿厢或对重下落时得到缓冲，弹簧的变形能会产生反作用力，造成电梯的反弹，如此反复直到能量耗尽，电梯才真正停止下来。这种缓冲器在缓冲后存在回弹现象，导致缓冲不平稳，因此，只适用于额定速度1m/s以下的低速电梯。

2）聚氨酯缓冲器如图10-44所示。聚氨酯缓冲器是一种新型缓冲器，具有体积小、重量轻、软碰撞、无噪声、防水、防腐、耐油、安装方便、易保养、好维护、可减少底坑深度等特点，近年来在中低速电梯中得到广泛应用。

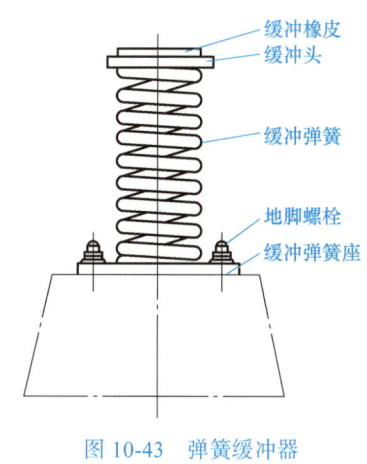

图10-43　弹簧缓冲器

图10-44　聚氨酯缓冲器

3）液压缓冲器如图10-45所示。

a) 弹簧外置式液压缓冲器 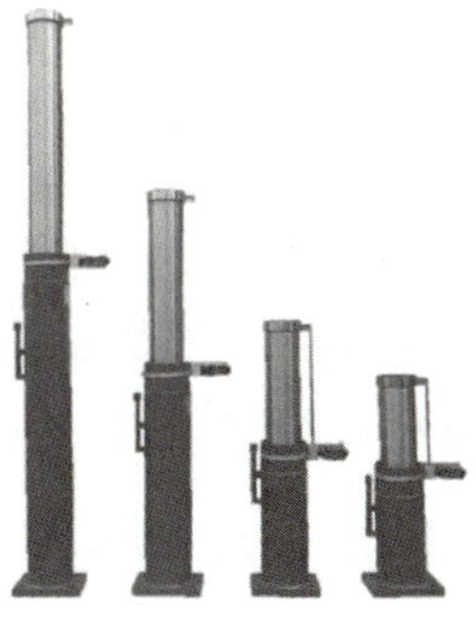　　b) 弹簧内置式液压缓冲器

图10-45　液压缓冲器

如图 10-46 所示,当液压缓冲器受到轿厢和对重的冲击时,柱塞向下运动,压缩缸体内的油通过环形节流孔喷向柱塞腔。当油通过环形节流孔时,由于流动截面积突然减小,就会形成涡流,使液体内的质点相互撞击、摩擦,将动能转化为热量散发掉,从而消耗了轿厢或对重的能量,使轿厢或对重逐渐缓慢地停下来。

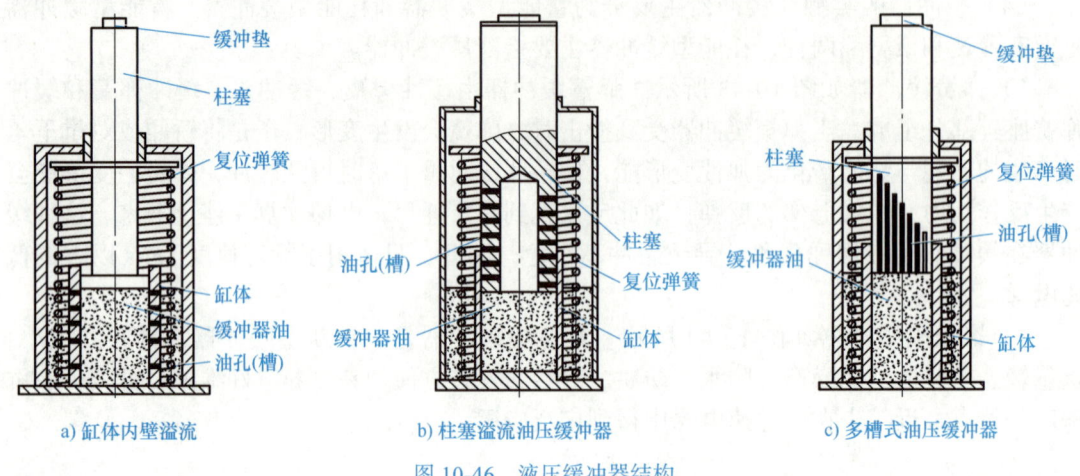

a) 缸体内壁溢流　　b) 柱塞溢流油压缓冲器　　c) 多槽式油压缓冲器

图 10-46　液压缓冲器结构

液压缓冲器是一种耗能型缓冲器,它是利用液体流动的阻尼作用,缓冲轿厢或对重的冲击。当轿厢或对重离开缓冲器时,柱塞在复位弹簧的作用下,向上复位,油液重新流回液压缸,恢复正常状态。

(5) 缓冲器的安全状态技术要求

1) 弹簧缓冲器用于额定速度 1m/s 以下的低速电梯,聚氨酯缓冲器根据出厂要求进行使用,液压缓冲器主要用于额定速度大于 1m/s 的电梯。

2) 缓冲器至轿厢、对重的缓冲板之间距离(缓冲距)的要求见表 10-2。

表 10-2　缓冲器至轿厢、对重的缓冲板之间距离的要求

缓冲器类型	缓冲器名称	缓冲距
蓄能型	弹簧缓冲器	200～350mm
	聚氨酯缓冲器	
耗能型	液压缓冲器	150～400mm

3) 缓冲器安装后垂直度偏差小于 0.5。

4) 缓冲器的顶面不水平度不应超过 2/1000。

5) 同一基础上安装两个缓冲器,其顶面相对高度差不应超过 2mm。

6) 缓冲器中心对轿厢或对重上相应的缓冲板中心偏差不超过 20mm。

7) 液压缓冲器应选用合适规格和黏度的液压油。

10.3.2　电梯防越程运行保护的主要过程

正常运行的电梯一般很少出现异常越程情况,下面以电梯下行越程保护为例进行端站

越程保护介绍,如图10-47所示。

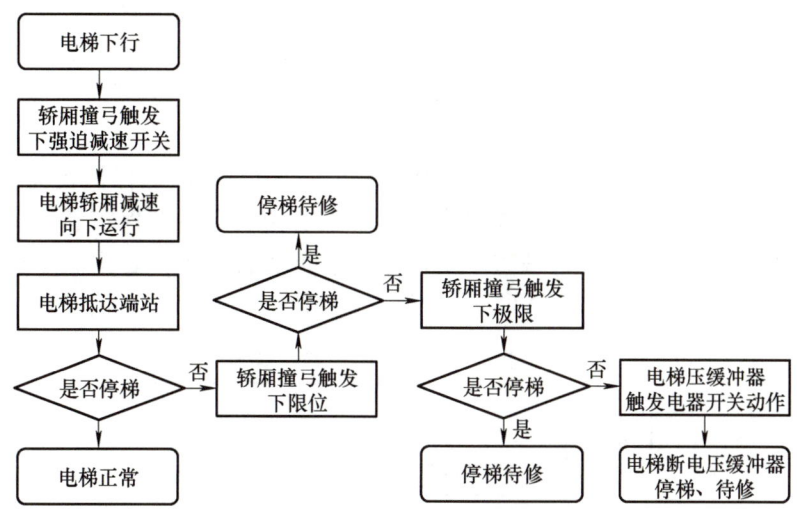

图10-47 终端越程保护

10.4 电梯门入口安全保护

10.4.1 电梯门入口安全保护的主要装置

电梯在层站平层后,电梯的门机会驱动电梯开门和关门,在开门过程中乘客将进出轿厢,如果这个过程中电梯出现异常关门,将会导致乘客身体相关部位被门夹伤。因此,必须采取相关措施进行防门夹伤的入口安全保护,主要部件有门机和轿门入口安全装置。

1. 电梯的驱动门机

为了防止电梯轿门在关闭时撞击或夹伤乘客,驱动电梯轿门和厅门同步运行的门机采用小功率和小起动转矩的门机,如图10-48所示,确保电梯轿门和层门在自动关门1/3行程后阻止关门力不大于150N。

a) 电梯门机及安装位置　　　　　　b) 电梯门机铭牌

图10-48 电梯门机及门机铭牌

165

2. 轿门入口安全装置

（1）轿门入口安全装置的安装位置及功能　轿厢安全装置一般安装在轿门上，当轿厢出入口有乘客或障碍物时，轿门上的安全装置（机械装置或电气装置）向电梯控制器发出信号，电梯控制器控制电梯门机，驱使轿门停止关闭并立即返回开启位置，进行防门夹伤保护。

（2）轿门入口安全装置的种类　如图10-49所示，常见的轿厢保护装置有接触式和非接触式两类。接触式必须接触后才能触发动作，主要指安全触板保护装置；非接触式包含光电式保护装置、超声波保护装置、电磁感应保护装置三种，它不需要接触即可发出信号。

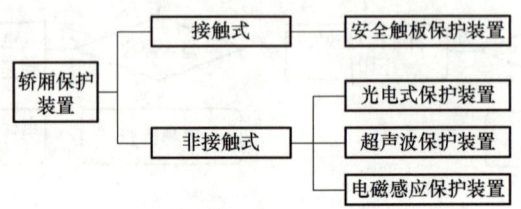

图 10-49　电梯轿门入口安全装置分类示意图

1）安全触板保护装置如图10-50所示。接触式保护装置又称为安全触板，主要在自动电梯轿门上采用。它由门触板、控制杆和微动开关组成。平时，触板在自重的作用下，凸出门扇30mm左右，门在关闭过程中，如果乘客或物体未完全进入轿厢，则人体或货物会紧挨安全触板并触发安全触板向开门方向动作，这时控制摆臂就会转动，压下微动开关触头，触头控制电路向电梯控制器发出障碍物信号，使门机迅速反转，门被重新打开。对于一般中分式门，安全触板在双侧安装，对于旁开式门，安全触板在单侧安装，且装在快门上。

a）安全触板　　　　b）触板控制摆臂　　　　c）安全触板电气开关

图 10-50　电梯轿门安全触板保护装置

2）光电式保护装置主要指红外线光幕式保护装置（简称光幕），由电源装置、光幕线、光幕条（包含发射装置和接收装置）组成，如图10-51所示。接收装置和发射装置分别安装在轿门的两侧，接收装置由红外接收管和主控电路组成，发射装置由发射红外二极管和主控电路组成，当微处理器判别出某接收管应接收的红外线光束被遮挡时，会给电源装置中的输出继电器和报警电路发出相应的工作信号。任何遮挡都会使电梯门重新打开，如果遮挡时间过长或超过预设时间，电梯会切换到慢速关门状态，同时蜂鸣器鸣叫。

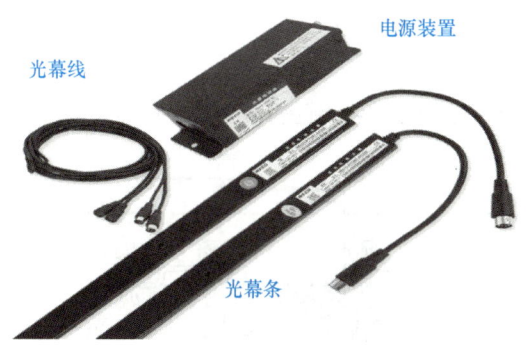

图 10-51　电梯轿门光幕

如图 10-52 所示，在发射器内有多个红外发射管，接收器内有多个接收管，一个发射管发出的红外信号被多个接收管接收，在电源控制盒的控制下，发射接收管依次高速打开，自上而下连续扫描轿门区域，形成一个密集的红外线保护光幕。当其中任何一束光线被阻挡时，控制系统立即输出开门信号，轿门即停止关闭并反转开启，如图 10-53 所示。这种形式的保护装置不需要像安全触板一样接触后才能触发。

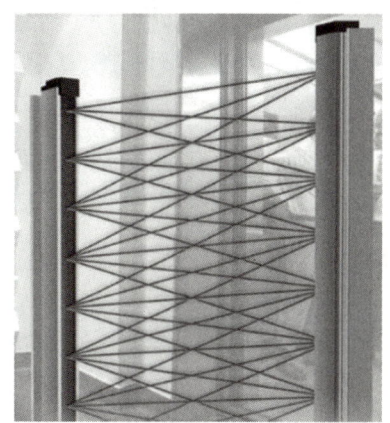

图 10-52　发射器

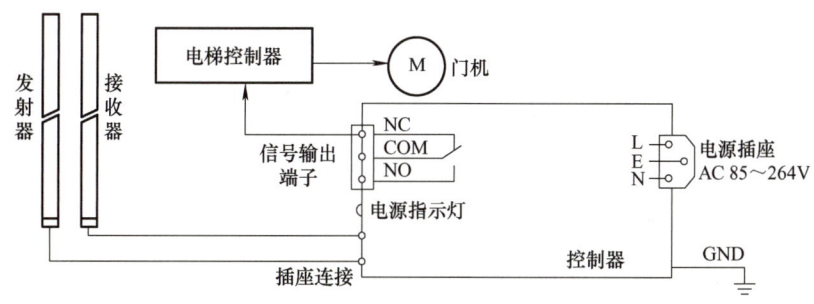

图 10-53　电梯轿门光幕工作原理图

为了强化安全保护，部分安全等级较高的电梯采用光幕嵌入安全触板的二合一光幕，使一个轿厢同时有光幕和安全触板的双重保护，如图 10-54 所示。

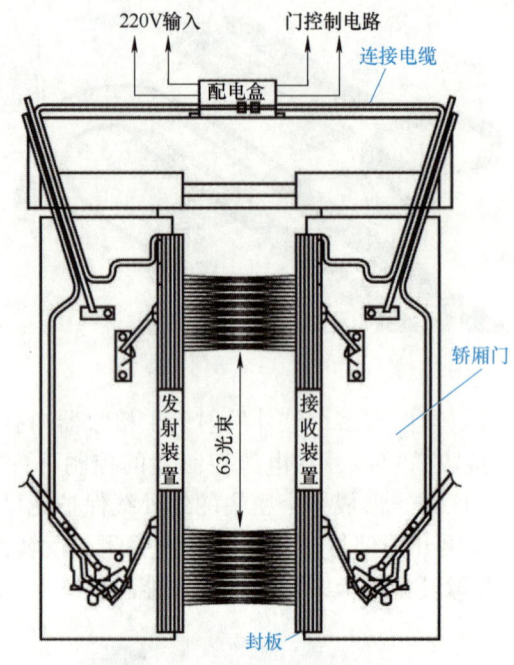

图 10-54　电梯轿门光幕和安全触板二合一门入口保护装置

3）超声波保护装置如图 10-55 所示。超声波监控装置一般安装在门的上方，当门正在关闭时，若超声波监控装置检测到厅门前有乘客欲进轿厢，则门重新打开，待乘客进入轿厢后，门再关闭。

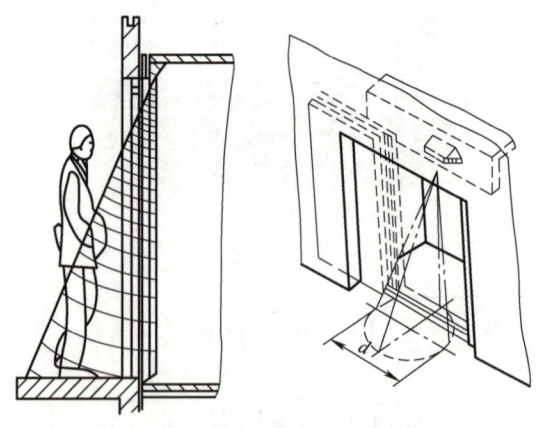

图 10-55　电梯超声波门入口保护装置

4）电磁感应保护装置如图 10-56 所示。这种装置借助于电磁感应原理，在门区内组成三组电磁场，任意一组电磁场的变化都会作为不平衡状态显示出来。如果三组磁场是相同的，则表明门区无障碍物，门将正常关闭；如果三组磁场是不相同的，则表明门区内有障碍物，探测器将发出障碍物信号。

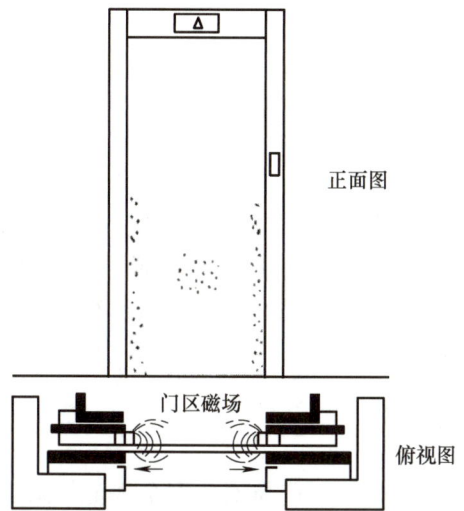

图 10-56　电梯电磁感应门入口保护装置

10.4.2　电梯门入口防夹保护过程

电梯门入口防夹保护过程如图 10-57 所示。

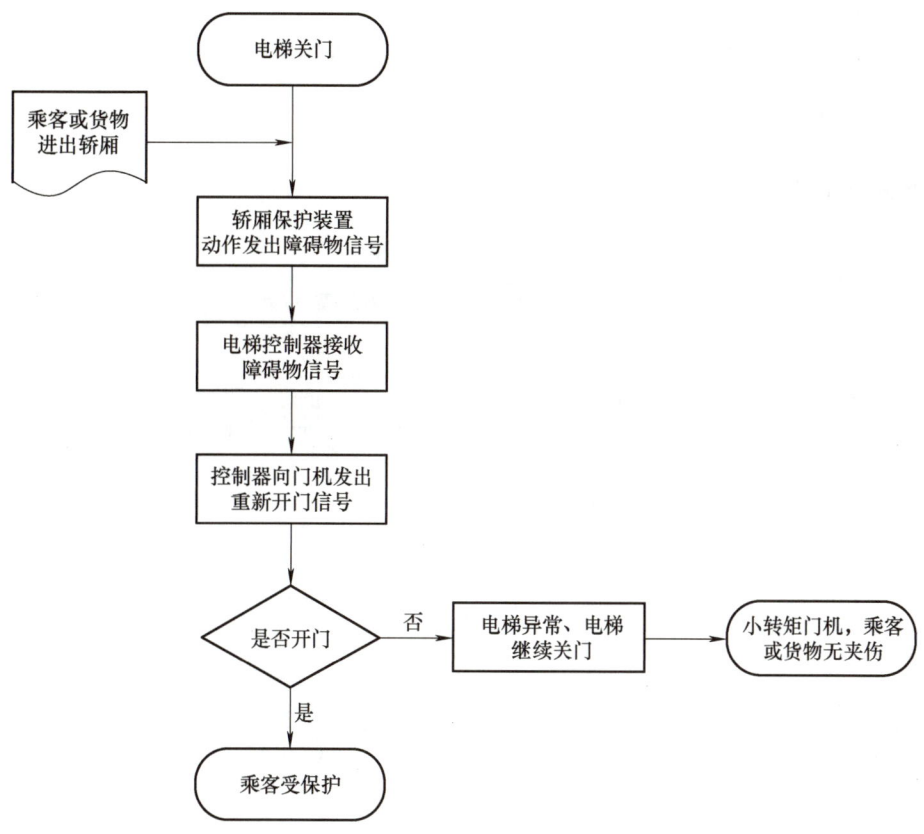

图 10-57　电梯门入口防夹保护过程

10.5 电梯防超载运行

电梯是一种垂直运输交通工具,从其工作原理进行分析便可知道,电梯超载会导致电梯轿厢和对重两侧重量的严重不平衡,这样会使电梯在运行过程中存在巨大的安全隐患,因此,必须防止电梯超载运行。目前,防止轿厢超载运行的主要方法是根据设计额定载荷限制轿厢最大面积和采用称重装置。

10.5.1 电梯超载标准及超载后应有的保护控制

根据 GB/T 7588.1—2020《电梯制造与安装安全规范 第1部分:乘客电梯和载货电梯》规定,"轿厢超载时,电梯上的一个装置应防止电梯正常启动及再平层。"所谓超载是指超过额定载荷的 10%,并至少为 75kg。

在超载情况下电梯应做如下安全反应:
1) 轿内应有音响和(或)发光信号通知使用人员。
2) 动力驱动自动门应保持在完全打开位置。
3) 手动门应保持在未锁状态。
4) 取消平层、再平层、对接操作和轿厢运行的预备操作。

10.5.2 电梯轿厢面积的限制

电梯轿厢面积的限制见表 10-3。

表 10-3 电梯轿厢面积的限制

额定载重量 /kg	轿厢最大有效面积 /m²	额定载重量 /kg	轿厢最大有效面积 /m²
100[①]	0.37	750	1.90
180[②]	0.58	800	2.00
225	0.70	825	2.05
300	0.90	900	2.20
375	1.10	975	2.35
400	1.17	1000	2.40
450	1.30	1050	2.50
525	1.45	1125	2.65
600	1.60	1200	2.80
630	1.66	1250	2.90
675	1.75	1275	2.95

(续)

额定载重量 /kg	轿厢最大有效面积 /m²	额定载重量 /kg	轿厢最大有效面积 /m²
1350	3.10	1600	3.56
1425	3.25	2000	4.20
1500	3.40	2500③	5.00

① 一人电梯的最小值。
② 二人电梯的最小值。
③ 额定载重量超过2500kg时,每增加100kg,面积增加0.16m²。
对中间的载重量,其面积由线性插入法确定。

对于防止轿厢超载运行而言,限制轿厢面积是有效的方式之一,这样可以避免过大的轿厢面积因装载过多的乘客或货物而使轿厢超载。GB/T 7588.1—2020《电梯制造与安装安全规范 第1部分:乘客电梯和载货电梯》规定,为了防止由于人员导致的超载,轿厢的有效面积应予以限制。依据规定,额定载重量和最大有效面积之间的关系如下:

对于轿壁的凹进和扩展部分,不管高度是否小于1m,也不管其是否有单独门保护,在计算轿厢最大有效面积时均应计入。

10.5.3 电梯的称重装置

1. 常见称重装置

电梯常见称重装置如图10-58所示。

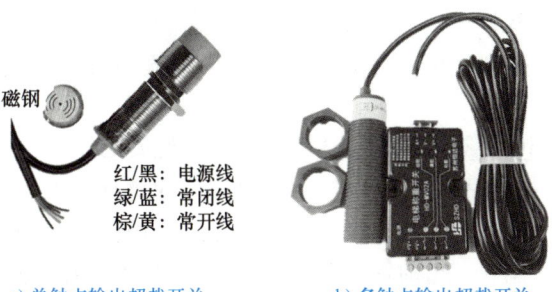

a) 单触点输出超载开关　　　b) 多触点输出超载开关

图10-58 电梯常见称重装置

2. 称重装置的安装位置

称重装置根据称重的结构特点,通常安装于电梯机房绳头板、轿底底梁、轿顶绳头板或反绳轮处,如图10-59所示。

3. 称重装置的功能

电梯的称重装置是依据国家标准GB/T 7588.1—2020《电梯制造与安装安全规范 第1部分:乘客电梯和载客电梯》规定必须装设的超载检测装置,以防止电梯超载时起动操作带来危险。另外,电梯的一些控制功能,比如满载直驶、防捣乱功能、起动转矩补偿功能,也需要有一个测量电梯载荷的装置为控制系统提供电梯的载荷信号。

 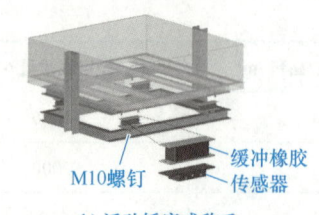 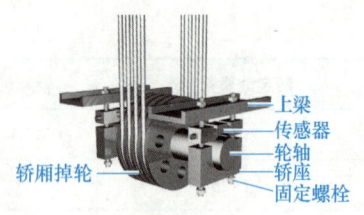

a) 机房绳头板式称重　　　　　　b) 活动轿底式称重　　　　　　c) 轿顶式称重

图 10-59　电梯称重装置的安装位置示意图

称重装置的功能：检测轿厢载荷，为电梯超载保护、满载直驶等功能向电梯控制系统提供载荷信号。

4. 称重装置的种类

按结构分类，电梯称重装置主要有如下 4 类：

（1）机械式称重装置　这种结构形式的称重装置通常以弹簧作为称量元件，依据弹簧的压缩量来衡量电梯轿厢内载荷，通过杠杆将轿厢的载荷变化传递到微动开关。当电梯超载时，杠杆摆动幅度变大，触发微动开关，切断控制电路，使电梯进入超载保护控制状态。由于其结构稍显复杂，安装调试不便，基本淘汰，此处不再研究。

（2）橡胶块式称重装置　轿厢底部和悬挂上梁的顶部均装有缓冲橡胶，将微动开关装设于缓冲橡胶旁边，当电梯超载时，缓冲橡胶被压缩，微动开关被触发，切断电梯控制电路，使电梯进入超载保护控制状态。此种形式的称重装置以橡胶块作为称量敏感元件，弹簧的压缩量直接衡量轿厢的载荷量，结构虽然比机械式稍显简单，但橡胶块易老化变形，长时间使用容易出现较大的称量误差，也不是一种理想的称重装置，基本被淘汰，此处也不再研究。

（3）电磁感应式称重装置　电磁感应式称重装置也称为称重开关，由感应器和感应磁铁组成，结构简单，安装方便，可安装于轿底、轿顶和机房绳头，动作灵敏，寿命长，当前应用尤为广泛。

如图 10-60 所示，电磁感应式传感器通过连接支架安装于轿底下梁上，感应磁铁贴于活动轿底，两者之间保持合适距离，随着轿厢内载荷的增加，两者之间距离逐渐减小，传感器的感应磁场强度逐渐增强。当电梯超载时，传感器被磁铁触发，向电梯控制器发出信号，电梯进入超载保护程序。此种称重装置工作前必须调试好传感器和磁铁之间的距离，具体的方法是向轿内装载 90% 的额定载荷（为安全起见，约定小于额定载荷 20% 的为轻载，大于额定载荷 80% 和 90% 的分别为满载和超载），调节传感器的安装高度，令其刚好触发，即合适距离。电梯控制系统一般需要测量装置提供轻载、满载、超载三个开关量信号，其安装高度参考电梯超载感应器的调试方法。因此，轿厢底部通常装三个感应器来分别测量轻载、满载和超载状态。

（4）负重式称重装置　前面几种形式的称重装置只能设定一个或者几个称重限值，不能给出载荷变化的连续信号，为了适应其他控制要求，特别是计算机应用于群控后，为了使电梯达到最佳的调度状态，必须对每台电梯的客流量或承载情况做统计分析，然后选择合适的群控调度方式。因此可采用负重式传感器作为称量元件，输出载荷变化的连续信号。如图 10-61 所示，电梯负重式称重装置由传感器和称重控制仪两部分组成。随着电梯载荷的增加，安装于附加绳头板下的压力传感器受力逐渐增加。实时测量轿厢载荷，并将信号传递给称重控制仪，称重控制仪记录处理轿厢载荷信号后向电梯控制器发出载荷信号。负重式传感器可安装于电梯机房绳头板、轿顶反绳轮、活动轿底。

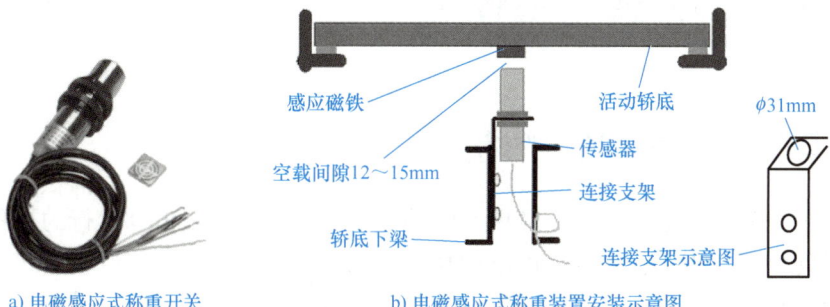

图 10-60　电磁感应式称重装置

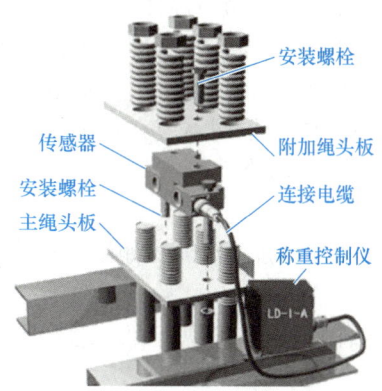

图 10-61　负重式称重装置工作示意图

10.5.4　电梯防超载保护过程

为了安全起见，通常设置轿厢内实际载荷大于额定载荷的 90% 时，电梯称重装置发出超载信号，使电梯无法关门运行。另外，轿厢根据额定载重量已经限制了最大有效面积，因此，轿厢超载运行很难发生，如图 10-62 所示。

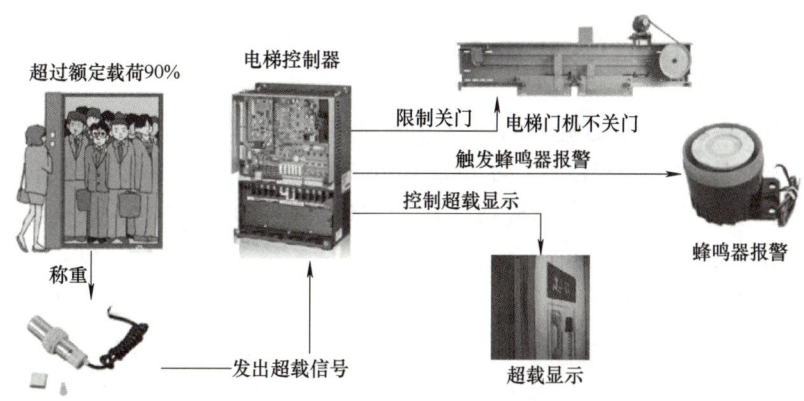

图 10-62　电梯防超载运行保护工作示意图

10.6 电梯的其他安全保护

10.6.1 电梯单次运行超时限制保护

电梯是一个间歇性运行设备,其曳引电动机单次得电时间由电梯运行的行程决定,其最长运行时间为全行程运行时间,即电梯从最低层正常运行至最高层所用时间。在下列情况下,如果电梯电动机单次长时间通电或长时间运行,将会出现严重后果:

1)当起动电梯时,曳引电动机不转。
2)轿厢或对重向下运动时由于障碍物而停住,导致曳引绳在曳引轮上打滑。

为避免电梯出现以上情况,国标 GB/T 7588.1—2020《电梯制造与安装安全规范 第1部分:乘客电梯和载货电梯》规定,每部电梯应设置电动机运转时间限制器,避免电梯单次长时间得电运行,电动机运转时间限制器应在不大于下列两个时间值的较小值时,使电梯驱动主机停止转动并保持在停止状态:

1)45s。
2)正常运行时运行全程的时间再加上 10s。如果运行全程的时间小于 10s,则最小值为 20s。

目前,以上时间控制由电梯控制器来实现,即电动机运转时间限制器功能由电梯控制器来实现,如图 10-63 所示。

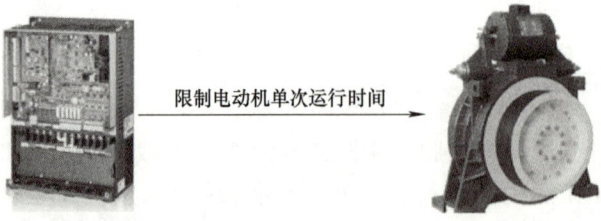

图 10-63 电梯运行超时限制工作示意图

10.6.2 防止层门发生安全事故的保护

乘客进入电梯轿厢首先接触到的就是电梯层门(厅门)。一般的电梯只有轿门开启才能带动层门开启。层门上装有电气、机械联锁的门锁。层门门锁是确保层门真正起到使层站与井道隔离,防止人员坠入井道或剪切而造成伤害的极其重要的一个安全装置。为此,国家规范对其提出了严格的要求。

1. 对坠落危险的保护要求

电梯正常运行时,应不可能打开层门(或多扇层门中的任何一扇),除非轿厢停站或停在该层的开锁区域内。开锁区域不得大于层站地平面上下 0.2m。用机械操纵轿门和层门同时动作的电梯，开锁区域可增加到不大于层门地面上下 0.35m。

2. 对剪切危险的保护

如果一扇层门（或多扇层门中的任何一扇门）开着，在正常操作情况下，电梯设置的门锁闭合验证电路将不会导通，轿厢将无法起动，也不可能使轿厢保持运行，只能为轿厢运行做预备操作，符合规范要求的特殊情况例外，如在开锁区域内的提前开门平层或再平层。

3. 层门的锁紧要求

1) 轿厢只能在层门门锁锁紧元件啮合不小于 7mm 时才能起动。

2) 切断电路的触点元件与机械锁紧装置之间的应直接连接且防止误动作，必要时可以调节。

3) 锁紧元件应是耐冲击的，如图 10-64 所示，应用金属制造或加固。锁紧元件的啮合应能满足在朝着开门方向力的作用下，不降低锁紧强度，即沿着开门方向，在门锁高度处施以最小为 1000N 的力，门锁应无永久性变形。

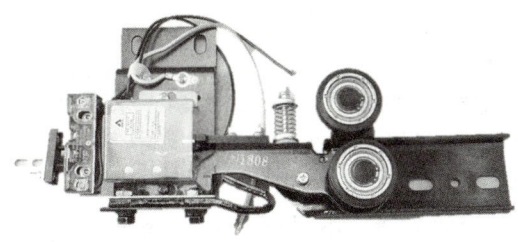

图 10-64　电梯厅门门锁装置

4) 层门门锁应由重力、永久磁铁或弹簧来保持其锁紧动作，即使永久磁铁或弹簧失效，重力也不应导致开锁。若用弹簧来保持其锁紧，弹簧应在压缩状态下工作并有导向，其尺寸应保证在开锁时，弹簧圈不会被并圈。如果锁紧元件是通过永久磁铁的作用保持其适当位置，则它不应被一种简单的方法（如加热或冲击）使其失效。

5) 锁紧装置应有保护措施防止积尘，工作部件应易于检查，例如采用一块可以观察的透明板。当门锁触点放在盒中时，盒盖的螺钉应是不脱出式的，在打开盒盖时螺钉仍能留在盒内或盖的孔中。

4. 紧急开锁要求

每个层门均应设紧急开锁装置，如图 10-65 所示。在一次紧急开锁以后，当无开锁动作时，锁闭装置在层门闭合情况下，不应保持开锁位置。用于紧急开锁的钥匙应由专人保管，只有具备资质的专门人员才允许使用该钥匙。

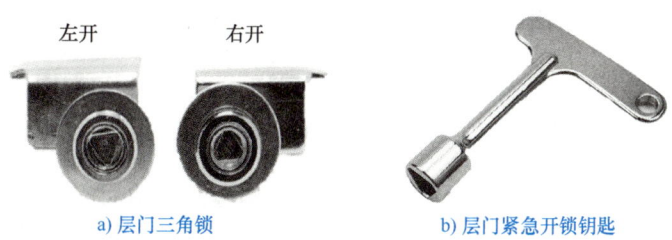

a) 层门三角锁　　　　　　　b) 层门紧急开锁钥匙

图 10-65　电梯层门门锁开锁装置

当轿厢位于开锁区域以外时，无论层门因何种原因开启，应有一种层门自闭装置（可以利用重块或弹簧）确保层门立即自动关闭。

5. 关于机械连接的多扇门组成的水平滑动门的要求

当水平滑动门由几个用直接机械连接的门扇组成时，允许只锁紧其中一扇门，只要这个单独锁紧的门扇能防止其他门扇开启，并在一个门扇上配置能验证层门闭合的符合规范的电气安全装置即可。

当门扇是由间接机械连接（如用钢丝绳、链条或传送带）时，这种连接机构应能承受任何正常情况下能预估的力，并定期检查。也允许只锁住一扇门，只要这个单独锁住的门扇能防止其他门扇开启，未被锁住的其他门扇应安装一个验证其关闭位置的符合规范要求的电气安全装置。

6. 自动操纵门的关闭要求

正常使用中，在经过一段必要的时间后仍未得到轿厢运行的指令，层门应自动关闭。这段时间的长短可以根据使用电梯的客流量而定。

7. 防止关门夹人的保护装置

乘客进入层门后就立即经过轿门进入轿厢，但由于乘客进出轿厢的速度不同，有时会发生人被轿门夹住的事故。为了尽量减少在关门过程中发生人或物被撞击、夹住的事故，对门的运动提出了以下保护性的要求。

1）门扇面向层站的一面要光滑，不得有大于3mm的凹凸。

2）阻止关门的力不大于150N，以免造成意外伤害。

3）应设置一种保护装置，当乘客在门关闭过程中被撞击或可能会被撞击时，保护装置将停止关门动作使门重新开启。

8. 轿厢意外移动保护

（1）停止开关　停止开关也称为急停开关，如图10-66所示，按要求在轿顶、底坑、滑轮间、检修控制装置和对接操作的轿厢内必须装设停止开关，当检修人员或乘客发现轿厢意外移动可能造成风险时，可以利用停止开关控制电梯轿厢，避免轿厢意外移动而危险运行。

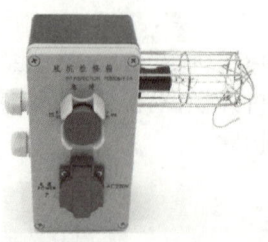 

a) 底坑检修盒上急停　　　b) 轿顶检修盒上急停

图10-66　电梯停止开关

停止开关应符合电气安全触点的要求，应是双稳态非自动复位的，若产生误动作则不能使电梯恢复运行。轿顶的停止开关应设在距离检修或维护人员入口处（一般为轿门）不大于1m的易接近位置，也可设在距离入口不大于1m的检修运行控制装置上。底坑的停止开关应安装在打开门去底坑时和在底坑地面上容易接近的位置。当底坑较深时，可以在底坑梯子旁和底坑下部各设一个串联的停止开关。对于最低层为前后开门的电梯，在底坑前后门侧均应设置停止开关。

（2）检修运行　检修运行是为便于检修和维护而设置的运行状态，由安装在轿顶或其他地方的检修运行装置进行控制，检修人员可利用检修装置控制轿厢检修慢车安全运行。

检修运行时应取消正常运行的各种自动操作、紧急电动运行、对接操作运行、轿内和层站的选层及召唤信号、门的自动操作。此时轿厢的运行依靠持续按压按钮操纵，轿厢的运行速度不得超过 0.63m/s，门的开关也由持续按压开关门按钮控制。检修运行时所有的安全装置均应有效，如限速器、安全钳、缓冲器、限位开关和极限开关、门的电气安全触点以及其他的电气安全开关。

检修运行装置包括一个运行状态转换开关、操纵运行的方向按钮和停止开关。转换开关应是符合电气安全触点要求的双稳态开关，有防误操作的措施，开关的检修和正常运行位置有明显标识，有的电梯为防误动作设有 3 个按钮，操纵时方向按钮必须与运行确认的按钮同时按下才有效，可防止因误操作引起的轿厢意外检修移动。

（3）开门情况下的平层和再平层控制　根据规定，在一些特殊的情况下通过限制以下条件，确保轿门在开启状态下能够安全运行，允许层门和轿门在打开时进行轿厢的平层和再平层运行：

1）运行只限于开锁区域，应至少有一个开关，防止轿厢在开锁区域外的所有运行。

2）运行期间，平层速度不大于 0.8m/s，再平层速度不大于 0.3m/s。

（4）轿厢意外移动的控制系统监测保护

1）突发情况下的轿厢意外移动原因如下：

① 电气原因：系统部件或程序误动作。

② 制动器故障：闸瓦油污、磨损等导致的制动力不足。

③ 曳引故障：曳引机、曳引轮、曳引绳、曳引轮轴或蜗轮等。

④ 人为原因：门锁短接、超载使用、救援不当、平衡系数不匹配等。

2）突发情况下的轿厢意外移动监测及保护。近年来，随着电梯控制技术的不断发展，多数电梯已增加电梯的意外移动监测功能，如图 10-67 所示。当电梯门在开门状态且非正常运行和操作的情况下，电梯出现意外移动时，监测电路向控制系统发出警报信号，电梯控制系统进入高等级的报警保护模式，直接控制电梯停止运行和制动器制动。

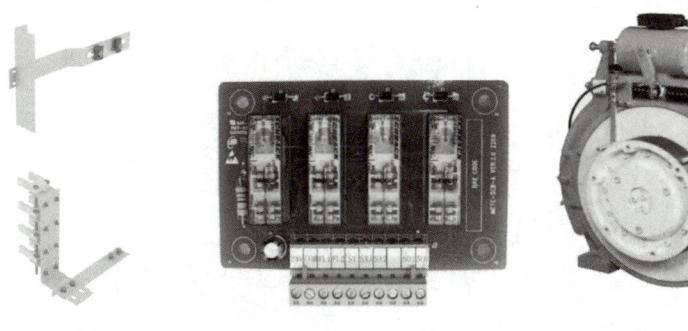

a) 平层感应器　　b) 轿厢意外移动监测板　　c) 制动器

图 10-67　电梯轿厢意外移动监测及保护装置

10.6.3 防止人员被电梯旋转部件伤害的保护

电梯上有不少运动部件在人接近时可能会产生撞击和挤压等危险,所以必须采取防护措施。对于作业人员在现场作业时容易接近的旋转部件必须设有安全网罩或栅栏,如图 10-68 所示,以防无意中触及,尤其是传动轴上突出的锁销、螺钉、钢带、链条、传送带,电动机的外伸轴,甩球式限速器等;曳引轮、盘车手轮、老式曳引机上的惯性轮等。轿顶和对重的反绳轮必须安装防护罩,对于各种绳轮,为防止钢丝绳脱槽,护罩处还应装设有挡绳装置,如图 10-69 和图 10-70 所示。

图 10-68 曳引机护罩

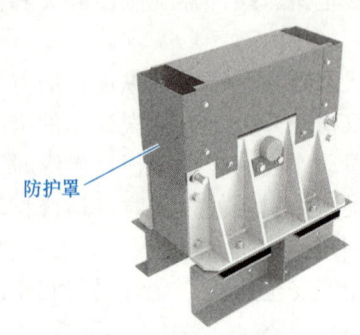
图 10-69 电梯反绳轮防护罩

图 10-70 电梯绳轮处的挡绳装置

曳引轮、滑轮和链轮采用的防护装置应能见到旋转部件且不妨碍检查与维护工作。防护装置只能在更换钢丝绳或链条、更换绳轮或链轮以及重新加工绳槽的情况下才能被拆除。

10.6.4 防止人员被电梯移动部件伤害的保护

在装有多台电梯的井道中,不同电梯的运动部件均应设隔障;机房地面高度不一且相差大于 0.5m 时,应在高处设楼梯或台阶并设置护栏。除此之外,还应有以下防护设施。

1. 护栏

轿顶护栏是电梯维修人员在轿顶作业时的安全保护栏,如图 10-71 所示,可以防止维修人员不慎坠落井道或触及与轿厢做相对运动的部件。GB/T 7588.1—2020《电梯制造与安装安全规范 第 1 部分:乘客电梯和载货电梯》对护栏的高度等均有明确要求:

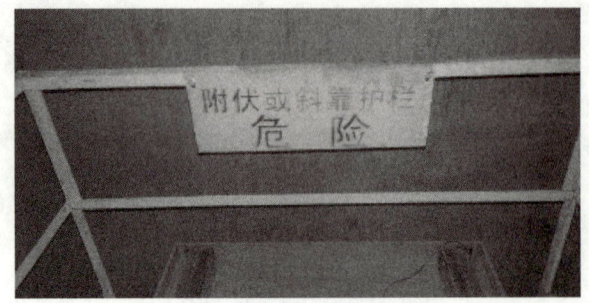
图 10-71 护栏示意图

1) 轿顶外侧边缘有水平方向超过 0.30m 的自由距离时，轿顶应装设护栏。自由距离应测量至井道壁，井道壁上有宽度或高度小于 0.30m 的凹坑时，允许在凹坑处有稍大一点的距离。

2) 护栏应由扶手、0.10m 高的护脚板和位于护栏高度一半处的中间栏杆组成。

3) 考虑到护栏扶手外缘水平的自由距离，扶手高度为：

① 当自由距离不大于 0.85m 时，不应小于 0.70m。

② 当自由距离大于 0.85m 时，不应小于 1.10m。

4) 外缘和井道中的任何部件〔对重或平衡重、开关、导轨、支架等〕之间的水平距离不应小于 0.10m。

2. 对重侧隔障

为防止人员进入底坑对重运行的空间下方，在底坑对重侧两导轨间应设防护隔障，如图 10-72 所示，隔障高度为 2.5m 以上，从距地面不大于 0.3m 处开始装设。宽度不小于对重（或平衡重）两边各加 0.1m，防护网空格或穿孔尺寸无论在水平方向或垂直方向测量，均不得大于 75mm。

3. 护脚板

当轿厢不平层且轿厢地坎的位置高于层站地面时，会使轿厢与层门地坎之间产生间隙或在层站处出现轿厢向上"溜车"现象，极易发生人员坠落或被挤压、剪切等重大事故。为此，国家标准规定，每一轿厢地坎上均需装设护脚板，如图 10-73 所示，其宽度是层站入口处的整个净宽。护脚板垂直部分的高度应不少于 0.75m，垂直部分以下部分呈斜面向下延伸，斜面与水平面的夹角大于 60°，该斜面在水平面上的投影深度不小于 20mm。护脚板用 2mm 厚的铁板制成，装于轿厢地坎下侧且用扁铁支撑，以增加机械强度。

图 10-72　对重侧隔障

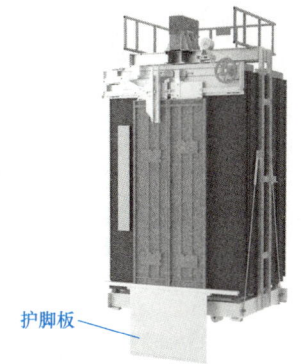

图 10-73　电梯护脚板

10.6.5　电气安全保护

1. 电保护

电梯作为一个用电设备，防触电措施必须安全有效，目前主要采取以下两种措施进行保护：

1）电梯电气系统所有的导线和电气元器件符合绝缘要求，相关电路均采用熔断器、断路器或元件的自我保护实现电气短路的自我保障。根据要求，电梯的动力和安全电路的绝缘电阻不小于 0.5MΩ，其他电路的绝缘电阻不小于 0.25MΩ。

2）电梯采用中性线和地线分开的供电系统，所有电梯外露的金属外壳均进行接地保护，如图 10-74 所示，且各种电气设备的接地电阻不大于 4Ω。

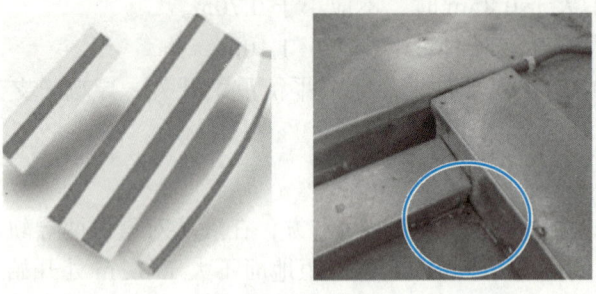

图 10-74　电梯地线及金属外壳处的接地线保护

2. 系统的断相和错相保护

当三相动力电源出现缺（断）相时，主驱动电路会出现电压降低或其他相线电流增大的情况，这样会导致电气设备损坏，同时控制电路也会由于供电异常导致控制系统无法正常工作。当三相电相序发生错误时，有可能使电梯原定的运行方向发生错误，会给电梯运行造成极大的危险性。因此，针对电梯供电系统的错相和断相，均要设置检测电路，对电梯的断相和错相情况进行检测，一旦电梯断相或错相，必须阻止电梯运行。目前，主要由相序保护继电器来对电梯的供电系统进行检测，如图 10-75 所示，当电梯异常时，相序保护继电器的触点会断开电梯的安全回路，从而阻止电梯运行。

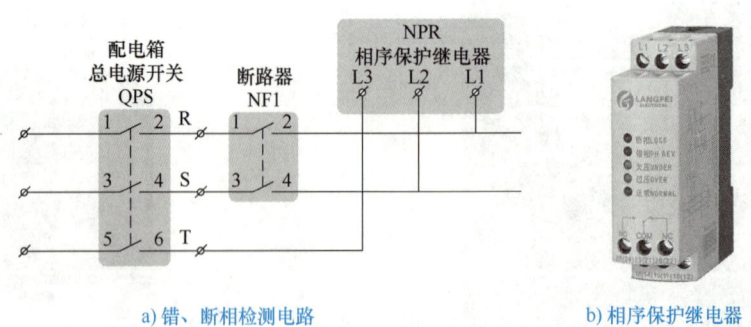

a) 错、断相检测电路　　　　　　　　b) 相序保护继电器

图 10-75　电梯防错相及断相运行装置及工作原理

如图 10-75 所示，电梯的三相电源由配电箱供给，供给电梯使用前，必须通过相序保护继电器进行检测，在不缺相和不断相的情况下，相序保护继电器才会导通电梯的安全控制电路，允许电梯运行。

近年来，部分电梯的主驱动系统采用了双极型 IGBT 或智能功率模块 IPM 为主体的交－直－交变频器来驱动电梯，使电梯的运行方向与供电系统电源相序无关。

若电梯配备了能量回馈装置，由于可控整流器需要对再生电流进行调制，然后反馈到电网，其工作原理与供电系统相序直接相关，因此必须对电梯电源相序进行检测，否则错相会导致电梯无法正常运行。

3. 电动机的过载保护

电梯使用的电动机一般都是大功率电动机，其正常工作时电流比较大，如果电动机过载运行，很容易导致电动机被烧毁，目前主要采取以下保护措施。

1）主电路安装热继电器，如图 10-76 所示。将热继电器的热元件接在曳引机主回路中，当电梯过载超过一段时间时，热继电器动作，其控制触点断开，切断电梯安全控制回路，电梯停止运行。

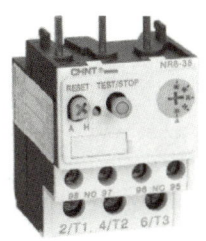

图 10-76　电梯热继电器

2）电动机内部安装热敏元件。将热敏元件埋藏在电动机的绕组中，当电梯电动机过载发热时，热敏元件通过相关信号放大电路使相关触点吸合，并向电梯控制器发出过热信号，电梯控制器切断电动机方向和速度信号，控制电梯停梯自保。

3）控制器过载保护。部分电梯的控制器可将电梯电动机的工作电流和额定电流进行比较，当电梯工作电流过大导致过载时，控制器报警停梯自保。

4. 控制系统中的短路和过电流保护

1）用熔断器和断路器进行保护。电梯电气系统中，用电电路全部采用断路器或熔断器进行保护。

2）电气元器件自我保护。在电梯电气系统中，部分电气元器件具有短路保护功能，如开关电源，当其输出端有短路时，开关电源会停止输出进行保护；变压器作为控制回路的电源提供元器件，其上设有熔断器，当外围用电电路短路时，可进行自爆；变频器作为一个负责精密的电子元器件，其本身也具备诸多的保护功能。

5. 触点和安全电路

在电梯相关安全隐患点设置电气安全装置，任何一个动作时都要防止电梯驱动主机起动或使其立即停止运转。电气安全装置应包括一个或几个满足规范要求的安全触点或安全电路。大部分电气安全装置采用的是安全触点，例如各处的停止装置，机房的盘车手轮开关、限速器开关，轿厢的安全钳开关、安全窗开关，井道中的限速器松（断）缓冲器开关、终端层极限开关、层门门锁开关、紧急出口处开关等都采用了安全触点，这些触点都串接在电梯的安全回路中，如图 10-77 所示，任意一个触点动作都会切断安全回路，进而使主接触器失电断开，制动器失电抱闸，使电梯立即停止或不能再起动。

安全回路原理分析如下：

由整流器出来的 110V 直流电源，正极通过熔断器 1RD 接到 100 号线，负极通过熔断器 2RD 接到 101 号线。

把电梯中所有安全部件的开关串联在一起，控制急停继电器 KJT，只要安全部件中有任何一只安全部件的开关起保护作用，将切断急停继电器 KJT 线圈电源，使 KJT 释放，同时将报警信号送入主控板。

100 号线通过所有安全部件的开关串联，最后通过相序继电器 KXX 的常开触点连接到 116 号线，这样，当电梯正常通电时，116 号与 101 号之间应用 110V 直流电，但如果供电电源断相、缺相或相序错乱，各相之间电压不平衡则自动切断 116 号线，使后面所有通过 116 号控制的继电器（包括急停继电器 KJT 和门联锁继电器 KMB）失电，从而使电梯不能运行起动或停止运行，以达到安全保护的目的。

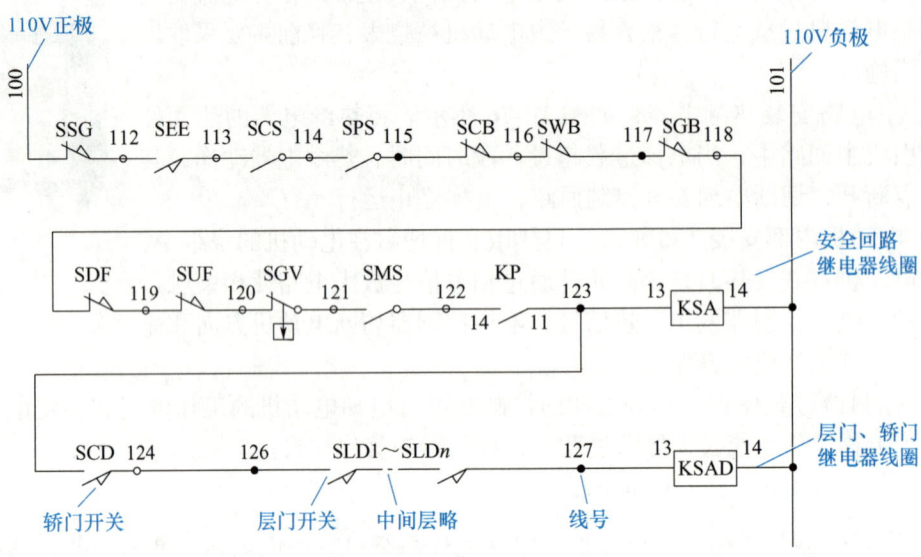

图 10-77 某品牌电梯的安全回路

各安全回路开关保护作用如下：

1）开关（包括限速器断绳开关）：当电梯的速度超过额定速度一定值（至少等于额定速度的 115%）时，其动作能导致安全钳起作用的安全装置。

2）检修开关：分为控制柜检修开关、轿内检修开关和轿顶检修开关。三处检修开关互锁，防止误动作，保证维修人员的安全。

3）缓冲器开关：该装置位于井道底部，设置在轿厢和对重的行程底部极限位置，在缓冲器（一种用来吸收轿厢和对重动能的弹性缓冲安全装置）动作并恢复至其正常伸长位置后电梯才能正常运行，定为检查缓冲器的正常复位所采用的开关装置。

4）上、下极限联锁开关：当轿厢运行至超越平层磁感应装置时，在轿厢或对重装置未接触缓冲器之前，强迫切断主电源和控制电源的非自动复位的安全装置。该装置设置在尽可能接近端站时起作用而无误动作危险的位置上。应在轿厢或对重接触缓冲器之前起作用，并在缓冲器被压缩期间保持其动作状态。对强制驱动的电梯，极限开关的作用是直接切断电动机和制动器的供电回路。极限开关动作后，电梯不能自动恢复运行。

5）安全钳开关：检测限速器是否动作。它是当限速器动作时，使轿厢或对重停止运行保持静止状态，并能夹紧在导轨的机械安全装置。

6）安全窗开关：指轿厢安全窗设有手动上锁的安全装置，如果锁紧失效，该装置能使电梯停止。只有在重新锁紧后，电梯才有可能恢复运行。

7）层门、轿门联锁开关：层门、轿门关闭后锁紧，同时接通控制回路，轿厢方可运行的机电联锁安全装置。其作用是当电梯轿厢停靠在某层站时，其他层站的层门是被有效锁紧的，层门一旦开启，电梯则不能正常起动或保持运行。

8）盘手轮开关（可选）：当电梯发生故障，轿厢停靠在两层站之间时，切断盘手轮开关，松开安全钳，转动盘手轮，可使轿厢到达较近的层站。

9）超速保护开关（可选）：能检测出上行轿厢的速度失控，并能使轿厢制停，或至少使其速度降低至对重缓冲器的设计范围。

10.7 电梯困人救援装置

10.7.1 报警和通信装置

因为停电或其他异常原因，电梯轿厢不可避免地会出现停梯困人事故，因此，为了便于轿厢内的乘客向外求援，轿厢内应装设乘客易于识别和触及的报警装置，如图10-78所示，同时轿内应设有在停电情况下能提供适当亮度的照明（要求最低能保障1W/h的照明），在紧急困人情况下，能看清报警装置、有关说明以及联系电话。

除此之外，电梯还在机房、轿顶、底坑、轿厢和监控室一起设置了可以互相通话的五方通信装置，在乘客和维修人员被困时都可以及时向监控室求救。

如图10-79所示，电梯的应急照明、报警装置、五方通话等均要在停电时能有效工作，因此，电梯必须设置应急电源进行供电。应急电源一般放置于电梯轿顶或机房，可充电且能长久使用。

图10-78 电梯轿厢内应急照明、五方通话、报警装置

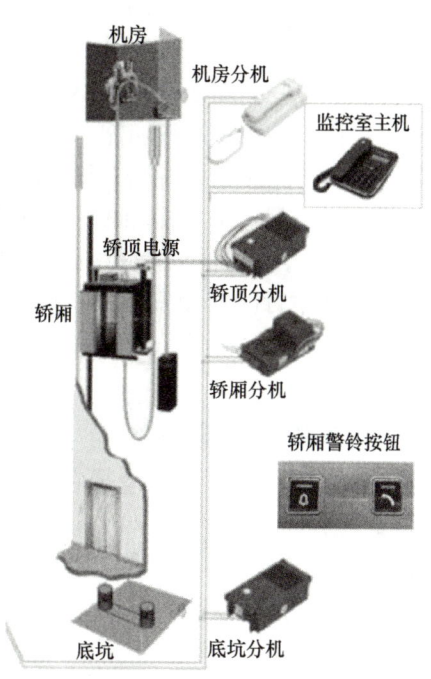

图10-79 电梯的五方通话

10.7.2 紧急救援装置

1. 曳引机的紧急手动操作装置

曳引机的紧急手动操作装置主要指制动器松闸扳手和盘车手轮，如图 10-80 所示。

当电梯运行于两个层站中间时，突发异常或停电，电梯轿厢将停靠在两个楼层之间，乘客困于轿厢无法撤出，此时就需要维修人员紧急移动轿厢就近平层停靠，开门救援。停电情况下，移动轿厢必须使用松闸扳手打开制动器，进行溜车（仅同步曳引机松闸后可自行溜车）或盘车移动轿厢。

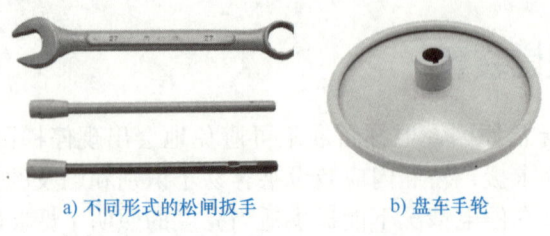

a) 不同形式的松闸扳手　　b) 盘车手轮

图 10-80　电梯的紧急救援装置

制动器手动松闸扳手的主要作用是使制动器闸瓦脱离制动轮，实现松闸；盘车手轮是用来转动电动机主轴的轮状工具。如图 10-81 所示，紧急救援操作时首先应切断电源，然后由两人配合操作，一人操作制动器的松闸扳手松闸，另一人操作盘车手轮在制动松闸时移动轿厢至就近平层。

2. 曳引机的紧急电动运行装置

当手动操作使轿厢移动的力大于 400N 时，电梯设置紧急电动运行装置来使轿厢在紧急情况下移动，紧急电动运行时可通过电路使限速器电气开关、安全钳电气开关、极限开关、缓冲器电气开关和上行超速保护装置上的电气安全装置失效。

有了电梯紧急电动运行功能，电梯的救援将变得更加便利，如电梯坠入底坑，可以采用紧急电动运行直接拖拉轿厢上行，而没有此种功能的电梯只能盘车运行电梯。

目前，对于无机房电梯和未配备盘车手轮的电梯均在机房设置紧急电动运行控制盒，如图 10-82 所示，便于电动运行电梯。

紧急电动运行时应使安全钳、限速器、上行超速保护装置、极限开关、缓冲器上的电气安全装置失效。所以，使用紧急电动运行前需进行必要的安全检查，确保安全后再使用。

3. 电梯救援的相关开口

（1）轿顶安全窗　部分电梯在轿顶设有安全窗，其必须满足如下规定：电梯轿顶安全窗的尺寸应不小于 0.35m×0.5m；安全窗应向外开启，但开启后不应超过轿厢的边缘；安全窗应设置有电气锁，在轿内必须使用三角钥匙才能开启，在轿厢外不用三角钥匙也可打开；当验证安全窗锁紧状态的电气安全触点未锁紧时，安全触点切断安全回路，使电梯停止运行或无法起动。电梯使用实践经验表明，轿顶安全窗的实用性不大，越来越多的电梯放弃了此项开口。

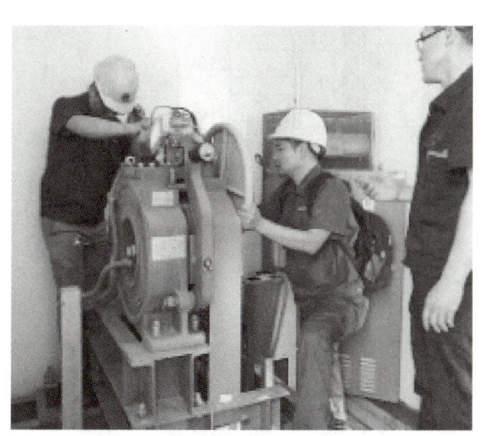
图 10-81　电梯紧急救援操作

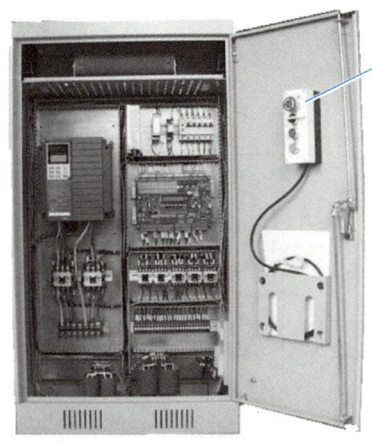
图 10-82　电梯紧急电动运行控制装置

（2）井道安全门　当相邻两个层站的距离超过 11m 时，在这两层站中间必须设置井道安全门便于救援工作，要求门的高度不小于 1.8m，宽度不小于 0.35m。井道安全门不得向井道内开启，门上有锁和电气安全触点，其要求和安全窗一致。因为多数电梯层站之间距离较小，井道安全门较少设置。

（3）轿厢安全门　当同一井道有多台电梯，且相邻电梯轿厢之间的水平距离小于 0.75m 时，在这两轿厢相邻内侧均可设置轿厢安全门，便于相互救援。轿厢安全门的高度不小于 1.8m，宽度不小于 0.35m；轿厢安全门应向轿厢内开启，在轿厢内必须使用三角钥匙才可开启，在轿厢外不用三角钥匙也可开启；轿厢安全门不应设置在对重（或平衡重）运动的路径上，或设置在妨碍乘客从一个轿厢通往另一个轿厢的固定障碍物的前面。

轿厢安全门的锁紧应通过一个符合规定的电气安全装置来验证，如果锁紧失效，该装置应使电梯停止，只有重新锁紧后，电梯才可能恢复运行。

10.7.3　停电救援装置

在高层住宅小区大面积停电的情况下，可能会造成多个电梯轿厢困人，由于维修人员数量的不足，很难做到及时救援，因此部分电梯配备了停电应急装置，在停电时，该装置的蓄电池为电梯提供电源，向电动机输入低频交流电，在满足安全条件的情况下，低速将轿厢移动至最近的层站，平层开门，放出被困乘客。整个救援工作由电梯自动完成，无须救援人员参与，大大提升了停电困人救援的效率。

在一些重要场合，一般都配置了后备电源，在通电停止后，自动切换至后备电源供电，电梯在完成自动紧急救援后，根据后备电源的容量，自动控制与后备电源适应的一定数量的电梯维持运行，其余电梯停止使用。

如图 10-83 所示，当电梯供电正常时，电梯停电应急救援装置不工作，处于被充电状态；当电梯停电时，停电应急救援装置自动向电梯的控制变压器和电梯驱动系统供电，驱动电梯自动低速运行至就近平层救援。

电梯结构与原理

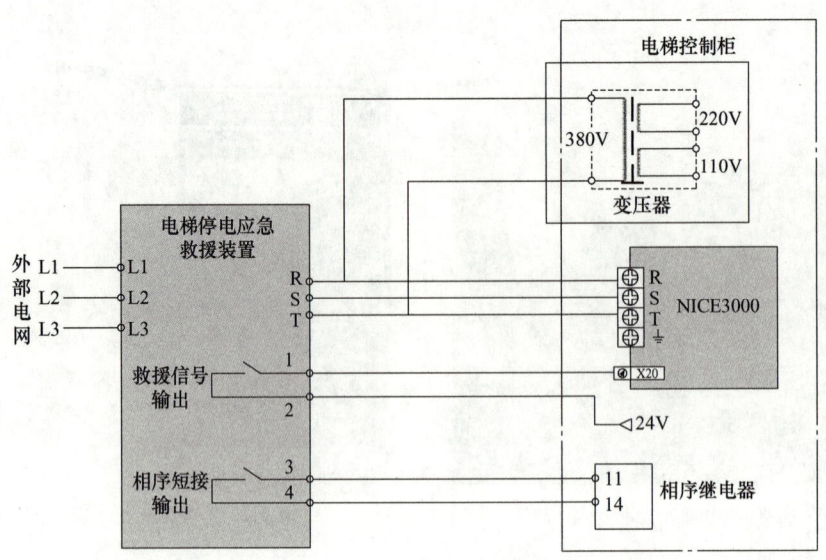

图 10-83　默纳克电梯停电应急救援装置工作原理图

10.8　本章习题

一、判断题

1. 电梯冲顶的可能性大于蹲底。　　　　　　　　　　　　　　　　　　　（　　）
2. 电梯超载后容易导致制动器失效。　　　　　　　　　　　　　　　　　（　　）
3. 对于高速电梯，适当增加最大加速度，会使运行时间减少。　　　　　　（　　）
4. 电梯限速器可以实时监控电梯任何时刻的运行速度。　　　　　　　　　（　　）
5. 电梯的强迫换速开关可以让电梯切换成低速。　　　　　　　　　　　　（　　）
6. 电梯上行超速时，制动器的冗余制动力可让电梯停止。　　　　　　　　（　　）
7. 缓冲器可以有效防止电梯冲顶和蹲底。　　　　　　　　　　　　　　　（　　）
8. 电梯单次运行时间没有限制。　　　　　　　　　　　　　　　　　　　（　　）
9. 电梯的轿门仅在电梯开锁区域内才能自动开关门。　　　　　　　　　　（　　）
10. 电梯可以使用大功率的开关门机。　　　　　　　　　　　　　　　　　（　　）

二、填空题

1. 电梯的五方通话分别设置在_____、_____、_____、_____、_____。
2. 端站装置由_____、_____、_____组成。
3. 电梯的动力和安全电路的绝缘电阻不得小于_____MΩ，其他电路绝缘电阻不得小于_____MΩ。
4. 电梯的超载是指超过额定载荷的_____%，并至少为_____kg。

5. 称重装置通常安装于电梯_____、_____、_____处。

三、多选题

1. 会导致电梯限速器动作的情况是（　　）。
   A. 电梯超速　　　　　　　　　　B. 钢丝绳断裂
   C. 电梯超程　　　　　　　　　　D. 电梯开关门处有异物
2. 防止人员被电梯运动部件伤害的主要装置是（　　）。
   A. 绳轮的护罩　　　B. 轿顶护栏　　　C. 底坑对重的隔障　　D. 绳轮上的挡绳装置
3. 电梯超速保护的主要部件是（　　）。
   A. 限速器　　　　　B. 安全钳　　　　C. 夹绳器　　　　　　D. 缓冲器
4. 防止轿厢意外移动的装置和措施是（　　）。
   A. 电梯停止开关　　　　　　　　B. 检修运行装置
   C. 平层和再平层控制　　　　　　D. 轿厢意外移动的控制系统检测保护
5. 防止电梯门夹伤的主要装置是（　　）。
   A. 电梯驱动门机　　　　　　　　B. 轿门安全装置
   C. 电梯轿门电气开关　　　　　　D. 以上都是

四、简答题

1. 请简述电梯称重装置的作用。
2. 请查阅资料，额定载重量为1125kg的电梯，其轿厢的最大有效面积是多少？
3. 请简述极限开关的作用。

参 考 文 献

[1] 朱霞.电梯结构及原理[M].北京：机械工业出版社，2019.
[2] 吴国政.电梯原理·使用·维修[M].北京：电子工业出版社，1999.
[3] 段晨东，张彦宁.电梯控制技术[M].2版.北京：清华大学出版社，2020.
[4] 张元培.电梯与自动扶梯的安装维修[M].北京：中国电力出版社，2006.
[5] 全国电梯标准化技术委员会.GB/T 7588—2020《电梯制造与安装安全规范》解读和实施指南：上册[M].北京：中国标准出版社，2022.
[6] 全国电梯标准化技术委员会.GB/T 7588—2020《电梯制造与安装安全规范》解读和实施指南：下册[M].北京：中国标准出版社，2022.